Martin Fieber (Hrsg.)

Die Santiner

Eine Menschheit von Alpha Centauri

Martin Fieber (Hrsg.)

Die Santiner

Eine Menschheit von Alpha Centauri

BERGKRISTALL

Bergkristall Verlag GmbH, 32108 Bad Salzuflen
Schülerstraße 2 - 4
Tel.: 05222 – 923 451
Fax: 05222 – 923 452
info@bergkristall-verlag.de
www.bergkristall-verlag.de
1. Auflage 2004
Umschlag und Satz: Bergkristall Verlag GmbH
Druck und Bindung: Media Print GmbH, Paderborn
Printed in Germany

Foto des Orion-Nebels: European Southern Observatory® (ESO)

ISBN 3-935422-08-3

Seit Jahrtausenden versuchen wir Menschen,
die irdischen Probleme durch eigenes Denken allein zu lösen.
Die weltweit chaotischen Ergebnisse sind bekannt.
Alle Völker leiden unter den verheerenden Folgen.

Wir sollten endlich ernsthaft damit beginnen, das

Wissen aus dem Kosmos

in unser Leben mit einzubeziehen.

Inhaltsverzeichnis

Vorwort

Liebe Leserinnen und Leser,

die Regierungen aller großen Staaten wissen von der Existenz der Santiner oder, wie sie auch genannt werden, ‚kleinen Engel' , einer Menschheit aus dem Sternbild Alpha Centauri.

Diese Regierungen wissen,
- *dass der Stern von Bethlehem ein Raumschiff der Santiner war,*
- *dass der Prophet Mose am Berg Sinai ein Raumschiff der Santiner sah und sich darin einige Tage aufhielt,*
- *dass der Prophet Jona nicht von einem Wal verschluckt wurde, sondern von einem zigarrenförmigen Raumschiff,*
- *dass das Wunder von Fatima keine Marienerscheinung war, sondern ein Santiner.*

Die Regierungen und der Vatikan wissen um die Existenz der Santiner und Ashtar Sheran, deren Führungspersönlichkeit. Warum vorenthalten die Regierungen dem Volk dieses Informationen? Und warum sind die Santiner überhaupt hier?
Die Santiner haben seit vielen Tausenden von Jahren den göttlichen Auftrag, den Menschen auf der Erde in ihrer moralischen Entwicklung zu helfen. In ihrer Entwicklung uns 10.000 Jahre voraus, übersteigen ihre technischen und spirituellen Fähigkeiten unser Vorstellungsvermögen. Die Santiner stellen eine Art Himmelspolizei dar, um uns vor fremden Einflüssen zu schützen, die objektive Wahrheit näher zu bringen und uns aus alten, dogmatischen Abhängigkeiten zu befreien.

Der Mediale Friedenskreis in Berlin empfing in den Jahren von 1956 bis 1975 über zwei Schreibmedien Botschaften der Santiner. In den meisten Fällen war Ashtar Sheran der Botschafter. Dieser Kontakt wurde nicht von dem spirituellen Forschungskreis angestrebt, sondern von den Santinern hergestellt. Zum Glück, denn die Zeit wird immer reifer, diese Botschaften bekannt zu machen. Die Ufologie ist zwar mittlerweile in vieler Munde, aber die Ufologen halten sich meistens noch an den äußeren Phänomenen auf wie Ufo-Sichtungen oder Kornkreise. Die spirituellen Gründe dieser Vorkommnisse werden vernachlässigt.

Möge der ‚Friede über alle Grenzen' endlich Wirklichkeit werden, ein Gruß der Santiner, der im Medialen Friedenskreis zum ersten Mal die Erde erreichte und mittlerweile in der ganzen Welt bekannt ist. Freuen Sie sich auf ein aufklärendes Werk über die Santiner und von den Santinern. Ein Werk voll von kraftvoller Wahrheit und kosmischer Weisheit.

Gott zum Gruß und Friede über alle Grenzen.

Der Herausgeber

Einleitung von Ashtar Sheran

Gott zum Gruß und Friede über alle Grenzen!
Das Zeitgeschehen spielt sich in Perioden ab, die einen spiralartigen Verlauf nehmen. Diese Welt, Terra genannt, hat gegenwärtig eine Entwicklungsspirale vollendet. Sie steht mit all ihrem Leben vor einer neuen Zeitepoche. Die gegenwärtigen Jahre bilden den Beginn einer gewaltigen Umwälzung und Neuorientierung auf allen Gebieten, welche das menschliche Leben betreffen, das heißt die gegenwärtige Zeit ist in einem großartigen Umschwung.
Diese Menschheit hat leider noch nicht begriffen, dass sie geistig gesehen in einem unglaublichen Rückstand lebt. Statt einer höheren Erkenntnis streitet man sich immer noch nach vielen tausend Jahren von Entwicklungsmöglichkeiten um das bedeutendste Thema der Existenz: um Gott. Einige Menschen glauben an einen individuellen Schöpfer, aber sie haben trotzdem ein völlig falsches Bild von seiner wahrhaftigen Existenz. Die meisten Erdenmenschen glauben an keinen persönlichen Gott, sondern an eine zufällige Schöpfung, die sie aber nicht erklären können und auch nicht erklären wollen.
Die irdische Theologie reicht nicht aus, um der Erdenmenschheit in diesem wichtigen Punkt Aufklärung zu geben. Aus diesem Grund ist die Entwicklung im Zusammenleben und im Verstehen der Völker und Menschen zurückgeblieben und entspricht nicht dem Fortschritt, der auf anderen materiellen Gebieten erreicht worden ist. Ganz speziell ist die maschinelle und wissenschaftliche Kriegsführung so weit entwickelt worden, dass es andere Intelligenzen des Universums mit Schaudern erfüllt, wie entsetzlich rückständig die Nächstenliebe und die allgemeine Gottesliebe dagegen ist. Der Erdenmensch liebt nicht Gott. Er liebt sich selbst.

Ein unaufgeklärter Mensch, ein Materialist oder ein Atheist wird sofort die Frage stellen: ‚Wer ist fähig, mir zu beweisen, dass es einen Schöpfergeist gibt?'
Die folgenden Ausführungen der geistigen Welt, von mir und anderen Santinern sollen unter anderem Antworten auf diese wichtige Frage geben.

Gott zum Gruß und Friede über alle Grenzen!

Über die Santiner

Was ist der Hauptgrund, warum die Botschaften der Santiner nicht allgemein anerkannt werden, sondern nur von Menschen, die sich für Ufologie oder Spiritualität interessieren?
Für viele Menschen ist es verwirrend, wenn sie sehen, dass es neben den Jenseitigen auch noch Menschen von anderen Planeten geben soll, die sich dematerialisieren und sich dann der Medien auf gleiche Weise wie wir bedienen.

Wie sollen wir den Menschen erklären, dass Ashtar Sheran mit uns Kontakt aufnimmt und dass seine Botschaften reale Tatsachen sind?
Es ist wichtig, der Erdenmenschheit klar zu machen, dass es viele Menschheiten im Universum gibt. Die wissenschaftlichen Forschungen beweisen doch, dass das All mit Billionen Sternen angefüllt ist. Wieso ist es dann so schwer, an weiteres Leben zu glauben? Der Mensch besteht ebenfalls aus Billionen Zellen. Er ist ein Nachbild des Universums. Wie würdet ihr es aufnehmen, wenn jemand behaupten würde, dass nur eine Zelle des Menschen Leben in sich hat?

Kürzlich fand ein internationaler Ufo-Kongress statt. Wir möchten gerne wissen, wie diese Zusammenkunft von höherer Warte aus gesehen wird?
Derartige Veranstaltungen werden von der geistigen Welt und auch von den Santinern beobachtet. Auf dem Kongress waren auch leider sehr viele negative Kräfte vorhanden, für deren Auftreten nicht genügend Abwehr getroffen war. Es gab dort große Lügner. Noch immer zeigt sich, dass diese göttliche Himmelsmission im falschen Licht gesehen wird. Der Erdenmensch blickt voller Bewunderung auf die unfassbare Technik,

aber er sieht nicht, welche Kräfte und welcher Geist diese Technik in ihren Dienst gestellt haben.
Es gab manche Wahrheit und auch viel Phantasie, viel Geschäftstreiben und viel Geltungssucht. Noch immer ist das ganze Problem so unreif, dass es nicht so realisiert werden kann, wie es der göttliche Plan vorsieht. Neid, Missgunst, Heuchelei und falsche Beurteilungen fallen sich gegenseitig in die Arme. Die Santiner waren sehr enttäuscht. Das geistige Reich ist weiter bemüht, aber es fehlt die große Einigkeit unter allen Menschen, die um diese Mission wissen.
Kein anderer Menschensohn kann euch über Zweck und Ziel, über Technik, Macht und das Liebeswerk Gottes besser Auskunft geben als Ashtar Sheran – und er tut es von Herzen gern. Er ist die auserwählte Spitze der ganzen Aktion.

In der Bibel heißt es im Kapitel Hesekiel: „Und der Cherub streckte seine Hand heraus zwischen den Cherubim zum Feuer, das zwischen den Cherubim war, nahm davon und gab es dem Mann in der Leinwand in die Hände; der empfing es und ging hinaus." Kannst Du uns diese schwerverständliche Stelle erklären, da sie die Santiner betrifft?
Mit der Bibel muss man sehr vorsichtig sein, weil sie nicht immer stimmt. Aber diese Stelle ist symbolisch zu nehmen. Der Prophet, in diesem Falle der Kontakter, empfing von den Santinern die für seine Mission notwendige Kraft.

Wir möchten gerne wissen, worin der Unterschied zwischen einem Santiner und einem Cherub besteht? Ashtar Sheran sagte, dass er selbst ein Cherub sei.
Die Bezeichnung ‚Santiner' stammt von Ashtar Sheran. Es ist eine Bezeichnung, die eurer Sprache angepasst ist, um die heilige Mission der Sternenbrüder in ein Wort zu fassen. Die Bezeichnung Cherub oder Cherubim stammt von den Erdenmenschen, welche zu der Zeit die ersten Aufzeichnungen über die

Sternenbrüder machten. Die Israeliten glaubten in den Sternenbrüdern Gott und seine Engel zu sehen. Daher wurde das Raumschiff über dem Berge Sinai für Gottes schwebenden Thron gehalten. Spätere Begegnungen mit den Sternenbrüdern setzten die Menschen ebenfalls in heiliges Erstaunen. Aus diesem Grunde hielt man die Sternenbrüder für Engel, die das Wort Gottes verkündeten. Die Bezeichnung Cherubim heißt eigentlich Engel der Nächstenliebe. Ihrer Mission entsprechend stehen sie auch tatsächlich im Dienste Gottes und der Nächstenliebe.

In der Bibel finden wir Hinweise, dass die Medien mitunter auf große Entfernungen entrückt werden konnten. Auch das brasilianische Medium Mirabelli wurde auf viele Kilometer entrückt. Da die Santiner feinstofflicher sind und die Schwerkraft aufheben können, machen sie auch von der Möglichkeit der Entrückung gebrauch?
Sie können es, aber sie tun es nicht. Sie haben ihre Gesetze, die sie beachten.

Warum war es den Santinern damals nicht möglich, Christus vom Kreuzestod zu bewahren?
Weil Gott keinen Befehl dazu erteilt hatte. Der Anschauungsunterricht geschah erst nach dem Tod, aber auf Befehl, denn Gott plant – und nicht wir! Er tut nichts für nichts. Er weiß auf alles eine Antwort.

Warum konnte Christus seine Mission nicht beenden? Gott hätte ihn doch durch die Macht der Santiner beschützen können?
Der Mensch hat seinen freien Willen, den auch wir respektieren. Es liegt an euch, ob ihr heute willens seid, euch durch die Macht Gottes helfen zu lassen. Wir würden es begrüßen.

Besteht die Möglichkeit, dass die Ufo-Forschung in absehbarer Zeit Fortschritte macht (1963)?
Die irdische Raumschifffahrt und Raumforschung wird zunächst die Ufo-Forschung überflügeln.

Besteht eine Aussicht, dass die universellen Gesetze, die wir ‚Göttliche Gesetzgebung' nennen, auf dieser Erde die notwendige Beachtung finden werden?
Das muss von innen heraus geschehen. Nehmen wir das Obst. Es reift; es braucht Zeit für seine Reife. Doch die Entwicklung der Erdenmenschheit wird immer wieder am Reifen gehindert. Dadurch kann das ‚Obst' bzw. die Entwicklung nicht zustande kommen. Wenn die Santiner eingreifen würden, so würde es besser auf dieser Welt sein, das stimmt. Doch eine Reife ist damit noch nicht erreicht, wenn sie sich nicht ganz natürlich von innen heraus vollzogen hat. Eine Neuregelung, und mag sie noch so gut sein, wird von vielen Menschen als lästiger Zwang angesehen. In dem Augenblick, da die interplanetarische Schirmherrschaft wegfiele, würde sofort ein Umschwung entstehen. Die Santiner wollen eine Entwicklung abwarten, die es ihnen möglich macht, ohne einen Zwang auszukommen. Ihr sollt nicht glauben, dass die Santiner euch etwas aufzwingen wollen, von dem sie glauben, dass es gut sei. Ihr sollt möglichst von selbst erkennen, dass es richtig ist!

Hatten wir Erdenmenschen einstmals die Formel zur Aufhebung der Schwerkraft schon erhalten?
Ja, aber die Erdenmenschen haben diesen wertvollen Schlüssel verloren. Wir können auch nicht begreifen, wie das möglich war. Vorchristliche Völker kannten bereits den elektrischen Strom, den sie in großen Batterien aufspeicherten. Man benutzte dazu große Tonkrüge. Mantras und Handauflegen sind magische Schlüssel.

In der Sahara gibt es ein Tal der Riesen. Riesige Gestalten mit runden Helmen stehen neben regelmäßig geformten Ovalen. Am eindrucksvollsten ist ein Felsengemälde von 6 Metern Höhe, das einen Menschen in einer Art Raumanzug darstellt Diese Bilder sind nach wissenschaftlichen Schätzungen etwa 6000 bis 8000 Jahre alt. Handelt es sich um die Darstellung von Besuchern anderer Sterne?
Ja, das stimmt auffallend. Die Schätzung ist zu hoch, es betrifft die Zeit vor 5000 Jahren. In Peru und in Mexiko landeten ebenfalls die Santiner. Andere Menschen sind auf dieser Erde noch nicht gelandet. Auch in Tibet sind Santiner aufgetreten. Diese Landungen hatten stark abgenommen, als die Menschen dieser Erde kulturelle Fortschritte gemacht hatten. Aber neuerdings gibt es einen Rückschritt, der die Santiner wieder vor ein Problem stellt.

Welche Technik stand den ägyptischen Pyramiden-Erbauern zur Verfügung, die eine millimetergenaue Arbeit beim Aufeinanderschichten der schweren Steinblöcke geleistet haben?
Sie folgten den Anweisungen der Santiner. Das taten auch die Inka und die Maya.

Waren die Santiner am Bau direkt beteiligt?
Nein. Sie lehrten die Formeln der Schwerkraftgesetze. Auf diese Weise überwachten die Priester den Bau, denn die Priester waren damals gleichzeitig die Wissenschaftler.

War es eine Art von Zauberei, die den Steinen die Schwerkraft nahm?
Es war Magie. Die Schwerkraft wird umgepolt, so dass das Gewicht völlig abnimmt.

Das würde bedeuten, dass die Lehre über die Schwerkraft, wie sie Newton aufgestellt hat, nicht stimmt.

Die Lehre von Newton hat schon eine gewisse Berechtigung. Aber sie gilt nicht allumfassend. Ein besonderes Gesetz hebt diese Formel glatt auf. Sie ist nur gültig, wenn dieses Gesetz nicht in Kraft tritt. Die Santiner werden euch dieses Gesetz nicht verraten, weil es sonst zu kriegerischen Provokationen ausgenutzt würde.

Haben die Gedanken des Menschen einen Einfluss auf die Gravitation?
Nicht allein die Gedanken, sondern überhaupt eure ganze geistige Einstellung. Jeder Mensch kann die Schwerkraft beeinflussen. Wenn er es allein nicht schafft, so gelingt es in Verbindung mit anderen.

Wie ist das Phänomen der Telekinese zu erklären, also das Fortbewegen von Gegenständen, ohne sie zu berühren?
Jenseitige Wesen verbinden sich mit einem irdischen Medium und erzeugen eine Kraft, die ihr ‚Od' nennt. Mit dieser Kraft wird gearbeitet.

In großen Teilen der USA versagte 1965 ganz plötzlich die Stromzufuhr, so dass der gesamte Zivilverkehr lahm gelegt wurde. Kannst du uns sagen, woran das lag?
Es war eine ‚General-Probe' der Santiner. Sie haben ausprobiert, auf welche Weise man eingreifen kann. Natürlich haben sie auch andere Mittel. Aber sie bevorzugen selbstverständlich jene Mittel, die kein Blutvergießen kosten. Man hat euch schon vor Jahren darauf hingewiesen, dass die Santiner die Hälfte der Erde verdunkeln können. Diese Hälfte ist die Nachtseite der Erde. Sie kann durch Stromversorgung nicht erhellt werden.

Die Regierungen sagen nichts über die Einwirkung außerirdischer Kräfte. Sie suchen stets eine andere Erklärung. Gibt es

für das Eingreifen in Amerika einen Beweis, auf den wir uns berufen können?
Kurz vor dem Eingriff in die Stromversorgung wurde ein Raumschiff gesichtet.
(Anm. d. Hrsg.: Die Bild-Zeitung brachte am 16.11.65 einen Bericht, in dem es heißt: „Ein Pilot beobachtete 13 Minuten vor dem Versagen der Stromversorgung am Himmel einen großen Feuerball. Diese Beobachtung fand in der Gegend statt, wo der Stromausfall seinen Anfang genommen hat. Die Aussagen des Piloten wurden von vier weiteren Augenzeugen bestätigt.“)

Bisher hat man die Außerirdischen stets verspottet. Wird man in Regierungskreisen jetzt vorsichtiger sein?
Das Pentagon hat genaue Informationen. Doch diese sind ein Geheimnis. Man wird niemals öffentlich zugeben, dass man die Menschheit nicht rechtzeitig darüber informiert hat. Es muss noch etwas Besonderes geschehen.

Wir haben auf unserer Erde genug schwerwiegende Situationen, die einen Weltkrieg auslösen könnten. Die Santiner fliegen über unsere Erde kreuz und quer, aber sie mischen sich in nichts ein. Was können uns dann die Santiner nützen?
Die Erde ist ein noch nicht entwickelter Läuterungsplanet. Die Erde muss aber aus sich heraus reifen. Dem Eingreifen der Santiner stünde an sich nichts im Wege. Der Tag X kommt bestimmt, das ist sicher. Mehr können wir darüber nicht sagen, denn es ist ein Mysterium. Den Tag X wissen selbst die Engel nicht, den weiß nur Gott. Es heißt doch: „Die ‚Sterne‘ werden vom Himmel fallen...“ und die Sterne, das sind die Raumschiffe. Christus sagte einmal: „Der Tag wird kommen, da die Mütter bereuen werden, dass sie Kinder geboren haben.“ Dieser Tag ist bereits da. Damit erfüllt sich auch die Johannes-Offenbarung, denn die Mütter bereuen tatsächlich, dass sie

Kinder geboren haben. Es sind die Contergan-Kinder und die atomverseuchten körperlichen Missbildungen. Nach dieser Zeit folgt der Tag X. Die Prophezeiungen erfüllen sich und was danach kommt. Es heißt doch: „Der Gott wird in einer Wolke kommen.“ Doch die Wolke ist ein Weltraum-Strahlschiff der Santiner. Merkt ihr bereits, wie nahe der Tag X ist?

Wenn die Santiner gewaltsam eingreifen würden, dann könnte der Widersacher Gottes sagen, dass sich die Menschheit nicht aus freiem Entschluss für Gott entschieden hat. Ist das so?
Der Widersacher wird immer das letzte Wort haben wollen. Er wird immer eine Antwort parat haben. Es ist eine typische Eigenschaft des Negativen, immer das letzte Wort zu haben. Ich weiß, ihr würdet vieles anders machen, wenn ihr die Macht dazu hättet, aus dem Wunsch heraus, wirklich zu helfen. Aber euch fehlt es an der Erfahrung in tausendjährigem Rückblick und die Voraussicht. Ihr wisst nicht um die Kultur fremder Planeten und ihre Entwicklungsphasen. Aus gutem Wollen heraus, in der Absicht zu helfen, würdet ihr daher vieles falsch machen, da ihr nicht den notwendigen Weitblick für die letzten Konsequenzen habt.

Wir sind davon überzeugt, dass die Erdenmenschheit aus eigenem Willen zu einer positiven Lebensweise kommt, denn sie hat auch von Gott die eigene Willensentscheidung. Was sagst du dazu?
Für diese Entwicklung braucht ihr jedoch eine Hilfe. Darum kommen wir Geistwesen. Eine solche positive Lebensweise zu erreichen, ist unsere gemeinschaftliche Mission. Das wollen auch die Santiner. Sie möchten mit Menschen zu tun haben, mit denen sie freundschaftliche Erfahrungen austauschen können. Sie möchten gute, willige Schüler haben – und keine aufsässigen Wilden.

Werden die technischen Bemühungen von uns ausreichen, um andere Planeten anzusteuern und auf ihnen zu landen?
Ja, der Erdenmensch könnte das wohl erreichen. Aber die Hilfe der Santiner würde ihm viele Umwege ersparen. Dazu müsste der Erdenmensch den Santinern besser entgegenkommen, besonders durch sein religiöses Verhalten.

Ist es wahr, dass die Santiner einen Apparat zur Verfügung haben, mit dem sie mit allen Menschen in Verbindung kommen können?
Die Santiner haben verschiedene Apparate, die zur Verständigung dienen. Aber einen Apparat, der es möglich macht, mit jedem Erdenmenschen in Verbindung zu kommen, haben sie nicht. Aber wenn ein Erdenmensch sehr medial ist und zur Hellhörigkeit geeignet ist, so kann über einen ‚Telepathie-Verstärker' eine Verbindung zustande kommen, die sogar ungeheure Entfernungen überbrückt.

Ist es wahr, dass in Amerika schon einige Ehepaare von anderen Planeten leben oder dass zum Beispiel Santiner mit hiesigen Frauen verheiratet sind, damit die Erdenrasse verbessert wird?
Nein. Zwar haben die Santiner die Erde besucht und sich mitunter unter die Menschheit gemischt. Aber sie haben sich nie lange hier aufgehalten.

Aus vielen Zuschriften entnehmen wir, dass sich die meisten Menschen darüber wundern, dass die Außerirdischen in unserer großen Krise nichts unternehmen. Dadurch verlieren sie das Vertrauen zu den Santinern. Was sagst du dazu?
Wenn die Außerirdischen etwas unternehmen wollen, so beruht das nicht allein auf ihrer eigenen Absicht. Sie brauchen dazu einen höheren Befehl. Sie hätten schon längst Grund genug gehabt einzugreifen. Aber es fehlt immer noch der Auftrag.

Doch wenn sie es getan hätten, so wäre sicher ein Krieg zwischen Irdischen und Außerirdischen entstanden – und damit wäre nichts gewonnen. Die Erde soll auf keinen Fall unselbständig werden. Wenn die Santiner jeden Krieg verhindern würden, so würde damit zugleich die Entwicklung der Erdenmenschheit gebremst werden. Die Erde ist aber nun einmal ein Entwicklungs- und Läuterungsplanet. Dem muss unbedingt Rechnung getragen werden. Gott möchte, dass sich die Erdenmenschheit von sich aus zum Besseren entwickelt. Guter Rat steht ihr jedenfalls zur Verfügung, aber keine Gewalt! Den Schlüssel zur besseren Entwicklung besitzt die Menschheit, die Gesetze vom Berge Sinai (siehe Kapitel „Das Interplanetarische Gesetz Gottes", Anm. d. Hrsg.). Nur im Falle eines globalen Krieges unter Anwendung von Atomwaffen greifen die Santiner sofort ein, andernfalls wird sich die irdische und außerirdische Welt auf friedlichem Wege im Weltall begegnen.

Unsere Leser sind der Ansicht, dass die Santiner oder das geistige Reich endlich eine Ordnung auf dieser Erde schaffen müssten. Was sagt ihr dazu?

Es ist nicht im Sinne Gottes, dass dem Menschen einfach gesagt wird, er muss dies und das tun und dies und das lassen. Er soll möglichst von selbst darauf kommen. Wir und die Santiner wollen ihn jedoch dabei unterstützen. Wenn aber der Bogen überspannt wird, werden wir selbstverständlich eingreifen. Und nebenbei bemerkt, wie ich die Menschheit jetzt kenne, treibt sie es sehr wohl auf die Spitze. Gott ist wie ein Vater, der nicht gerne mit ansieht, wie sich seine Kinder die Finger verbrennen. Wenn es aber immer wieder vorkommt, lässt er es ruhig etwas länger gewähren. Sollen sich diese Kinder ruhig einmal die Finger verbrennen, vielleicht fruchtet es dann etwas. Aber der Vater würde auf keinen Fall zulassen, dass sein Kind nachher als lebende Fackel dasteht.

Was müssen hier auf Erden für Zustände herrschen, bis dass ihr sagen könnt, „Der Bogen ist überspannt.“?
Das können wir nicht übersehen. Das kann nur Gott, der alle Konsequenzen voraussieht.

Die Santiner haben nach unseren Begriffen eine viel bessere Daseinsexistenz als wir auf dieser Erde. Sie sind uns weit voraus und darum muss es ihnen auch viel leichter fallen, mit allen Problemen fertig zu werden. Können sie uns überhaupt richtig verstehen?
Die Santiner haben auch schwere Zeiten der Entwicklung hinter sich. Ihre Entwicklungsmöglichkeiten waren nicht besser als auf der Erde. Aber sie haben sich aus allen Übeln selbst befreit, was bei euch nicht der Fall ist.

Haben die Santiner ein Stufenprogramm, nach dem sie die Erdenmenschen erlösen wollen, oder haben sie überhaupt kein Programm?
Viele glauben, dass sie kein Programm haben, weil sie sich zwar zeigen, aber angeblich nichts geschieht, was auf eine Erlösung hinzielt. Sie bereiten indessen alles zu einer Erlösung vor, besonders die Belehrung. Als Stufenprogramm lassen sie euch erst einmal ins All aufsteigen, um euch dann näher zu kommen. Die Astronauten werden die Existenz der Santiner schon noch genügend kennen lernen. Sie haben ihre Raumschiffe bereits gesehen aber noch nicht begriffen. Die Santiner werden euch den Beweis bringen, dass es einen Gott gibt, der das Universum aufgebaut hat und es auch erhält und regiert. Die Santiner werden seine Gesetze verkünden, die euch leider noch nicht bekannt sind. Alles wird zur richtigen Zeit geschehen.

Bei uns auf Erden gibt es Märtyrer, die für ihren Glauben sterben. Warum gibt es unter den Santinern keinen Märtyrer, der

sich für den Plan Gottes opfert, indem er sich auf Erden als Santiner bei einer Regierung ausweist und unter Umständen mit seinem Leben dafür bezahlt?
Alle Santiner sind Märtyrer, weil sie Gottes Plan verwirklichen helfen und weil sie alle Gefahren der sternweiten Raumschiffreisen auf sich nehmen. Auch sie haben mit vielen kosmischen Schwierigkeiten zu kämpfen, die ihre Gesundheit und ihr Leben bedrohen. Viele Santiner haben schon allein für das Leben der Erde und ihrer Bewohner ihr materielles Leben gelassen. Ihr habt keine Ahnung, welche Zustände auf der Erde herrschen würden, wenn die Santiner nicht die Atmosphäre und die höheren Strahlungsgebiete, wie zum Beispiel den Schutzgürtel der Erde schützen und säubern würden. Oder glaubt ihr etwa, dass eure gefährlichen Atomversuche ohne Wirkung bleiben?

Haben die Santiner den Astronauten etwas Besonderes gezeigt?
Man hat ihnen schon viel gezeigt, aber sie sind verpflichtet worden, nicht darüber zu sprechen. Die Raumforschung wird jedoch noch bessere Beweise bringen, als bisher. Wenn ein Astronaut augenblicklich die Katze aus dem Sack lassen würde, so riskiert er, dass man ihn dorthin bringt, wo er nicht sein möchte.

Die Astronauten scheinen überhaupt keine Ufo-Beobachtungen gemacht zu haben, jedenfalls hört man nichts davon.
Hast du das Logbuch der Astronauten gelesen? Ebenso sind nicht alle Aufnahmen für die Öffentlichkeit bestimmt.

Kannst du uns sagen, ob die Regierungen an die Existenz der Ufos glauben? Öffentlich tun sie so, als ob sie keine Beweise dafür hätten.
Die Kommandanten der Ufo-Flotte sind nicht davon begeistert, dass man so einen negativen Wirbel um die Ufos gemacht hat.

Aber die Regierungen, besonders in Amerika, sind fest davon überzeugt, dass es Ufos gibt, und auch dass sie außerirdischen Ursprungs sind. Aber aus vielen politischen Gründen wollen sie diese Meinung nicht verbreiten. Im Gegenteil, man gibt sich alle Mühe, etwas zu erfinden, um das Gegenteil glaubhaft zu machen. Aus diesem Grunde hatte man auch die Columbia-Universität damit beauftragt, allerdings mit der Auflage, das Gegenteil festzustellen. Man hat die Ufos geradezu für tabu erklärt. Würde man in die Welt hinaus schreien, dass die Ufos außerirdisch sind, so würden die Throne der Regierungen noch mehr ins Wanken geraten. Außerdem wäre mit einem Börsen-Skandal zu rechnen. Um 1950 war man noch sehr dazu geneigt, die Ufos als Geheimwaffe einer großen Macht zu erklären. Die Amerikaner hielten sie für eine russische Geheimwaffe und die Sowjets für eine amerikanische Konstruktion. Die Weltbevölkerung würde Protest erheben, wenn für eine Mondfahrt soviel Geld verwendet wird, wenn es doch ganz andere Mittel der Technik gibt. Man hätte zwar gern die Technik der Ufos erforscht, aber leider ist das unmöglich. Man bemüht sich immer noch, eine Fliegende Untertasse in die Hände zu bekommen. Aber die Santiner wissen das zu verhindern. Im äußersten Falle einer solchen Gefahr zerstört sich das Ufo selbst, so dass praktisch nichts übrig bleibt. Es ist auch gar nicht auszudenken, was geschehen würde, wenn ein außerirdisches Flugobjekt in die Hände der Erdenmenschen fallen würde. Eine falsche Inbetriebnahme der Antriebsaggregate könnte zu einer kosmischen Katastrophe führen. Die geballten Energien, die sich ein Ufo zu nutze macht, sind ungeheuerlich. Ein außerirdisches Raumschiff besitzt nicht selbst diese Energiequellen, aber seine Apparaturen fangen sie ein und nutzen sie aus. Die Antimaterie spielt dabei eine bedeutende Rolle.
Etwa 70 % der Erdbevölkerung hält es heute für wahrscheinlich, dass das Universum zum Teil von intelligenten Wesen bewohnt ist. Aber gerade die angeblich intelligente Schicht der

Bevölkerung lehnt die Ufos ab, weil sie sich für schlauer hält. Das trifft auch auf den Spiritualismus zu, denn die akademischen Schichten halten sich für aufgeklärt. Doch die höchste Intelligenz, das heißt die Spitze der Amerikaner, glaubt bereits an die Ufos und auch an das Übersinnliche, aber man schweigt sich lieber aus. Diese Schicht steht unter dem Staat oder der Partei. Trotzdem geht die Ufo-Forschung weiter, auch wenn es so aussieht, als wenn man sich bereits davon distanziert habe. Der Bevölkerung möchte man den Mund stopfen und der Presse die Lust nehmen, darüber zu berichten. Die Kirchen fürchten, dass die Außerirdischen anti-religiös sein könnten. Die Regierungen betrachten sie als ihre Feinde. Die Menschen in Russland sind sich nicht einig, ob die Außerirdischen vielleicht kommunistisch sein könnten.

Es ist immer noch üblich, möglichst alle Ufo-Berichte von Seiten der Regierung zu bagatellisieren oder zu dementieren. Wird das einmal aufhören?
Die Wahrheit regt sie immer mehr auf. Darum geben sie sich auch alle Mühe, die Weltraumforschung auszubauen, um möglichst ohne große Schwierigkeiten nach oben zu gelangen. Sie sind sehr neugierig und möchten so schnell es geht wissen, was da oben eigentlich los ist und welche Lebewesen es da oben sonst noch gibt. Wenn die internationale Zusammenarbeit richtig aufgebaut ist, gibt es auch auf diesem Gebiet nichts mehr zu verschweigen.

Hat Adamski (ein Kontakter; Anm. d. Hrsg.) tatsächlich mit außerirdischen Menschen einen direkten Kontakt gehabt?
Ja, das stimmt, aber nur zu Anfang. Später hat Adamski leider manches aus seiner Phantasie hinzugefügt. Er glaubte an die Inspiration. Da er sich in diese Sache sehr hineinsteigerte, verlor er leider die Kontrolle über sich selbst.

Wie kommt es, dass man von Venusiern sprach?
Weil die Santiner dort eine Raumstation haben.

Gibt es überhaupt einwandfreie Berichte, denen man glauben kann?
Ja, die gibt es. Ihr müsst wissen, dass die Autoren, die darüber schreiben, sehr viel aus wahren Berichten entnehmen.

Kann man selbst feststellen, welche Berichte über die Außerirdischen wahr sind? Gibt es gewisse Merkmale, nach denen man sich richten kann?
Die besten Merkmale sind die hohe Spiritualität der Santiner. Aber sie sind scharfe Beobachter all eurer Missstände. Vor allem spricht aus ihnen großes Verstehen und unsagbare Liebe. Wenn sie ein Autor als Feinde schildert, ist das eine Lüge.

Viele Leser fragen bei uns an, auf welche Weise sie den Santinern helfen können? Was kann man wirklich tun?
Man hilft ihnen dadurch, dass man Freunde für ihre Mission gewinnt, aber nicht auf fanatische und missionarische Weise. Es gibt zu viele Menschen, die nicht an Gott glauben. Sie wissen auch nichts über ihre Seele. Wenn man sie anspricht, so lachen sie spöttisch und ungläubig. Doch über das Ufo-Problem werden sie interessierter und erkennen langsam die Wahrheit.

Kannst du uns sagen, wann ungefähr damit zu rechnen ist, dass das Wissen über die Ufos Allgemeingut wird?
Ein wahrer Friede ist überhaupt nur über die Weltraumfahrt zu erreichen. Nur im Kosmos wird man sich die Hände reichen. Allerdings glaubt man noch immer nicht daran, dass es sich bei den Ufos um Freunde handelt. Für den Fall, dass die Erde von außen her angegriffen werden sollte, ist man sich einig, dagegen gemeinschaftlich vorzugehen. Es ist absolut lächerlich, ja

absurd anzunehmen, dass Menschen aus dem All sich auf einen derartig langen Weg machen, um die Erde zu zerstören. Selbst wenn ihr eigener Planet in Gefahr wäre, könnten sie auf Grund ihrer überlegenen Technik, die durch die Ufos bewiesen wird, einen unbewohnten Planeten ansteuern. Dazu brauchen sie die Erde nicht. Das müsste der gesunde Menschenverstand sagen. Es ist völlig unlogisch, die Außerirdischen als Feinde anzusehen.

Unseres Wissens haben die Santiner noch keine derartige Drohung ausgesprochen. Wie kommt man zu der Ansicht, es handele sich um Feinde?
Die Regierungen wissen ganz genau, dass vieles was sie tun, nicht richtig ist. Es ist jedoch völlig unsinnig zu glauben, dass sie mit ihren Raketen oder Atomwaffen etwas gegen die Ufos ausrichten könnten. Eine Menschheit, die eine Übertechnik besitzt und mit großen Raumschiffen durch das All reist, die mit Lichtgeschwindigkeit von Stern zu Stern reist, ist der Erdenmenschheit so hoch überlegen, dass sie nicht zu besiegen ist.

Wie ist es möglich, dass ihr im geistigen Reich bei großen Entfernungen im Universum Kunde davon habt, was weit entfernt passiert?
Durch die beste Verständigung, die es im Universum gibt, durch die Telepathie. Wir im geistigen Reich beherrschen die Telepathie viel besser als ihr auf Erden. Für die Telepathie gibt es überhaupt keine Grenzen, keinen Widerstand, keine Zeit, keine Entfernung und keine besondere Kraftleistung. Die Telepathie ist so ungeheuer schnell, dass es für sie keinen Maßstab gibt. Alle Erinnerungen des Menschen haben etwas mit der Telepathie zu tun. Die Telepathie kann man gut entwickeln zu Lebzeiten und erst recht im Jenseits. Die Telepathie schlägt allen physikalischen Gesetzen ins Gesicht. Sie lässt sich schu-

len, zum Beispiel durch Übertragung von Zahlen, Symbolen und Farben. Aber man darf sich nicht zu stark konzentrieren, nicht verkrampfen. Man kann sie gut zwischen zwei Menschen üben.

Die Santiner senden ihren Astralleib aus. Welche Entfernungen können sie auf diese Weise zurücklegen?
Die Santiner benutzen technische Hilfe. Von ihrem Heimstern aus können sie ihren Astralleib nicht zur Erde schicken. Deshalb kommen sie mit ihren Raumschiffen in Erdnähe. Von ihrem Raumschiff aus senden sie dann ihren Astralleib zur Erde.

Ein Leser fragte bei uns an, warum sich die Santiner nicht besser beweisen? Wenn sie z. B. eigene Flugblätter abwerfen würden, müsste das doch einen großen Eindruck machen.
Diese Vorstellung ist typisch menschlich. Wenn die Santiner zu solchen Mitteln greifen würden, würde man sofort auf eine irdische Untergrundbewegung schließen. Tatsache ist jedoch, dass die Santiner feinstofflich sind. Sie würden bald sterben, wenn sie längere Zeit auf der Erde verweilen müssten. Gebraucht gut eure Logik. Es würde den Santinern nicht besser ergehen, als wenn ihr auf dem Mond leben solltet.

Es hieß doch bereits einmal, dass viele Santiner bereits auf der Erde sind?
Aber nur dematerialisiert. Das könnt ihr leider nicht begreifen, weil ihr in dieser Hinsicht überhaupt keine Erfahrungen habt.

Immer wieder erhalten wir Zuschriften, die sich mit der Frage beschäftigen, warum die Santiner nicht Massenflüge in großen Formationen durchführen, die doch sofort überzeugen würden?
Massenflüge dieser Art sind schon seit Jahrhunderten in prophetischen Träumen aufgetaucht. Eines Tages werden sie sich

verwirklichen. Es gibt viele Holzschnitte, Zeichnungen und Ikonen, die derartige Flüge veranschaulichen. Massenflüge sind für jede Stadt gefährlich. Ein solcher Flug reißt alles um, ich erinnere euch an Sodom und Gomorrha oder an die Flucht der Juden durch das Meer. Es handelt sich um die antigravitiven Kräfte. Fische und Frösche wurden in Ägypten angezogen und wieder abgestoßen. Die Bibel berichtet darüber. Die Ufos können nur über flachem Gebiet in einen Tiefflug übergehen. Die Größe eines Ufos ist sehr schwer zu schätzen, da sie sehr schnell die Höhe wechseln. Oft werden sie als sehr klein geschildert, obgleich sie riesenhaft groß sind. Leuchtende Objekte täuschen eine Entfernung vor, die nicht stimmt. Ein sehr schneller Flug schadet weniger, aber ein langsamer Flug ist verheerend. Ein Stillstand über einer Industrie kann den gesamten elektrischen Strom unterbrechen. Beim Stillstand wirken die Kräfte senkrecht nach unten. Einem Stillstand folgt fast immer eine totale Dematerialisation. Diese Dematerialisation kehrt die Kräfte um.

Ist die Dematerialisation ein Grund für die Ablehnung der Ufos?
Nein. Man hält eine Dematerialisation wissenschaftlich nicht für möglich. Es ist vielmehr die unglaubliche Geschwindigkeit, für die es kein passendes Naturgesetz gibt. Jedenfalls ist ein solches Gesetz auf Erden unbekannt.

Trotz der Ufo-Phänomene nehmen die kriegführenden Staaten keine Notiz davon, dass es noch Mächte gibt, die über den irdischen Mächten stehen. Wie ist das möglich? Wir können es nicht begreifen.
Auch die Kriege sind irdische Angelegenheiten. Die Santiner sehen sie mit Unbehagen aus objektiver Sicht. Sie erfüllen ihre Aufgabe in einer Weise als eine Vorbereitung, in die ihr mit einbezogen seid. Die mediale Verständigung bietet die Mög-

lichkeit, diese Aufgabe zu erfüllen. Die Santiner wollen noch nicht eingreifen, um nicht den Läuterungsprozess der Erdenmenschheit zu stören. Aber sie wachen genau über alles was geschieht, um einzugreifen, wenn für die gesamte Menschheit eine akute Gefahr besteht. Die Santiner schicken sich an, einer Menschheit kosmisch zu begegnen, die selbst den ersten Schritt in den Kosmos gewagt hat. Die maßgeblichen Regierungen wissen anhand von reichlichen Unterlagen, dass die Raumschiffe der Santiner existieren.

In allen Zweifelsfällen ziehen die Regierungen Wissenschaftler heran. Diese sollen sich dann äußern. Damit schieben sie die Verantwortung von sich. Was sagt ihr dazu?
Ja, so ist das leider. Doch da gibt es noch den berühmten Gelehrtenstreit. Diesen Streit gibt es auch über das Thema Ufo. Kein bescheidener, aufgeschlossener Mensch würde es wagen anzunehmen, dass das Universum ohne intelligentes Leben sei – und nur durch die Erde eine einzige Ausnahme mache. Ein solcher Mensch wird es nicht wagen, ein Ufo anzuzweifeln. Das können nur anmaßende, überhebliche besserwisserische Menschen tun. Die meisten Menschen wissen bereits, dass die Erde nur ein winziges Stäubchen in der Milchstraße ist, von denen es noch viele Tausende gibt.

Durch unser Gespräch taucht die Frage auf, ob die Wissenschaft der Regierung gegenüber die Wahrheit vertritt. Wir glauben das nicht. Was meint ihr dazu?
Das kommt ganz darauf an, was man von der Wissenschaft verlangt. Es gibt Fälle, wo die Wissenschaftler ganz genau wissen, dass sie mit der Wahrheit bei der Regierung in Ungnade fallen. Es gibt aber auch Fälle, wo man sich sagt, eine Hand wäscht die andere.

Es ist unbegreiflich, dass man in den wichtigsten Existenzfragen des Menschen so unglaublich verantwortungslos für die Zukunft der Menschen vorgeht.
Erinnerungsfragmente aus Vorleben bestimmen weitgehend die Verhaltensweise des Menschen, kombiniert mit Erbanlagen und Umwelteinflüssen.

Die Friedensbemühungen sind von größtem Interesse. Können die gegenwärtigen Bemühungen zu einem Erfolg führen?
Ohne Gott ist das ganze Bemühen unmöglich. Es kann nur herumgeredet werden. Ein eigenwilliges Leben der Menschheit ist ganz unmöglich. Wahrer Frieden kann nur zustande kommen, wenn die Menschheit im Bunde mit den göttlichen Mächten handelt. Das muss die Menschheit einmal begreifen.

Warum bringt man behördlicherseits den Raumschiffen so wenig Verständnis entgegen?
Die Santiner haben andere Antriebssysteme und dementsprechend auch andere Reisemöglichkeiten. Das sind Dinge, die man nicht begreifen will, weil alles mit irdischen Maßstäben gemessen und verglichen wird. Selbstverständlich interessieren sich die Außerirdischen für alle bedeutenden Vorkommnisse auf dieser Erde.

Als die Astronauten auf ihrer Reise zum Mond in großer Lebensgefahr waren, zeigten die Menschen aller Länder großes Mitgefühl. Warum kann das nicht immer möglich sein?
Politische Hetzkampagnen verhindern eine Völkersolidarität. Die Hauptschuld daran tragen die großen Publikationsmedien wie Presse, Rundfunk und Fernsehen.

Die höchsten Berge des Himalajagebirges werden im Volksmund als Thron der Götter bezeichnet. Hat diese Benennung etwas mit dem Besuch außerirdischer Raumfahrer zu tun?

Unbedingt. Die Tatsache, dass es sich um sehr hohe Erhebungen handelt und unter den Menschen in diesem Gebiet eine bedeutende Religiosität besteht, dazu noch echte magische Erkenntnisse vorherrschten, veranlassten die Außerirdischen, dieses Gebiet zu bevorzugen.

Haben die Menschen im Himalajagebiet mit den Santinern Kontakte gepflegt?
Ja, denn die Höhe hat einen ganz bestimmten Einfluss auf die Gehirntätigkeit des Menschen. Die Höhe begünstigt die Medialität und auch die Telepathie.

Wie verhielten sich die tibetanischen Priester den außerirdischen Raumfahrern gegenüber?
Diese Priester hatten selbstverständlich keine Ahnung von Raumfahrern, auch nicht von Menschen, die von einem anderen Sonnensystem kamen. Man hielt sie tatsächlich für die Götter. Aber die Priester übernahmen viele magische Erkenntnisse, die sie später anwendeten. Die Santiner gerieten in Vergessenheit, aber dafür rangierten dann die Dämonen und Geister im Vordergrund ihrer kultischen Bräuche. Sämtliche Berggebiete Indiens erleichtern den Kontakt zur geistigen Welt. Die gleichen Verhältnisse bestehen in den Anden.

Gibt es dafür eine Erklärung?
Irdische Raumfahrer, die man in Druckkammern getestet hat, erlebten ähnliche Kontakte, die man aber als Halluzinationen hinstellte.

Welches Interesse hatten die Santiner an unserer Erde, da die Menschheit zu jenen Zeiten noch ziemlich primitiv war?
Zuerst war es nur reiner Forschungsgeist, der sie zur Erde führte. Aber nach Jahren erkannten sie die Notwendigkeit einer Hilfe, da die Erdenmenschheit immer gefährlicher wurde. Sie

erkannten schließlich ihre Mission und stellten fest, dass sie geschickt worden waren. Heute wissen sie ganz genau, dass sie einen göttlichen Auftrag haben. Dieser Auftrag ist noch nicht zu Ende geführt worden, aber diese Mission hat es in sich. Sie haben den Auftrag, die Erde zu überwachen und mitzugestalten, ohne jedoch den natürlichen Ablauf der Entwicklung zu stören – und ohne in den Läuterungsprozess der Menschheit einzugreifen. Es ist schwer, die Menschheit von der Unsterblichkeit der Seele zu überzeugen und die Menschen von der Barbarei und Kriegführung abzubringen. Die Santiner sind großartige Vorbilder. Sie sind machtvoll, gütig und für die Erdenmenschen stellten sie damals respektvolle Götter dar. Aber die Santiner wollen nicht als Götter verehrt werden. Sie wollten nur die Größe und Majestät Gottes veranschaulichen. Auf keinen Fall wollten sie dem Götzendienst Vorschub leisten. Den Erdenmenschen musste eine friedliche Religion gegeben werden. Sie brauchten Gesetze, nach denen sie religiös und moralisch leben konnten. Diese Gesetze wurden ihnen auf äußerst demonstrative Weise gegeben. Doch sie wurden trotzdem missachtet. Die göttlichen Gesetze waren jedoch auf die unterschiedliche Bevölkerung zugeschnitten. Daher stammen auch die Abweichungen der verschiedenen Länder.

In letzter Zeit werden vermehrt aufschlussreiche Ufo-Sichtungen gemacht. Doch immer kommt hinterher eine unsinnige Erklärung. Wie lange wird diese Taktik noch fortgesetzt?
Diese Taktik wird man nicht mehr lange fortsetzen können. Allmählich merken auch die größten Skeptiker, dass hier etwas nicht stimmt. Man greift zu immer dümmeren Erklärungen, die aber immer deutlicher verraten, dass man nicht mehr ein und aus weiß. Da die Dementierung immer rascher auf ein Ereignis folgt, zeigt sie allen vernünftig denkenden Menschen immer deutlicher, dass hier bewusst die Wahrheit verfälscht wird. Jeder erkennt, dass in dieser Sache ganz plump gelogen wird.

Warum ist es Journalisten nicht möglich, die Wahrheit über die Ufos zu erfahren?
Wenn sie das tun, bekommen sie einen Anruf, die Hände davon zu lassen, oder sie erhalten ein Schreiben, dass eine höhere Stelle es nicht gern sieht, wenn man diese Sache publiziert. Das betrifft auch namhafte Wissenschaftler, Laboratorien und Observatorien. Überall ist dieses Thema ‚top secret'.

Vielleicht sind die außerirdischen Besuche noch zu schwach, eine größere Demonstration wäre bestimmt eindrucksvoller. Was meint ihr dazu?
Alles vollzieht sich nach einem bestimmten Plan. Diesem Plan steht nur noch eure Ungeduld im Wege. Den Regierungen ist dieses ganze Ufo-Problem nur ein Dorn im Auge. Leider lässt sich dieser Dorn nicht entfernen. Man ärgert sich tatsächlich täglich über die Geheimnistuerei der Santiner. Aber sie wissen genau, dass gerade die Geheimnistuerei dazu beiträgt, die Santiner für etwas Mystisches, Geheimnisvolles und Gewaltiges zu halten. Das passt den Regierungen schon gar nicht. Sie sind absolut dagegen, dass man die Außerirdischen als etwas Hierarchisches ansieht. Deshalb leugnen sie die Außerirdischen einfach ab.

Wir können nicht begreifen, dass die Führer das Volk für so dumm einschätzen, dass man es mit so primitiven Ausreden belügt. Gibt es eine Erklärung dafür?
Das geschieht, weil ihnen das Unheimliche, Unerklärliche, aber auch Gefährliche im Nacken sitzt. Aus diesem Grund fragen sie nicht mehr nach Logik. Mit einem Wort, sie schlagen um sich. Die Santiner verfolgen eine ganz bestimmte Absicht. Sie brauchen für die neue Weltanschauung den Nimbus des Geheimnisvollen – und das erfordert viel Zeit. Es gehört alles in den Vorbereitungsplan. Die Santiner sind auf alle Fälle die Wächter im All. Die Toleranz, die sie zeigen, kann sie nicht

daran hindern, im Ernstfall sofort einzugreifen. Sie sind mit einer Aufgabe betraut worden, von der sie nicht mehr zurück können.

Die Mehrheit der Weltbevölkerung hat keine zuverlässige Glaubensvorstellung von Gott und seinem geistigen Reich. Das Wissen um die Santiner könnte doch dazu führen, das göttliche Problem besser zu lösen?
Es gibt in der Welt unzählige Schriften über Ufos. Auch wenn viel Phantasie darunter ist, wird dieses Problem sowieso als ein religiöses Geschehen angesehen. Das kann natürlich dazu führen, dass die Erdenmenschheit etwas mehr Achtung vor einer höheren Instanz bekommt. Die vielen Ufo-Schriften behandeln nicht nur das Technische, sondern auch geistige Fragen. Besonders in Japan ist das Untertassenproblem höchst aktuell. Die Japaner sind eher dazu geneigt, die Santiner als kosmische Sendboten und als Überbringer großer Wahrheiten anzusehen. Es gibt sogar einige japanische Wissenschaftler, die vermuten, dass die Santiner mit den Japanern verwandt sind. Die Japaner glauben jedoch, wie viele andere Kulturen, an ein Weiterleben nach dem Tode, weil sie in dieser Hinsicht viele Erfahrungen gesammelt haben. Auf Grund gewisser Funde, die man gemacht hat, sind die Japaner der Meinung, dass ihre Vorfahren aus dem All kamen. Für sie gelten diese Funde als Beweisstücke. Einige Figuren, die man ausgegraben hat, zeigen Menschen mit Schlitzaugen und Raumfahrtanzügen.

Die Santiner haben keine Schlitzaugen. Liegt da nicht ein Irrtum vor?
Es handelt sich bei diesen Figuren tatsächlich um Nachbildungen der damaligen Raumfahrer. Diese Astronauten hatten Brillen mit Sehschlitzen, wie man sie auf der Erde auch schon lange kennt. Eine Umfrage in Japan würde ergeben, dass mindestens jeder 3. Japaner an die Existenz der Ufos glaubt.

Wir können nicht begreifen, dass sich bekannte Wissenschaftler dazu hergeben, das wichtige Ufo-Problem von sich zu weisen. Woran liegt das?
Erstens sind die Ufos kein Problem, sondern eine Tatsache. Andererseits ist die allgemeine Hartnäckigkeit ein Weltproblem. Die Kirchen zwingen die Menschen, nur in eine Richtung zu schauen und einseitig zu denken. Die Kirchenreligion setzt den Menschen Scheuklappen auf. Das allzu kleinliche, bürgerliche Denken konnte niemals den Menschen zu höheren Erkenntnissen verhelfen. Nur ein neues kosmisches Denken und ein kosmisches Bewusstsein kann das jetzt bewirken. Ohne ein kosmisches Bewusstsein ist das einfach nicht möglich. Nur dieses kosmische Denken verleiht dem Menschen die notwendige Objektivität. Ihr hättet heute noch Hexenverbrennungen, wenn die Kirche noch die Macht hätte. Würde man in der Fernsehsendung ‚Das Wort zum Sonntag' eine echte spiritualistische Belehrung geben - das wäre etwas. Alle Fragen um die Existenz Gottes sind sinnlos, solange der Mensch nicht logisch denken kann. Wer ein Gefühl für die Wahrheit hat, der hat auch ein Gefühl für die Existenz Gottes. Wie kann ein Mensch überhaupt zu logischem Denken fähig sein, wenn er von Anfang an falsch programmiert ist? Von Kindheit an, durch seine Eltern und Erzieher, durch die Schule und die Kirche, ja durch die ganze Umwelt wird jeder Mensch falsch programmiert. Er kann gar nicht zu eigenen Urteilen kommen. Den besten Beweis dafür liefert der Fall Israel. Man zankt sich um Dinge, die religiös völlig bedeutungslos sind. Die Begeisterungsfähigkeit des Menschen wird auf der ganzen Welt missbraucht.

Was könnte geschehen, wenn die Außerirdischen eine Strafaktion starten würden?
Die Santiner verfügen nicht nur über Ufos, sondern über gigantische Raumschiffe. Diese fliegen mit Übergeschwindigkeit.

Wenn sie jedoch in Erdnähe kommen, müssen sie die Geschwindigkeit stoppen.

Was würde geschehen, wenn sie das nicht tun würden?
Die Erde würde ihre Gravitation ändern. Die Menschen würden einfach ihre Balance verlieren. Das alles käme einem Erdbeben gleich. Ihr braucht nur in die Bibel zu schauen. Noch heute zerbricht man sich den Kopf darüber, auf welche Weise Sodom und Gomorrha vernichtet wurden. Auch das Erdbeben bei der Kreuzigung Christi gehört dazu.

Die Ufologie ist ein sehr großes Gebiet, das immer mehr an Bedeutung zunimmt. Es gibt jedoch viele Menschen, die glauben, sich in der Öffentlichkeit platzieren zu müssen. Gelingt ihnen das nicht, so erfinden sie einen Schwindel, doch sie sind klug genug, ihn zu tarnen. Was sagst du dazu?
Es ist sehr schwer diese Fehler herauszufinden, weil die meisten Menschen nicht genügend aufgeklärt sind. Sie kennen nicht die Grenzen, die auch für die Santiner vorhanden sind. Aber die Santiner werden eines Tages so in eurer Welt auftreten, dass sie von vielen Menschen gesehen werden können. Wann das stattfinden wird, kann ich euch heute noch nicht sagen.

Atheisten behaupten, dass solche Prognosen nicht eintreffen könnten. Kann man sich auf eure Prognosen verlassen?
Es ist damit nicht gesagt, dass eine Prophezeiung in allen Einzelheiten richtig ist. Manches kann sich daran ändern. Aber es bleibt doch noch soviel übrig, dass man eine Prophezeiung ernst nehmen sollte. So ist es zum Beispiel bei Nostradamus.

Kann man die Santiner mit Yogis vergleichen?
Durch ihre sehr hohe Entwicklung sind die Santiner etwa ähnlich wie die Adepten. Auf alle Fälle stehen sie viel höher in ihrer Entwicklung als die Erdenmenschen, daher könnt ihr sie

als echte Vorbilder betrachten. Die Santiner unter dem Kommando von Ashtar Sheran sind in der Entwicklung am weitesten fortgeschritten.

Wir wissen, dass es direkte und indirekte Führer der Menschheit gibt. Dabei sind die indirekten Führer, wie Wissenschaftler und Pädagogen oder Kirchenväter, gefährlicher. Wie seht ihr diese Situation?
Wer im Hintergrund sitzt, richtet immer den größeren Schaden an. Eure Kunst der Menschenführung besteht hauptsächlich darin, Irrtümer zu verteidigen und glaubhaft zu machen. Das geschieht nicht auf logischer Basis, sondern durch Verschlagenheit und negative Schläue. Das Kapitel Erde ist ein sehr heißes Eisen. Gäbe es nicht einen Läuterungsplan für diese Erde, so gäbe es nur noch ein Emblem, den achtzackigen Stern mit dem Punkt in der Mitte (das Symbol der Santiner; Anm. d. Hrsg.). Die Santiner würden euch lieber als Brüder im All begegnen, aber ihr seid noch nicht reif dazu.

Welche Bezirke oder Gegenden werden von den Santinern besonders kontrolliert?
Es gibt keinen Vorgang, der nicht von Santinern zur Kenntnis genommen wird. Die Santiner sind über alles unterrichtet, sogar von den bestehenden Absichten. Diese Kontrolle ist auf keinen Bezirk beschränkt. Alle Mitteilungen über Presse und Rundfunk werden überwacht.

Besitzen die Santiner Waffen, die noch zerstörerischer sind als unsere Wasserstoffbomben?
Nein, sie besitzen überhaupt keine Waffen. Wenn sie etwas zerstören wollten, so brauchten sie nur darüber hinwegzufliegen. Dadurch, dass sie die Kräfte der Antimaterie benutzen, können sie ungeheuren Schaden anrichten. Das hängt von der Höhe und der Geschwindigkeit ab.

Letztens wurde ein Gerücht verbreitet, dass ihr, die geistige Welt, euch von Ashtar Sheran, dem Kommandanten der Ufo-Flotte getrennt hättet. Es soll sich um eine mediale Mitteilung aus England handeln. Stimmt das?
Das ist ein völliger Unsinn. Wer einigermaßen Verstand hat, muss sofort erkennen, dass hier eine Lüge besteht. Es gibt eine große Mission, in der wir alle stehen: Lichtboten, jenseitige Helfer und Schutzpatrone, ja sogar Engel und Erzengel. Auch die Santiner stehen in der gleichen Mission. Gott will der Menschheit dieser Erde helfen. Bei uns gibt es keine Spaltung, keine Trennung oder Meinungsverschiedenheit. Wir alle richten uns nach Gott. Es ist ein ganz sinnloser Vorwurf, der nur aus Dummheit und mit Unterstützung der niederen Sphären entstehen konnte. Wir alle sind und bleiben eine unzertrennliche große Gemeinschaft der Liebe und Hilfsbereitschaft.

Der ehemalige Luftmarschall Lord Dowding (England) hat einmal folgendes gesagt: „Sie alle haben schon von Fliegenden Untertassen gehört und wir sind fest davon überzeugt, dass diese Ufos gewissermaßen aus dem Jenseits kommen". Was sagt ihr dazu?
Wenn Lord Dowding das Jenseits erwähnte, so ist das ein Zeichen dafür, dass er fest von der Existenz eines geistigen Reiches überzeugt war. Die Ufos sind jedoch tatsächlich okkult, d. h. sie verfügen über Kräfte, die man nicht als allgemein üblich bezeichnen kann. Diese Fähigkeiten führten dazu, dass man sie früher als übersinnlich bezeichnete. Ihre Besatzungen wurden für Götter gehalten. Sie sind nicht aus dem Jenseits, sondern außerirdisch.

Gibt es viele Planeten, die von Menschen bewohnt sind, und stehen diese Menschen mit Nachbarplaneten in Verbindung?
Bedenkt wie groß das Universum ist. Oft sind diese bewohnten Sterne sehr weit voneinander entfernt. Trotzdem stehen viele

miteinander in Verbindung, weil ihre Technik bedeutender ist und große Entfernungen überbrückt. Sehr oft lernt eine Menschheit von einer anderen und es kommt vor, dass sogar eine Superrasse von einer unterentwickelten Menschheit etwas lernen kann, weil es sich um ein Mosaik handelt, das unvollständig war, aber von großer Bedeutung ist. Auch die Santiner haben manches von der Erde abgesehen und weiter ausgewertet. Auch die Erdenmenschheit könnte ungeheuer viel profitieren, wenn sie nicht so bösartig wäre und ihre Nachbarmenschen von anderen Sternen als Feinde betrachten würde. Vor allem wollen die Erdenmenschen von den Santinern keine Belehrungen annehmen, wie es in der Gastforschung auch der Fall ist. Die Schöpfung ist noch lange nicht abgeschlossen und die Kommunikation zwischen den bewohnten Sternen ist sehr wichtig. Was glaubt ihr, welche Vorteile die Erde schon von den Santinern gehabt hat? Denkt an die Pyramiden und an die Bauten der Maya. Ihr habt die Gesetze der Magie mit Füßen getreten und verspottet. Aber die Gesetze des Todes und der Gewalt sind euch geläufig, darum werden sie dauernd praktiziert. Alle denkenden Geschöpfe, die im Universum existieren, sollen gemeinsam die Schöpfung vollenden helfen, auch wenn sie unterschiedliche Entwicklungsgrade aufweisen. Das solltet ihr endlich einmal begreifen.

In Amerika hat 1965 der Kongress erörtert, dass man einer Gefahr durch Ufos ins Auge sehen muss. Darum betrachtet man die Außerirdischen eher als Feinde und nicht als Freunde der Erdenmenschheit.

Es stimmt, dass die Santiner, das heißt die Besatzung der außerirdischen Raumschiffe, als mögliche Feinde angesehen werden. Der amerikanische Kongress hat dabei in Betracht gezogen, dass durch die Verkennung von Ufos ein dritter Weltkrieg ausgelöst werden könnte, denn ein solcher kann sich in einigen Minuten entwickeln. Die Santiner kennen diese Situation und sind sehr besorgt. Sie sind deshalb bei allen ihren Manövern sehr zurückhaltend und überaus vorsichtig.

Besteht die Gefahr, dass die Santiner zurückschlagen, wenn sie von der Erde aus angegriffen würden?
Der weitaus größere Teil der Erdenmenschheit ist geistig unterentwickelt. Die Menschen denken von ihren Mitmenschen nicht das Beste. Es besteht Misstrauen und Völkerhass sowie Rassenwahn und ähnliche negative Einstellungen. Jeder Mensch denkt und handelt jedoch von sich aus analog weiter. Man hört, dass die Außerirdischen in jeder Beziehung weiter entwickelt sind. Man weiß auch, dass ihre Technik bedeutender ist. Auf Grund der Analogie denkt der Erdenmensch zwangsläufig, dass der Außerirdische demnach noch schlechter und gefährlicher sein muss als der Erdenmensch. Auf diese Weise sieht man in ihm lieber ein Monster als einen Engel. Höher entwickelte Intelligenz kann sich ein Erdenmensch nur schwer vorstellen. Diese Analogie trifft auch für das geistige Reich zu. Es ist für den bösartig veranlagten Erdenmenschen nur schwer zu begreifen, dass es höhere Intelligenzen geben soll. Dagegen kann er sich dämonische Gespenster viel leichter vorstellen, was der Geisterkult auf diesem Planeten eindeutig beweist. Da der Erdenmensch bei allen Betrachtungen sich selbst zum Maßstab aller Dinge macht, glaubt er zu wissen, dass sich die ganze Menschheit in Zweifel und Unglauben befindet. Jede religiöse Äußerung eines Mitmenschen hält er für ein falsches Getue oder für anormal.

Es gibt einige Professoren, die eine Existenz der Außerirdischen und somit auch der Ufos absolut ablehnen und für unmöglich halten.
Das sind selbstherrliche Urteile von Menschen, die nicht glauben wollen, dass ihre Erde keine Sonderstellung im Universum einnimmt. Professoren, die es besser wissen wollen, sollten

aber überlegen, ob es auch auf anderen Sternen ein Leben gibt, und somit auch das intelligente Leben in Frage kommt. Wirkliche Wissenschaftler nehmen heute an, dass es auch intelligentes Leben auf anderen Sternen gibt. Sie haben damit Recht. Intelligentes Leben gibt es auf Tausenden von Sternen.

Da uns außerirdische Menschen mit ihren Raumschiffen besuchen, kann es doch möglich sein, dass sich gewisse Stoffe in unserer Atmosphäre verändern?
Bei einigen Stoffen ist das der Fall, aber die Ufos haben ein eigenes Magnetfeld. Dieses Magnetschild schützt sie ausreichend. Außerdem sind die Ufos mit einem außerirdischen ‚Lack' versehen, der sie ebenfalls schützt. Keine Strahlung und auch nicht stärkste Säure kann ihnen etwas anhaben.

Die Amerikaner beschäftigen sich mit der Herstellung einer ‚Untertasse', die besondere Flugfähigkeiten aufweisen soll. Kommen die Amerikaner der Original-Konstruktion der Ufos näher?
Es ist lächerlich, wenn man diese Untertassen mit den Ufos überhaupt in Verbindung bringt. Die Ufos sind für euch unnachahmlich. Es gibt auf Erden keine Antriebsart, die eine Ähnlichkeit mit den außerirdischen Flugobjekten aufweist. Die Ufos sind unabhängig von jeder Gravitation; sie schalten sie einfach aus. Dadurch sind sie äußerst manövrierfähig und superschnell. Sie besitzen den Hyperdrive. Die Santiner besitzen ähnlich wie die Satelliten ein Anti-Gravitationsschild, der ihnen jeden Flug gestattet, auch ohne Raumschiff.

Gibt es Ufos, die großen Lärm machen?
Ufos können geräuschlos fliegen, aber sie können auch großen Lärm machen, wie es bei Hesekiel steht. (Hesekiel 3.13 – Und es war ein Rauschen von den Flügeln der Gestalten, die anein-

ander schlugen, und auch ein Rasseln der Räder neben ihnen wie das Getöse eines großen Erdbebens; Anm. d. Hrsg.).

Die Cherubim, also die Santiner, werden mit Flügeln dargestellt und beschrieben. Hatten sie wirklich Flügel?
Diese Flügel waren technische Geräte, die als Flügel bezeichnet werden. Diese Geräte dienten der Levitation, also der Aufhebung der Schwerkraft. Wurden die Flügel ausgebreitet, so entstand unter ihnen ein Anti-Gravitationsfeld. Heute haben die Santiner schon verbesserte Apparate.

Wir haben aus Italien eine Fälschung bekommen. Es handelt sich um eine ‚Ashtar-Sheran-Botschaft', die nicht von uns stammt, aber mit eurem Namen in einem Atemzug genannt wird, so dass der Eindruck entsteht, dass diese Botschaft aus unserem Kreis kommt. Was sagst du dazu?
Ihr seht, wie solche Botschaften verfälscht werden. Nun denkt einmal über die Fälschungen in der Bibel nach. Wer will sie heute noch nachvollziehen? Man leiht sich einen guten Namen aus und vermischt das ganze mit anderen Aussagen.

Wir haben aus diesen Fälschungen ersehen, dass man die biblisch prophezeite Apokalypse haben möchte. Diese Botschaften enthalten angedrohte Weltkatastrophen. Ist euch das bekannt?
Die Johannes-Offenbarungen haben sich bereits zum größten Teil erfüllt. Was sich nicht erfüllt hat, ist jetzt nicht mehr von Bedeutung. Es ist gewissermaßen schon überholt. Viele Menschen möchten den Santinern irdisches Denken unterstellen. Das ist natürlich ein Unsinn. Sie schließen von sich auf andere. Menschen von einem anderen Planeten haben im Vergleich zu euch ein völlig anderes Denken. Ihr Entwicklungsstand ist besonders in geistiger Hinsicht nicht mit eurem zu vergleichen. Eure Kriegsgelüste und die dazu notwendigen Vorbereitungen sind geradezu kannibalisch, ja an sadistischer Perversität noch

weit schlimmer. Diese italienischen Fälschungen unter der Flagge Ashtar Sherans können selbstverständlich großen Schaden anrichten.

Hätten wir in unserer Mission nicht die Ufologie, so wäre eine Mission auf rein spiritualistischer Grundlage kaum möglich. Was sagst du zu dieser Überlegung?
Ja, das ist richtig. Aus diesem Grunde haben die Santiner diese Gemeinschaft bevorzugt. Es geht nicht nur um die Ufologie, sondern gleichzeitig um die Beweisführung des Spiritualismus, der in eine kosmische Religion umgewandelt werden soll. Auf diese Weise werden, wie ihr zu sagen pflegt, zwei Fliegen mit einer Klappe geschlagen. Der falsch verstandene Materialismus soll auf ein geistiges Gleis geführt werden. Eure hoch entwickelte Technik ist in den Augen der Santiner überhaupt nicht mehr als eine Technik zu bezeichnen, denn ihre unvorstellbare Supertechnik weist eure Technik in den Winkel einer belanglosen Selbstverständlichkeit. Ihr habt keine Ahnung, was möglich ist. Ebenso habt ihr kaum eine Vorstellung von den gewaltigen Ausmaßen eures tatsächlichen Lebens, für das nicht nur die Erde zuständig ist, sondern das ganze Universum. Ihr alle habt noch Äonen vor euch, ihr steht erst am Anfang. Bei den Santinern gehorcht die Stadtbeleuchtung auf ein Wort und Maschinen reagieren auf einen bestimmten Gedanken. Man spürt nichts von dieser Supertechnik, denn die Natur ist mit einbezogen und dennoch ist sie stets gegenwärtig.

In einer früheren Botschaft heißt es: „Ich werde euch eine Technik senden, die euch alle auf die Knie zwingen wird." Hat das etwas mit den Santinern zu tun?
Eine vollkommene Technik, wie sie bei den Santinern vorhanden ist, beherrscht nicht den Menschen, sie ist unauffällig versteckt und trotzdem ist sie des Menschen eifrigster Diener. Der Santiner bleibt der Technik überlegen, denn er besitzt die Intel-

ligenz und die Initiative. Zwar denkt die Maschine hinsichtlich ihrer Aufgaben konsequenter und detaillierter sowie zuverlässiger, aber der Mensch ist ihr in jeder Hinsicht überlegen, weil er Phantasie hat und auf neue Ideen kommt. Der Mensch hat Geistesblitze, aber die Maschine nicht. Man muss zwischen dem göttlichen Denken eines Menschen und dem mechanischen Denken eines Computers einen Unterschied machen. Die Resultate eines Computers sollen den menschlichen Intellekt anregen, aber nicht dazu dienen, Menschen zum Atheismus zu verleiten. Die Maschinen sind auf den Erfinderreichtum des Menschen angewiesen. Selbständig können sie nichts tun. Ein Computer funktioniert nicht emotionell. Es ist ein mechanischer Ablauf. Die Entscheidungen trifft der Mensch, weil er auch die Verantwortung trägt. Das Resultat einer außerirdischen Denkmaschine über die Situation dieser Erde sagt unmissverständlich: Wahnsinn! Ich komme noch einmal darauf zurück, was euch Ashtar Sheran schon einmal sagte, dass bei allem Suchen nach neuen Errungenschaften eure Sprache ein bedeutendes Hindernis darstellt. Ihr müsst endlich daran denken, eure Sprache vom Unsinn und Überflüssigen zu reinigen. Ihr sprecht z. B. immer von einem ‚Elektronen-Gehirn'. Warum in diesem Falle von einem Gehirn? In vielen Fällen greift man auf alte, längst nicht mehr gültige Begriffe zurück, weil es keine neuen Bezeichnungen dafür gibt.

Warum konzentrierte sich unsere Raumfahrt so sehr auf den Mond, obwohl er eigentlich totes Gestein ist?
Die gesamte Raumforschung hat hauptsächlich einen strategischen Charakter. Das Venus-Unternehmen kann man allerdings als eine wissenschaftliche Neugierde bezeichnen. Ebenso ist das Mars-Unternehmen der Amerikaner nicht strategisch. Aber der Mond steht stark im Interesse der Politik. Auch die künstlichen Raumstationen gehören zur Strategie.

Der Verhaltensweise der Regierungen nach zu urteilen, scheinen diese keine direkte Angst vor einer Ufo-Invasion zu haben. Stimmt das?
Man nimmt an, dass die Außerirdischen auch nur eine gewisse Neugierde für diesen Planeten Erde haben, aber keine Kriegsmacht darstellen. Mit einer Erkenntnis vom Weiterleben nach dem Tode, vom Karma, von der Reinkarnation und vom Leben auf anderen Sternen würde sich das ganze Leben auf der Erde schlagartig ändern und die bedrohliche Macht der Kriegstreiber ein Ende nehmen. Ihr leistet einen sehr wesentlichen Teil der Vorarbeit für diese Erkenntnis.

Was können wir noch tun?
Ihr müsst Pro und Contra herausstellen. Ihr müsst vor allem das falsche Getue entlarven. Auch solltet ihr immer wieder an die menschliche Vernunft appellieren.

Was ermöglicht ihnen die Dematerialisation? Können sie dadurch in gewisse Sphären eintreten? Können sie euch sehen?
Nicht alle Santiner können sich dematerialisieren. Welche des öfteren Fehler machen, verlieren diese Gabe und müssen auf ihrem Heimatplaneten bleiben. Ihr werdet euch sicherlich schon gewundert haben, dass sie alle die gleiche, hochgeschlossene Kleidung tragen. (siehe mediale Zeichnungen bei „Friede über alle Grenzen“, ebenfalls in unserem Verlag erschienen: Anm. d. Hrsg.) Das ist jedoch die Kleidung, wenn sie ihre Flugobjekte besteigen.

Also Uniform oder Schutzkleidung?
Ja, Uniform aus einer ganz bestimmten Kunstfaser, welche sich ihnen vollkommen anpasst.

Es ist nicht so, dass sie sich nur selbst dematerialisieren, sondern auch ihre Flugschiffe und ihre Kleidung.

Zu dieser Dematerialisation eignen sich nur bestimmte Stoffe. Diese kennt ihr auf eurem Gestirn noch nicht, jedoch auf anderen Gestirnen kann man diese notwendigen Produkte gewinnen. Sie werden von dort auch herbeigeschafft.

Bei den medialen Zeichnungen der Santiner und auch der Schutzpatrone ist uns aufgefallen, dass sie alle ein ausgeprägtes Kinn haben. Was bedeutet dies?
Dieses Kinn ist das, welches die Jenseitigen erlangen, durch den Willen zu helfen und zu dienen; welches sie sehr, sehr selten zu Lebzeiten hatten, weil sie nicht stark genug waren, das zu werden, was sie wollten, jedoch was sie dann durch ihren starken Glauben an Gott wurden.

Verschiedene Menschen behaupten, dass errechnet wurde, durch zunehmende Vereisung des Nordpols würde die Erde ‚kippen'. Ist das so?
So lange Gott das Zepter in der Hand hält und der Mensch nicht wahnsinnig wird, weil er Gott nicht anerkennt, so lange kippt die Erde nicht.

Wird der Erde eine Naturkatastrophe drohen, an der sie zugrunde geht?
Gott wird es gar nicht nötig haben, das Aufgebaute auf eine so primitive Art zu zerstören. Nein, es werden dann die göttlichen Beweise an das Tageslicht kommen. Es wird das Himmelszelt voller Scheiben sein. Diese sind die Beweise von der Existenz Gottes.

Wie ist es möglich, dass die Flugscheiben derartige Räume in so kurzer Zeit durcheilen?
Die Flugscheiben benutzen Strahlen aus dem Kosmos. Speziell aber Sonnen- oder Lichtenergien. Sie sind schneller als das Licht. Wenn eine Flugscheibe in die Erdatmosphäre vorstößt

und mit dem Luftwiderstand in Berührung kommt, dann wird die enorme Geschwindigkeit allerdings erheblich abgebremst.

Was für Lichtenergien sind das?
Das Licht besteht aus gebündelten Strahlen aller Art, sichtbare und unsichtbare. Die Santiner lotsen sozusagen einige dieser Strahlen heraus und benutzen sie mit komplizierten Apparaturen. Diese speziellen Strahlen geben ihnen eine Geschwindigkeit, die im All schneller als das Licht ist.

Haben die amerikanischen Astronauten auf ihrer Reise zum Mond Ufos gesehen?
Ja, sie sind einigen außerirdischen Raumschiffen begegnet. Doch wegen der ernormen Geschwindigkeit derselben konnten sie nicht herausfinden, um was für Flugobjekte es sich gehandelt hat.

Leuchtende Ufos wurden auch als ausgebrannte Raketenstufen gedeutet. Immer wieder weicht man der Wahrheit aus. Was sagst du dazu?
Das ist absurd, denn ausgebrannte Raketenteile würden nicht grün aufleuchten. Die Regierungen halten die Masse von der Wahrheit fern, weil man um seine Position fürchtet. Die meisten Regierungsvertreter wissen, dass sie auf einem Posten sitzen, auf den sie eigentlich nicht hingehören.

Stimmt es, dass die Santiner Menschen aus Fleisch und Blut sind?
Die Santiner sind Geist und Fleisch zugleich. Aber ihr Fleisch ist von einer anderen Materie als das der Erdenmenschen. Das trifft aber nur auf die organische Materie zu. Die Immunität gegen Krankheiten ist daher auch verschieden. Ihr könnt feststellen, dass die Immunität gegen Krankheiten schon zwischen schwarzen und weißen Menschen verschieden ist. Ebenso gibt

es auch einen Unterschied zwischen den Santinern und den Erdenmenschen. Der Erdenbürger ist degeneriert, was bei den Santinern nicht der Fall ist.

Die Santiner sollen einmal gesagt haben, dass es bei ihnen weder Krankenhäuser noch Nervenheilanstalten gibt. Soll das heißen, dass sie uns alle auf einmal gesund machen könnten?
Es stimmt, dass die Santiner kaum Kranke haben. Aber das kommt durch eine Jahrtausend lange gesunde Ernährungsweise und durch den Verzicht auf viele Laster. Die Erdenmenschen können nur im Laufe vieler Generationen gesunden – und nur dann, wenn sie vor allem auf die Laster verzichten.

Wie groß ist ein außerirdisches Mutterschiff, das von Stern zu Stern reist?
Viele Kilometer. Die Insassen solcher Raumschiffe leben über Generationen darin. Aus diesem Grunde können sie auch unvorstellbare Reisen unternehmen. Sie sind Selbstversorger. Sie erzeugen Licht, Wärme, Pflanzen und Wasser, also alles, was zum Leben erforderlich ist. Es ist für euch unvorstellbar, was Menschen auf anderen Sternen erschaffen. Diese Menschen sind euch weit voraus, weil bei ihnen keine furchtbaren Kriege herrschen.

Können die außerirdischen Raumschiffe in die Ozeane eintauchen?
Da diese Weltraumschiffe eine magnetische Atmosphäre bzw. ein eigenes Kraftfeld um sich schaffen, ist es ihnen möglich, sehr tief in das Wasser einzutauchen. Sollte sich aber ein irdisches Schiff in der Nähe befinden, so kann der Kompass beeinflusst werden. Doch die Ufos machen nur selten vom Tauchen Gebrauch. Es bestehen immer noch gewisse Schwierigkeiten.

Es wurde früher immer von den Ufonen gesprochen. Besteht zwischen Ufonen und Santinern ein Unterschied? Handelt es sich dabei um eine Menschenrasse, die auf einem anderen Stern als die Santiner leben?
Die Santiner haben den Namen Ufonen von euch erhalten, nicht selbst sich gegeben. Sie sind Menschen genauso wie ihr. Sie haben einen Körper und gehen ebenfalls gekleidet. Auch richten sie sich nach jeder gegenwärtigen Mode. Diese Menschen erhalten sich physisch ebenfalls durch Essen und Trinken. Sie bilden sich geistig durch Schulung, wie es bei euch auch der Fall ist. Sie weichen keinen Zentimeter von eurem Leben ab, bis auf den einen großen Punkt, der euch von ihnen trennt: euch fehlt der positive Glaube fehlt.
Es dauerte viele tausend Jahre bis der Ufone, das heißt der Santiner das Ziel erreichte, das er heute verteidigt: die Vergeistigung. Auf dieser Stufe beherrscht er die Dematerialisierung und auch die Rematerialisierung. Das sind Eigenschaften, die kein Erdenmensch begreifen kann. Der Santiner musste viele schwere Prüfungen bestehen. Nicht jede hat er gleich bestanden, mitunter ist er auch rückwärts gegangen, aber er ließ nicht locker, gab unter keinen Umständen sein Ziel auf. Heute ist er soweit entwickelt, dass er ein großer Diener Gottes ist. Er steht Gott zur Seite und bekommt große Aufgaben im Universum. Der Erdenmensch lacht zwar darüber, aber es ist eine Tatsache und kein Märchen. Auch der Erdenmensch wird sich der universellen Bruderschaft anschließen, sobald er erkannt hat, dass es diese Bruderschaft wirklich gibt. Natürlich gibt es auch bei den Santinern welche, die Fehler machen. Diese werden nicht bestraft, sondern sie bestrafen sich selbst. Ihre Reue und ihre Scham sind für sie die größte Strafe. Aber sie tun auch Buße.

Ist der Weg der Evolution der Santiner ähnlich wie bei uns?
Die Santiner haben einen ganz anderen Entwicklungsweg. Sie brauchen für eine embryonale Entwicklung statt der neun Mo-

nate das Fünffache. Sie werden dafür nach irdischer Zeitrechnung etwa 300 Jahre alt. Auch ihre Wiederverkörperung erfolgt erst nach viel längerer Zeit. Ein Erdenmensch ist mit 20 Jahren voll entwickelt. Bei einem Santiner ist das erst mit 40 Jahren der Fall. Aber ihre Schulung ist sehr hart. Hieraus könnt ihr euch vieles erklären.

Haben die Santiner eine Erinnerung an ihr früheres geistiges Dasein?
Ja, durch ihre hohe Entwicklung. Sie werden nicht mit dieser Erinnerung geboren, sondern erlangen diese erst im Alter von etwa 80 Jahren nach ihrer Zeitrechnung. Santiner werden ungefähr 300 Jahre alt. Der Mensch macht den großen Fehler, dass er alles aus seiner Perspektive sieht und sich einbildet, so wie er müssten auch andere denken. Die Santiner haben eine ganz andere Denkweise als ihr –eine Friede bringende. Der Mensch, je mehr er mit der grobstofflichen Materie vertraut wird und je mehr er sich technisch entwickelt, geht dabei immer mehr rückwärts, da er sich im Gegensatz zu den Santinern Gott entfremdet. Denkt nicht, dass die Santiner von Anfang an gut waren und keine Gewalt im boshaften Sinne kannten. Sie haben, genau wie ihr auf der Erde einen Erlöser nötig gehabt. Dieser Erlöser starb zwar nicht am Kreuz, aber auch er litt Qualen, die ihm bereitet wurden. Aber nach seinem Tod glaubte das Volk schneller an ihn und an Gott, als es auf der Erde der Fall ist. Es dauerte demnach nicht lange und ein jeder erkannte ihn als Gottes Sohn an. Das war – irdisch gerechnet – mehrere tausend Jahre danach. Aber eins sollt ihr wissen: jener, welcher sich für die Santiner opferte, war nicht Christus, aber auch ein Sohn Gottes, wie er derer mehrere hat, welche die Rolle des Erlösers auf sich nehmen. Die Santiner, je mehr sie technisch vorwärts kommen, erkennen die Größe Gottes an, sie bewundern nicht ihren Geist, der technische Wunder vollbringt, sondern sie bewundern die Größe und den Geist Gottes, welcher sie zu diesen

gewaltigen Erfolgen inspiriert. Da sie jedoch wissen, dass Gott sie inspiriert und er die Liebe ist, können sie gar nicht schlecht handeln.
Sie können es auf der Erde Nacht werden lassen, so lange es ihnen beliebt ohne dabei die Erde erkalten zu lassen. Die Sonne besitzt dabei die gleiche Kraft, nur das Licht der Sonne bleibt aus. Der Mensch müsste sich mit Kunstlicht behelfen. Sie senden mit komplizierten Apparaten Strahlen aus, welche uns den Himmel verdunkeln, jedoch nicht die ultravioletten Strahlen zurückhalten. Es ist dies nur beim Licht der Gestirne der Fall, denn die besondere Ab- und Ausstrahlung der Gestirne und die ungeheure Entfernung von der Erde bis zum Mond und zur Sonne und zu den Sternen gestattet ihnen dieses Manöver. Bei geringeren Entfernungen bleibt die isolierende Wirkung aus. Kunstlicht lässt sich also nicht absorbieren.

Arbeiten die Santiner mit der Atomspaltung oder nur mit Strahlungskräften?
Sie arbeiten mit Atom- und anderen Kräften, jedoch ist das Atom für sie altmodisch geworden. Sie haben noch Apparate in Gebrauch, welche durch Atomkraft betrieben werden. Diese Apparate bergen auch keine Gefahr mehr für sie, da sie diese Materie bis ins Kleinste beherrschen. Der Erdenmensch, der mit diesen Kräften hantiert, kommt ihnen vor wie ein kleines Kind, welches mit dem Feuer spielt.

Wird der Stern Erde einmal eine ähnliche Entwicklung erreichen wie Metharia, der Heimatstern der Santiner?
Gewiss, die Erde wird einmal in den gleichen Entwicklungsweg hineingestoßen. Das beabsichtigen auch die Santiner.

Wir leben hier in einem technischen Zeitalter. Gibt es auf dem Heimatstern der Santiner eine ähnliche Entwicklung?

Der Heimatstern der Santiner, Metharia genannt, hat eine sehr hohe technische Entwicklung. Es gibt dort Roboter, die eingesetzt werden, um jede menschliche Fehlleistung auszuschalten. Besonders bei Berechnungen und logischen Erwägungen ist der Roboter eine gute Stütze. Es sind allerdings Probleme, die nicht gefühlsmäßig entschieden werden können. Ein Roboter denkt nicht wie ein Mensch. Er ist eine unbestechliche Maschine, die weder gut noch böse ist. Doch wissen die Santiner, dass am Anfang wie am Ende nach Gott der Mensch kommt und dann erst die Maschine. Das Grundgesetz lautet: Nächstenliebe.

Wie wird man auf dem Stern Metharia mit den Verbrechen fertig?
Die betroffenen Santiner werden auf ‚Kolonisations-Planeten' gebracht. Wenn sie die Strafe abgebüßt haben, werden sie zurückgeholt. Aber viele von ihnen wollen nicht mehr zurück. Es gibt auch hier auf Erden Menschen, die in der Kultur groß geworden sind, aber dennoch die Primitivität suchen. Ihr seht daran, dass es immer auf den Menschen ankommt.

Haben die Santiner eine Regierung, die aus mehreren Parteien besteht?
Nein, Parteien haben sie nicht, weil ihre Entwicklung ganz anders verlaufen ist als bei euch. Die Erde ist noch sehr weit von einem Idealzustand entfernt.

Wo ist der nächste Stützpunkt der Santiner?
Die erdnahe Weltraumstation ‚Share Quadra-Sektor' ist der Stützpunkt der Santiner. Die Raumstation besteht aus drei Kugeln, welche von einer Mittelachse gehalten werden. Jede dieser Kugeln an sich ist eine kleine Stadt, in deren Mitte sich der größte denkbare Komfort befindet und Raum für ungefähr 2000 Santiner bietet. Die Raumstation kann den Ort ohne wei-

teres ändern. Sie stellt sich mit ihren drei Kugeln zusammen, wie ein zusammenklappbares Stativ, und jagt mit ungeheurer Geschwindigkeit davon.

Wer ist der Menschensohn, von dem so viel gesprochen wird?
Wohlan, die Botschaft Gottes lautet: Friede auf Erden! Für den Himmel, also für die hohen jenseitigen Sphären, ist es daher unbegreiflich, wie ihr Erdenmenschen an eine kommende Katastrophe im Sinne eines allgemeinen Weltuntergangs denken könnt. Gott ist unvorstellbarer Fortschritt. Er ist Aufbau und ständige Entwicklung in Liebe, Freiheit und Gerechtigkeit. Niemals hat Gott von einer Weltzerstörung gesprochen. Doch eine Weltzerstörung könnte durch euer gottloses und leichtfertiges Verhalten zustande kommen. Eine solche Katastrophe würde einmal eintreten, wenn ihr den finsteren Weg der Gottlosigkeit weitergeht. Gewiss, Gott hat schon wiederholt große Korrekturen an den Gestirnen und am Leben vorgenommen, jedoch nur, wenn es sich um Fehlentwicklungen handelte, die auf andere Weise nicht mehr zu unterbinden waren. (ein Beispiel: das Aussterben der Dinosaurier; Anm. d. Hrsg.) Wie gesagt, die göttliche Botschaft für den Planeten Erde und dessen Bewohner lautet nach wie vor: Friede auf Erden und den Menschen ein Wohlgefallen. Leider befindet sich die Menschheit dieser gottbeschützten Erde auch in einer Fehlentwicklung, die sich schon vor vielen tausend Jahren angebahnt hat. Gott hat viele Korrekturen vorgenommen, aber er hat die Menschheit dieser Erde nicht ausgelöscht, sondern ständig vermehrt. Wenn der große Schöpfer des Universums diese Erde mit allem Leben vernichten wollte, so hätte er das Leben auf diesem Stern nicht gesteigert, sondern es eher aussterben lassen. Wie entsetzlich negativ sind die Vermutungen so vieler Erdenmenschen, welche glauben, Gott erkannt und verstanden zu haben. Nun möchtet ihr sicher wissen, warum Gott seine schützende Hand über euch und euren Planeten Erde hält. Diese Tatsache

habt ihr allein dem Treuhänder eures Planeten zu verdanken. Der Treuhänder dieser Erde, dem Gott alle Vollmachten erteilt hat, heißt auf ewig: Jesus Christus.
Doch Jesus Christus steht nicht allein und machtlos da. Er ist euch himmelhoch überlegen, denn ihm dienen die Engel des Herrn, ihm dienen die positiven Seelen im Reiche Gottes und auf Erden, ihm dienen die Menschen der interplanetarischen Bruderschaft vieler anderer Planeten, ihm dienen die Santiner von Alpha Centauri. Und ihm dient vor allem der schon vor über 2000 Jahren angekündigte Menschensohn! Dieser ist von Jesus Christus im Einvernehmen mit dem heiligen Erzengel Michael und in der übertragenen Vollmacht Gottes als Haupt der göttlichen Himmelsflotte eingesetzt. Sein Name lautet: Ashtar Sheran.

Wer ist Ashtar Sheran?

Wer ist Ashtar Sheran?
In vielen Fällen wird die Person Ashtar Sherans falsch beurteilt. Nur in manchen Fällen hat man ihn richtig beurteilt. Theologisch gesehen wird man sich von der Wahrheit lieber distanzieren, d. h. man wird nicht akzeptieren, dass es noch weitere Söhne Gottes gibt, wie es bei Ashtar Sheran der Fall ist. Ashtar Sheran ist von euch als Oberkommandierender der Weltraumflotte bezeichnet worden. Ich muss euch leider sagen, dass dieser Vergleich hinkt. Ashtar Sheran kommandiert keine Kriegsflotte. Er ist der Führer einer Bruderschaft, die mit den Mitteln höchster technischer Vollendung im Universum einen göttlichen Auftrag verfolgt. Es ist unmöglich, ein Wort im irdischen Sprachgebrauch zu finden, um seine Funktion zu beschreiben.
Um es aber besser zu beschreiben, muss ich euch sagen, dass Ashtar Sheran ein Messias ist. Er ist ein sehr bedeutender Lehrer im Universum. Gleich Christus ist er mit der göttlichen Hierarchie telepathisch verbunden und richtet sich nach deren Anweisungen. Man könnte sagen, dass Ashtar Sheran der Christus der Santiner ist. Selbstverständlich ist ihm Christus nicht unbekannt. Die Mission ist die gleiche. Die Weltraumschiffe beteiligen sich schon seit biblischen Zeiten an der Erweckung der Menschheit. Der Stern von Bethlehem war kein Stern, sondern ein Raumschiff.
Nun haben viele die Frage gestellt, warum dieser Messias Ashtar Sheran nicht aus seinem Raumschiff aussteigen und wie Christus zu den Erdenmenschen sprechen will. Hier muss ich viele enttäuschen. Die Entwicklung dieses Santiners, sagen wir Christus, ist so hoch, dass es zu einer materiellen Feinstofflichkeit gekommen ist, wie sie uns in dieser Form unbekannt war.

Auch Christus erreichte auf Erden eine bedeutende Feinstofflichkeit. Er konnte seinen Leib entrücken, er konnte die Schwerkraft besiegen. Doch als ihm der Tod vor Augen stand, übermannte ihn der ganze Schmerz der lasterhaften Menschheit und hob all diese Eigenschaften auf. Als Christus erkannte, dass ihn diese medialen Fähigkeiten verlassen hatten, rief er verzweifelt: „Mein Gott, warum hast Du mich verlassen?“ Er übersah, dass sein eigener Schmerz ihn gelähmt hatte. Nun werdet ihr erkennen, dass zwischen dem Messias Christus und dem Messias Ashtar Sheran ein gewisser Unterschied besteht. Ashtar Sheran ist trotz aller Anstrengungen nicht fähig, sich auf diesem sehr festen Stern dauerhaft zu materialisieren. Jede derartige Materialisation löst sich schon nach wenigen Minuten wieder auf. Außerdem sind sie nur unter gewissen Voraussetzungen möglich. Ganz anders ist das bei anderen Santinern, die mit Hilfe technischer Vorrichtungen astralisiert oder materialisiert werden können.
Wenn ihr in diesem Kreis mit Ashtar Sheran einen Kontakt habt, so befindet er sich in einem astralisierten Zustand, d. h. er ist dann genau so ein Geist, wie wir es zurzeit auch sind. Er macht von den gleichen spirituellen Verständigungsmöglichkeiten Gebrauch. Ashtar Sheran ist ein Lehrer von gewaltigem Wissen. Er hat Einblick in die Geheimnisse des Universums und er kennt die Geschichte dieser Erde. Er weiß um die Dinge, die euch ewig verborgen bleiben würden. Habt volles Vertrauen zu ihm, er verdient es. Es gibt nur einen Ashtar Sheran, genauer gesagt nur einen Ashtar, denn Sheran ist sein Titel. Er ist das Licht, das der Erlösung und der Erleuchtung der Menschheit vorausgeht.

Kannst du uns erklären, was der Titel Sheran bedeutet?
Ashtar Sheran ist das geistige Oberhaupt der Santiner. Sheran heißt soviel wie geistiger Führer zum Emporstieg. Für die Santiner existiert er in seiner Materie, jedoch nicht für euch. Ihr

könnt nur einen geistigen Kontakt mit ihm aufnehmen. Alle Versuche, sich für längere Zeit zu materialisieren, sind nicht geglückt.

Wie wird in der diesseitigen Welt das Porträt von Ashtar Sheran aufgenommen?
Ganz unterschiedlich. Viele werden überwältigt sein von dem imposanten, eindrucksvollen Antlitz des Oberbefehlshabers der Ufonen. Viele werden es sehr befremdend finden, ob seiner eigenartigen Augen, aber sie würden in helles Entzücken geraten, sähen sie diese Augen farbig. (Sein Portrait ist in „Friede über alle Grenzen", ebenfalls in unserem Verlag erschienen, abgebildet; Anm. d. Hrsg.)

Warum sind die Augen so dunkel gezeichnet worden?
Sie sind etwas tief liegend, überdacht von der hohen Stirn, und bei Ashtar Sheran ist der Augapfel nicht schneeweiß, sondern geht in seiner Färbung etwas ins Blaue, während seine Augen an sich – mit einer großen Pupille – sehr ins Tiefblaue, Unergründliche gehen. Dabei hat das Antlitz von vorn gesehen etwas bestechend Offenes an sich. Die Farbe der Haut ist bronzen und wirkt trotz der Bräune fast durchsichtig. Das Haar ist tiefbraun, fast schwarz, durchsetzt von hellblonden Strähnen. Die Santiner kennen keinen Bartwuchs. Es ist seit langer Zeit ihre Mode, die Haare lang zu tragen, während man den Frauen das Haar meistens kürzer schneidet, um ihre edel geformten Nacken besser zur Geltung zu bringen.

(Die Ausführungen von Ashtar Sheran und anderen Santinern sind im Laufe der Jahre immer mahnender und energischer geworden. Ihre Worte sind schärfer geworden. Verschiedentlich ist an dieser zunehmenden Schärfe Kritik geübt worden. Aber auch die alten Propheten und Christus waren dazu gezwungen, weil man nicht auf sie hörte. Wenn Christus z. B. sagte, man solle die Perlen nicht vor die Säue werfen, so waren diese Worte nicht minder scharf; Anm. d. Hrsg.)

Wir sehen dich nicht, Ashtar Sheran. Du benutzt nur die Hand des Mediums. Dürfen wir erfahren, wie weit du von deinem Körper entfernt bist?
Das Flugschiff befindet sich etwa in 20 000 Meter Höhe über diesem Haus. Ihr könnt es nicht sehen. Ich bin mit meinem stofflichen Körper durch einen feinen Strahl verbunden (die so genannte Silberschnur; Anm. d. Hrsg.).

Warum seid ihr Santiner hier? Was ist euer Auftrag?
Unser Auftrag lautet: Fahrt nieder zur Erde, nehmt sie unter eure Obhut. Beobachtet das Tun der Erdenmenschheit. Verhütet den Untergang des Planeten. Säubert die vergiftete Atmosphäre. Verdichtet und akklimatisiert euch, damit man euch auf Erden erkennt. Leistet den Erdenmenschen brüderliche Hilfe. Bringt geistiges Licht auf diese Welt und lasst eine neue göttlich-soziale Weltanschauung entstehen. Lehrt den Gottgläubigen die Wunder, welche irrtümlich als Aberglaube und Magie missachtet werden! Vor allem aber befreit die Erdenmenschheit von allen Erscheinungen der Dämonie, welche den Höhepunkt erreicht haben, denn die Zeit ist bald um, wo der Ungeist

auf diesem Erdenplan sein Unwesen und seine Herrschaft getrieben hat.

Warum könnt ihr nicht mal eure Macht zeigen, denn die Menschen hier auf dieser Erde reagieren nur auf Macht?
Das will Gott nicht! Er plant und befiehlt. Es kann nichts erzwungen werden, aber wir sind jederzeit zum Einsatz bereit.

Warum kommt nicht ein großes Raumschiff eurer Flotte so in Erdnähe, dass es bei allen Menschen einen unvergesslichen Eindruck hinterlässt?
Was nützt schon ein einziges Raumschiff? Und was richtet eine Invasion an?

Was beabsichtigt ihr in der nächsten Zeit?
Für die Beurteilung der verschiedenen Gesellschaftsklassen, der Menschheit überhaupt, ist es für uns Santiner äußerst wichtig zu verfolgen, in welchen verschiedenen Lagern die Menschen stehen. Die Taktik in der Harmagedonschlacht erfordert, dass man genau unterrichtet ist, wie es im feindlichen Lager aussieht. Sollte es einmal zu einer außerirdischen Schutzherrschaft auf dieser Erde kommen, dann darf es keine Unklarhei ten geben. Jeder Terror ist für uns eine äußerst verabscheuungswürdige Angelegenheit. Wir sind uns darüber klar, dass wir mittels einer Invasion die natürliche Evolution der Erdenmenschheit mit einem Schlage verändern können. Dies wäre mit unnatürlichen Mitteln möglich. Aber damit würden Jahrtausende einer natürlichen Entwicklung übersprungen werden.

Bitte erzähle uns etwas über eure Flugobjekte.
Unsere fliegenden Scheiben sind aus einfachem Glas, es ist nichts weiter als Glas, kein Eisen, kein anderes Metall. Es ist Glas, welches mit einem Stoff, dass es auf eurem Stern nicht gibt, vermengt wird. Er kann sich in unsagbarer Geschwindig-

keit befinden, ohne sich außerhalb nur um ein Grad zu erhitzen. Er braucht nicht mit anderen Schutzschichten versehen zu werden, er ist so fest genug. Eine fliegende Scheibe weist allen Komfort auf, den ein Flugobjekt eures Sternes nie erreichen wird. Wir brauchen kein Atom und kein Radar. Wir brauchen nur die Dematerialisation. Die schenkt uns Gott. Dadurch haben wir die Freiheit für seine Arbeit. Er befiehlt und wir dienen ihm treu und von ganzem Herzen. Aber der Mensch denkt anders: ‚Erst muss Gott dir geben, dann gibst du.' Gott wünscht es aber umgekehrt – und von Herzen! Aber das Herz ist meistens ein Hinderungsgrund.

Ist euer Planet größer als unsere Erde?
Nein, er gleicht der Erde in seiner Form und Gestaltung. Es gibt jedoch einen Unterschied – bei uns ist der Glaube an Gott groß geschrieben und er tritt nicht in den Hintergrund. Bei uns herrscht Harmonie und Liebe, kein Neid, keine Missgunst. Wir lieben uns alle untereinander. Bei uns gibt es keine Wasserstoff- oder Atombomben und keine mutwillige Zerstörung. Es ist alles so friedlich – man könnte wirklich sagen, es ist ein Paradies.

Wir werden oft gefragt, warum unter den Ufo-Experten so viele Uneinigkeiten bestehen. Wir haben viele Briefe, in denen sich die Leser unserer Schriften beklagen, dass deine Botschaften von einer bestimmten Seite aus angezweifelt werden. Was sollen wir tun?
Das alles ist mir bekannt. Es ist auch unser Ärger. Der Grund besteht in dem Streben nach diktatorischer Alleinherrschaft auf diesem Gebiet. Dazu kommt noch eine gewisse Geschäftstüchtigkeit unter dem Motto: Materialismus. Ich rate euch, diese Störungen nicht zu beachten und konzentriert weiter zu arbeiten. Ihr esst nicht das Brot jener Leute. Wir schätzen keinesfalls einen Diktator unter den Belehrern. Auch lassen wir uns

von keinem Erdenmenschen irgendwelche Vorschriften machen. Kein Wunder, dass derartige Veranstaltungen nicht unsere volle Zufriedenheit und Unterstützung finden. Wir stimmen diesem Vorgehen nicht zu. Gerade jetzt ist unsererseits vieles im Aufbau. Im All können wir uns viel besser materiell zeigen. Eure Atmosphäre und eure klimatischen Einflüsse machen uns sehr zu schaffen.

Welche Meinung habt ihr über die Milliarden Menschen, die vor der biblischen Ära lebten?
Davon haben wir eine sehr anschauliche Meinung: fortgesetzte Gotteslästerung und die damalige Vernichtung des materiellen Lebens durch eigenes Verschulden. (Atlantis; Anm. d. Hrsg.) Im Gegensatz zu heute waren jene Menschen allerdings durchschnittlich intelligent, auch wenn es ihnen damals an einer gewissen Technik fehlte. Metaphysische Kräfte waren ihnen gut bekannt.

Wie ist das allgemeine Urteil der Santiner über diese Menschheit?
Man darf keinen Menschen fallen lassen, sondern man muss immer wieder versuchen, ihn auf den richtigen Weg zu bringen. Doch wenn die angewandten Mittel falsch sind, so erreicht man das Gegenteil. Diese Menschheit befindet sich auf einem falschen Weg und wir Santiner versuchen ihr zu helfen. Unsere Vorschläge sind nicht falsch, sie müssen nur beachtet werden. Es ist nicht leicht mit dieser Menschheit, die an sich bewunderungswürdig, wenn sie positiv geleitet wäre.

Der breiten Bevölkerungsmasse fehlt der Maßstab für eine wirkliche Intelligenz. Es werden Menschen für hochintelligent hingestellt, die tatsächlich sehr dumm sind. Andere kommen sich selbst hochintelligent vor, obwohl man erkennt, dass sie sich ihre Intelligenz nur einbilden. Gibt es einen zuverlässigen Maßstab?

Wirklich intelligente Menschen sind auf keinen Fall so dumm, dass sie andere Menschen für dumm halten. Im Gegenteil, sie wissen, dass auch die Dummheit sehr gefährlich werden und sogar eine rücksichtslose Raffinesse besitzen kann. Die Selbstüberschätzung ist ein Fehler, der immer nur zustande kommen kann, wenn man die Umwelt für dumm hält. Es gibt einen Maßstab für den Intellekt, die Feststellung, ob der Betreffende wirklich aufgeschlossen ist oder ob er nach Vorurteilen und fremden Beeinflussungen urteilt. In politischen Angelegenheiten urteilt die Masse nur nach der fremden Beeinflussung. Der wirklich Intelligente, wenn er noch mit seinem Herzen denkt, ist den anderen voraus, was die Konsequenz des Denkens anbelangt. Man muss immer nur einen Schritt weiter denken, doch das können nur sehr wenige. Wer das tut, der nimmt auch Rücksicht. Die Fülle eines übernommenen Wissens ist noch lange kein Maßstab für eine Intelligenz. Der Durchschnittsmensch lässt sich aber durch ein eingepauktes, akademisches Wissen in dieser Hinsicht bluffen. Ein Sprichwort sagt: ‚Wer Wind sät, wird Sturm ernten!' Davon machen die Führer einer Menschheit keine Ausnahme. Wir Santiner haben uns schon oft gewundert, dass nicht noch Schlimmeres passiert ist. Gründe gibt es genug.

Da ihr in religiösen und philosophischen Belangen sehr gut orientiert seid, fragen wir, ob Gott seine Gesetze abändern oder aufheben kann?

Der Große Geist kann bestehende Gesetze allmählich abändern, wenn es notwendig wird. Auch Gott befindet sich in einer Evolution, die ewig ist. Auch Gott hat einmal bescheiden angefangen. Eine Abänderung, sagen wir eine Mutation kann sich zuerst gefährlich auswirken. Eine radikale Abänderung käme einer kosmischen Katastrophe gleich. Darum warne ich auch alle Führer und Reformer auf dieser Terra vor radikalen Maßnahmen, da sie ebenfalls chaotische Wirkungen haben können. Änderungen sollten nur allmählich, das heißt stufenweise durchgeführt werden. Wenn das Alte plötzlich stürzt, muss ganz von vorne angefangen werden. Das bedeutet ebenfalls einen Rückschritt.

Du sagtest vorhin, dass sich Gott ebenfalls in einer Evolution befindet. Die Kirchen machen sich darüber überhaupt keine Gedanken, da sie der Meinung sind, dass Gott so allmächtig und vollkommen ist, dass er keine Entwicklung mehr nötig hat.
Wenn Gott der intelligenten Schöpfung nicht den freien Willen gelassen hätte, so würde seine gesamte Schöpfung nur eine roboterähnliche Existenz aufweisen. Durch die Freiheit, die dem Menschen überlassen ist, gestaltet der Mensch die bestehende Schöpfung weiter, er baut sie aus. Gott hält sich zurück und schaut zu. Wenn jedoch ein Zeitpunkt auftritt, der seine Schöpfung zu vernichten droht, dann wird er sich nicht mehr zurückhalten. Da sich Gott reserviert verhält, glaubt die Erdenmenschheit, dass der Freiheit ihres Handelns überhaupt keine Grenzen gesetzt sind. Das ist ein Irrtum, den viele einmal zu bereuen haben. Gott ist selbstverständlich daran interessiert, dass immer etwas Neues und Besseres entsteht. Wenn es gut ist, findet es seine Unterstützung. Aber der Mensch rechnet nur mit kleinen Maßstäben, er hat für alles keine Geduld und will sofort Resultate sehen. Demgegenüber hat Gott Äonen zur Verfügung. Die Schöpfung ist noch lange nicht zu Ende. Die Menschheit ist sein verlängerter Arm.

Ein wissenschaftlicher Ausschuss der Columbia-Universität, der sich mit der Klärung der Ufo-Phänomene befasst hat, publiziert, dass mit außerirdischen Besuchern nicht vor Ablauf von 10 000 Jahren zu rechnen sei. Woher nehmen diese Wissenschaftler die Dreistigkeit, solche Berechnungen aufzustellen?

Es liegt selbstverständlich in der Natur, dass Lügen unlogisch sind. Die durchschnittliche Weltbevölkerung ist nicht fähig, über diesen Unsinn logisch nachzudenken. Der geistige Rückstand auf dieser Terra ist leider viel größer als man ahnt. Diese Rückständigkeit ermöglicht überhaupt die naturwidrige Kriegführung. Der Erdenmensch hat keine Vorstellung von den Entwicklungsstufen auf vielen anderen Planeten. Man weiß kaum etwas über die Schwerkraftverhältnisse und über die Fortbewegungsmöglichkeiten. Die Wissenschaftler haben Grenzen und Maßstäbe festgelegt, mit denen sie denken und arbeiten, doch sie ahnen nicht, dass diese Maßstäbe und Grenzen nur einen Zentimeter auf einem Metermaß ausmachen.

Wenn mittels der Experimente hier auf Erden neue Gesetze erkannt werden, sind diese Gesetze neu entstanden oder werden sie nur wieder entdeckt?
In den meisten Fällen sind Gottes Gesetze universell; sie werden also nur wieder entdeckt. Nur ganz selten tritt etwas Neues auf, für das Gott ebenfalls ein Interesse zeigt und entscheidet, ob es ein Gesetz sein soll oder ob es allmählich wieder gelöscht werden soll. Man kann z. B. künstlich Temperaturen erzeugen, die es im ganzen All nicht gibt. Das sind Neuschaffungen. Sie werden zugelassen, sonst wäre es nicht möglich, dass man sie erzeugen kann. Gott liefert die Voraussetzungen und das Material. Solche Erfindungen und Entdeckungen werden auch auf anderen Planeten gemacht. Wenn also auf einem anderen Planeten ein neues Gesetz entsteht, so hat es gleichzeitig Gültigkeit auf allen anderen Planeten des Universums.

Wir verstehen dich so, dass Gott den Menschen als einen wertvollen Mitarbeiter erschaffen hat. Ist das so?
Ja, das ist richtig. Aber der Mitarbeiter hört in dem Augenblick auf, wo der Mensch beginnt, sich gegen die Schöpfung zu richten und sie anzugreifen. Wenn Gott allgemein als höchste

Macht akzeptiert worden ist, kann auch dieser Planet paradiesisch werden.

Wissenschaftler suchen nach dem ‚ersten Menschen'. Kannst du uns sagen, wann die ersten Menschen auf diesem Planeten auftraten?
Diese Frage kann ich nur schätzungsweise beantworten. Wir nehmen an, dass der Erdenmensch in seiner primitiven Form vor ungefähr zwei Millionen Jahren in Erscheinung trat.

Kennt Ihr euch gut mit unserer Bibel aus? Darin heißt es, dass Gott den Menschen aus Lehm erschuf, ihm seinen Odem einhauchte und seine Gefährtin aus einer Rippe machte. Was können wir von Adam und Eva wirklich glauben?
Der Mensch, wie auch alles andere Leben, wird aus der Materie gebildet. Seine Entstehung erfolgt nach einem ganz bestimmten Modell. Dieses Modell, das wie ein Bauplan vorhanden ist, ist die Seele mit ihrem Geistkörper. Die Kraft Gottes überträgt jedes Atom und jedes Stäubchen von der geistigen Vorlage auf den entstehenden Körper. Also wird vom geistigen Körper die Information auf den materiellen Körper übertragen. Wenn der Körper fertig ist, wird durch Gottes Kraft die fertige, schon seit vielen Millionen Jahren existierende Seele reinkarniert. Diesen Vorgang könnte man, einfach gesagt, als Gottes Odem bezeichnen. Die biblische Darstellung von der Erschaffung des Adams ist nicht zutreffend, da der Mensch seinen eigentlichen Ursprung nicht auf der Terra hat. Nur der materielle Körper hat sich eigenständig entwickelt. Er war zuerst so primitiv, dass er nicht mal auf den Einfall gekommen wäre, ein Feigenblatt zu benutzen. Die Erde war damals noch sehr warm.

Und wie verhält es sich mit der Rippe?
Wollte man der Bibel Recht geben, so würden alle Santiner ebenfalls von Adam abstammen. Aber bei uns gibt es weder

Affen noch Feigenbäume. Das mit der Rippe ist ein Irrtum. Beide Geschlechter entwickelten sich parallel.

Die Universitäten kennen eine Scherzfrage, für die es keine Antwort gibt. Was war zuerst auf der Erde, das Ei oder die Henne? Was sagst du zu dieser Frage?
Selbstverständlich die Henne! Nur sie kann Eier legen. Gott legt keine Eier, sondern erschafft immer etwas Ganzes.

Unsere Wissenschaft kann die Vielseitigkeit der Schöpfung nicht erklären, noch wie sie entstanden ist. Wisst ihr es?
Die Vielseitigkeit der lebendigen Schöpfung, zu der Fauna und Flora gehören, entstand ziemlich gleichzeitig. Das heißt, alle Formen traten zur gleichen Zeit auf. Es handelt sich dabei um Formen, die auch auf anderen Sternen schon lange existieren. Im Entwicklungszustand der Erde gab es eine Zeitepoche von ungefähr einer halben Millionen Jahre, während der die Erde Säuren und Dämpfe ausströmte, die zu organischen Materialisationen geeignet waren. In dieser Zeitepoche entstanden die notwendigen Eiweißzellen.

Wie entstand die Schöpfung auf der Erde?
Alle Tiere entstanden in ihren absoluten Formen, die sich nach den geistigen Modellen bildeten. Es entstanden fertige Schildkröten und andere Lebewesen. Aber diese Tiere waren zur Vermehrung eingerichtet. Sie hatten Fortpflanzungsorgane, so dass in der nachfolgenden Zeitepoche direkte Materialisationen nicht mehr erforderlich waren und infolge der Veränderung auf dieser Terra nicht mehr stattfinden konnten. Heute hat die Terra eine Entwicklungsstufe, wo derartige Materialisationen kaum mehr möglich sind, sie können nur noch im Mikro-Kosmos stattfinden. Als die Erde jedoch im besten Zeitalter der Materialisationsmöglichkeiten war, entstanden auch sehr große Lebewesen. Erst später erfolgten kleinere und immer kleinere,

bis sie nur noch im Mikrokosmos möglich waren. Diese Zeitepoche ist noch nicht abgeschlossen. Es können daher immer neue Bakterien, Viren und Insekten entstehen. Wenn es dem Erdenmenschen gelingen sollte, auf künstlichem Wege Säureausscheidungen und entsprechende Dämpfe und klimatische Verhältnisse zu schaffen, so könnte eine Materialisation eines Lebewesens möglich sein.

Wie seid ihr hinter diese Schöpfungsgeheimnisse gekommen, die so unendlich weit zurück liegen? Was kann die Richtigkeit dieser Darlegung und Erklärung bestätigen?
Auch wir haben ein großes Interesse an der Schöpfung. Wir haben ebenfalls eine Wissenschaft, die der euren aber weit voraus ist. Da wir aber trotz einer sehr vorangeschrittenen Technik noch keine Zeitmaschine besitzen, die uns in die Vergangenheit zurückversetzt, mussten wir zu einer anderen Möglichkeit greifen, um uns zu orientieren. Mit Hilfe der sehr gut konstruierten Raumfahrzeuge, insbesondere den Weltraum-Strahlschiffen, können wir sehr weit entfernte Sterne anfliegen. Da diese Sterne in ihrer Entwicklung sehr verschieden sind, können wir bei noch rückständigen Planeten den Entstehungshergang der Schöpfung feststellen und überprüfen. Wir erkennen daran unsere eigene Entwicklung, die gar keinen Unterschied macht und bei allen Sternen genauso verläuft. Aus diesem Grunde haben wir vor Jahrtausenden auch die Terra besucht. Unsere Vorfahren wurden bei diesen Besuchen jedoch für ‚Götter' gehalten, die vom himmlischen Thron herabgestiegen sind. Später landete ein Mutterschiff auf dem Berge Sinai und die Juden hielten den Chefpiloten für ihren Gott Jehova. Es wäre unmöglich gewesen, den Juden die Wahrheit näher zu bringen. Das Wunder war für sie zu schockierend. Aber unsere Vorfahren sahen eine sehr gefährliche Rückständigkeit im Zusammenleben der Stämme und Gruppen. Sie trafen unmögliche Zustände an. Die Feindschaft und der Hass unter den Erden-

menschen waren riesengroß und führten zu Mord und Totschlag, zu jeder Art von Blasphemie und sexueller Entartung. Aus diesem Grunde übernahmen unsere Vorfahren freiwillig eine Missionsarbeit. Sie nahmen Moses in ihr Raumschiff auf und versuchten ihn zu belehren. Leider ist der Erfolg so gut wie ausgeblieben. Die Religionen dieser Terra haben alles in das falsche Licht gebracht und unsere gut gemeinten Vorschläge verspottet und ignoriert. Ein paar Jahrtausende später wollten wir wissen, was aus der Erdenmenschheit geworden ist. Wir steuerten diesen Planeten erneut an, was wir diesmal sahen, war für uns sehr schockierend. Die Entwicklung der Wissenschaft und Technik hatte Fortschritte gemacht, aber die Feindschaft unter den Rassen und Völkern hatte ungeheuer zugenommen. Es war eine entsetzliche Fehlentwicklung festzustellen. Vieles hat uns empört, da wir auch Menschen sind. Früher hatten unsere Vorfahren nur ein rein wissenschaftliches Interesse. Wir können diese Gottlosigkeit und Unwissenheit weder tatenlos noch schweigend hinnehmen, wenn wir uns nicht selbst schuldig machen wollen. Auch der Mitwisser und Dulder von solchen Gräueln macht sich mitschuldig. Unser Gewissen kann erst dann wieder entlastet werden, wenn wir die Garantie haben, dass eine positive Wandlung eingetreten ist. Die Erde befindet sich mitten in der gefürchteten Harmagedonschlacht. Sie ist infolge ihrer geistigen Rückständigkeit weitgehend in das negative Lager der Dämonie hineingezogen worden. Das ist ein Unglück, wie wir es wahrscheinlich in unserer Entwicklung nicht erlebt haben, da es zu unserer Zeit, so weit wir informiert sind, noch keine Harmagedonschlacht gegeben hat. Wir konnten daher einen friedvolleren Weg gehen, der uns viel weiter gebracht hat. Wir möchten euch in dieser gefährlichen Situation gern beistehen. Aber wir finden noch keine rechte Möglichkeit dazu, weil man uns durch eure Führungsschichten immer wieder neue Schwierigkeiten macht. Wir möchten auf keinen Fall erleben, dass diese Erde zugrunde geht. Wir danken allen positiv denkenden Menschen, dass sie bereit sind, uns zu helfen. Wenn wir ihnen nicht direkt danken können, so werden sie trotzdem einmal ihren Lohn dafür erhalten. Wir vollbringen einen Dienst an der Menschheit. Seid auch ihr bitte dazu bereit, den gleichen Dienst zu leisten und denkt daran, dass wir die größere Last zu tragen haben. Auch für uns ist es nicht leicht, uns hier einzuschalten. Betrachtet unsere Raumflüge nicht als etwas Selbstverständliches. Es kostet uns sehr große Opfer, wir würden viel lieber von dieser Erde Abstand nehmen. Unser wissenschaftliches Interesse an diesem Planeten ist befriedigt, aber uns befriedigt nicht der allgemeine Zustand des menschlichen Zusammenlebens. Die Existenz des Menschen im Universum ist etwas so Wunderbares, dass wir nicht begreifen können, wie man geistig so tief fallen kann, dass man die Großleistungen auf technischem und wissenschaftlichem Gebiet in gemeingefährlicher Weise für die Gefährdung und Vernichtung dieser interessanten Menschheit einsetzt.

Was ist der Unterschied zwischen einen Cherub, einem Santiner und einem Gotteskind?
Ein Cherub wird für einen Engel gehalten. Das stimmt aber nicht, denn vor Tausenden von Jahren sind von euch Erdenmenschen wir wohl so benannt worden. Aber wir sind keine Engel, sondern nur Diener Gottes und in der Mission der Nächstenliebe tätig. Ein Gotteskind kann jeder von euch werden, wenn er sich wie ein gutes Kind Gottes benimmt. Leider ist das kaum der Fall, also gibt es auf dieser Erde so viele Gotteskinder, dass man sie fast an der Hand abzählen kann. Ein Gotteskind ist ein Mensch, der sich so verhält, dass Gott mit Stolz auf sein Kind hinweisen kann.

Ashtar Sheran, was sagst du zur heutigen Menschheit?
Der Erdenmensch macht den großen Fehler, dass er der Meinung ist, er hätte bereits einen großen Einblick in alle Geheim-

nisse der Natur – und außer allem Messbaren gäbe es keine andere Daseinsform. Aus diesem Irrtum heraus glaubt der Mensch auch nur mit größtem Widerwillen an die Möglichkeit, dass andere Sterne von Menschen bewohnt sein könnten. Wo aber der Zweifel besteht, wo Unkenntnis und falsches Denken walten, da entsteht gegenüber diesen Daseinsformen ein spöttisches Verneinen, ein Hohn, der sich bis zur öffentlichen Gotteslästerung steigert. Der gebildete Mensch muss wissen, dass die Dummheit Triumphe feiert und dass die dummen Menschen alles tun, um ihrer äußerlichen Erscheinung eine sichtbare, aber vorgetäuschte Klugheit zu verleihen. Wir beobachten diese vorgetäuschte Klugheit an dem Tragen der Uniformen, der Orden und überhaupt durch viele Formen und Arten der persönlichen Ausschmückung. Wie lächerlich sind doch die Perücken in England, die Geist und Wissen vortäuschen sollen. Die Dummheit schützt euch keineswegs vor der Gerechtigkeit Gottes! Die Menschheit wird nicht durch das Blut eines Märtyrers, nicht durch einen Gottessohn, nicht durch den Segen eines Priesters erlöst, sondern allein durch die absolute, objektive Wahrheit, die euch eine eigene Verantwortung auferlegt. Die Israeliten behaupten, dass ihnen der alleinige Gott vorausgegangen ist, den sie mit eigenen Augen gesehen haben. Das erscheint den heutigen Menschen als eine Fabel, die jedes weitere biblische Geschehen diskriminiert. Die Israeliten haben nicht Gott, sondern eines seiner Weltraumschiffe gesehen, die den Santinern zur Verfügung stehen. Dieses Schiff brachte euch die göttlichen Gesetze und die dazugehörigen Belehrungen. Leider hatten die damaligen Menschen keine Reife, um derartige Ereignisse im richtigen Licht zu sehen.

Hat die heutige Menschheit diese Reife, um ein solches Phänomen zu beurteilen?

Nein, noch nicht. Aber diese Generation ist auf dem besten Wege, derartige Phänomene besser zu verstehen. Zunächst überwiegt noch der technische Charakter. Doch die Weltraumschiff-Technik hat nicht allein das letzte Wort. Ohne Mithilfe sogenannter ‚okkulter Kräfte' und Weisungen kann kein anderer Stern angesteuert werden. Schon allein die Schwerelosigkeit ist ein solches Phänomen. Wer hätte je daran geglaubt, dass ein lebender Mensch mitten im Raum schweben kann? Erst das gelungene Experiment stellt alles unter Beweis. Ein lebender Mensch kann sich aber auch unsichtbar machen, ja völlig dematerialisieren, ohne dabei gleich sein Leben zu verlieren. Wer aber glaubt schon an ein solches Phänomen? Zukünftige Generationen werden das gleiche Phänomen durch das Experiment beweisen. Ihr macht alle den Fehler, etwas zu verneinen, wo für es noch gewisser Erfahrungen bedarf. Eine Theorie ist schnell aufgestellt, doch ein Experiment kostet viel Mühe. Ihr habt die Seele noch nicht getestet!

Wir haben das Gefühl, dass der Frieden auf der Erde in weite Ferne rückt.

‚Gott zum Gruß und Friede über alle Grenzen!' Dieser Gruß ist nicht nur so dahingesprochen. Wir Außerirdische wissen, dass diese Menschheit Frieden braucht. Die Völker sind an sich nicht an Feindschaft interessiert, aber ihre Führer haben die Macht in den Händen und nutzen diese aus. Alles was die Führer wollen geschieht ‚im Namen des Volkes', sie berufen sich darauf, dass sie die Vertreter des Volkes sind. Alles was sie planen und durchführen soll mit dem Einverständnis des Volkes geschehen. Da aber die Völker nicht über diese Machtmittel verfügen wie ihre Führer, sind sie unterlegen und müssen sich unterordnen. Wer sich aber unterordnen muss, gibt seine Persönlichkeit preis. Das sind irdische Zustände, die es bei uns nicht mehr gibt. Wir haben das Stadium der Negativität überwunden und leisten dem Widersacher Gottes keinen Dienst mehr. Darum ist er in unseren Bereichen machtlos. Wenn wir uns mit unseren Raumschiffen in die Regionen dieser Erde begeben, so begeben wir uns gleichzeitig in den Machtbereich des Widersachers. Wir sind ebenfalls vielen Gefahren ausgesetzt, die irdischer Natur sind. Die Erdenmenschheit interessiert sich hauptsächlich für die materiellen Angelegenheiten und Probleme. Die geistigen Bereiche sind abgeschrieben, sie werden nur noch von den Naturvölkern beachtet. Aber da diese Naturvölker zumeist noch unterentwickelt sind, nimmt man einfach an, dass ihr Geisterglaube ein traditioneller Unsinn ist. Dabei enthält dieser Glaube mehr Weisheit, als ihr euch vorstellen könnt. In dieser Beziehung sind die Naturvölker den kultivierten Menschen überlegen. Ich meine damit nicht den Kult, sondern nur das Wissen.

Seid ihr der Telepathie mächtig?
Vor Jahrtausenden spielte die Gedankenübertragung eine große Rolle. Die Telepathie ist auch heute noch ein gutes Verständigungsmittel. Wir haben sehr gute Übung darin und können uns über viele Millionen Meilen schnellstens verständigen. Wir wollten auf technischem Wege die Zeit einer telepathischen Übertragung messen. Aber es war ganz unmöglich, da es überhaupt keine Zeit zu messen gab. Im selben Augenblick, da die Begriffe gesendet wurden, sind sie auch schon beim Empfänger angekommen. Das hat uns sehr überrascht. Wir haben aber ein Mittel gefunden, mit dem wir die Telepathie verstärken können. Ein solcher Apparat ist für euch nicht anwendbar, da die meisten Gedanken negativ sind. Negative Gedanken stören die Fortpflanzung – positive Gedanken dagegen werden sofort registriert. Ich weiß, dass meine Ausführungen veröffentlicht werden. Die unerfahrenen, nicht aufgeschlossenen Leser werden sagen, dass ist ein schöner Quatsch, den sich da einer ausgedacht hat. Aber wie soll man euch das beweisen? Alles was übersinnlich, okkult oder spirituell ist, wird zum ‚Heißen Eisen' erklärt.

Was ist für dich das ,Heiße Eisen'?

Damit will man sagen, wer die Sache anfasst, verbrennt sich die Finger. In meinen Augen ist das nichts anderes als eine beispiellose Feigheit vor der Wahrheit. Man ahnt die Konsequenzen, die aus einer solchen Wahrheit entstehen und kneift davor. Es darf für den menschlichen Fortschritt überhaupt kein Heißes Eisen geben. Jeder Mensch hat das Recht auf Wahrheit, auf Wissen und Information. Viele Universitätsprofessoren und Wissenschaftler befassen sich nicht mit geistigen Problemen, weder mit der Magie noch mit okkulten Forschungen. Sie nehmen erarbeitete Erkenntnisse nicht einmal zur Kenntnis, sondern erklären, dass diese wunderbaren Forschungsgebiete zum Heißen Eisen gehören, das heißt rührt sie nicht an! Kein Wunder, dass die Menschheit auf diese Weise in geistiger Beziehung nicht weiter gekommen ist und es dem Widersacher so leicht macht. Auch der Widersacher wird entweder dem Aberglauben, Kasperle-Theater oder zum Heißen Eisen zugeordnet. Das Schlimmste, was dem gefährdeten Menschen passieren kann, ist, wenn er nicht weiß, dass er einen gefährlichen Feind hat, der auf ihn lauert. Oder wenn man ihm einredet, dass dieser reale Feind überhaupt nicht existiert, sondern nur eine Märchenfigur darstellt. So verhält es sich überall, fast auf der ganzen Terra. Da kann der Wissende und Erfahrene nur mit dem Kopf schütteln. Die Unwissenheit und Dummheit wird zu einer ungeheuren Gefahr, für die ich beim besten Willen keine Worte finde. Wer die Gefahr weder kennt noch an sie glaubt, gerät in eine gefährliche Sorglosigkeit, die ihn materiell und geistig ruiniert. Das Heiße Eisen ist Weltgefahr Nummer eins.

Du erwähnst immer wieder den Widersacher. Wie arbeitet er?

Die ungeheure Raffinesse und negative Schläue des Widersachers hat es fertig gebracht, sich so vollkommen gegen die Menschheit zu tarnen, dass die allgemeine Ansicht vorherrscht, diesen Widersacher gäbe es überhaupt nicht. Ich frage euch, wenn ihr eure Logik anwendet, ob es überhaupt einen ähnlichen Fall gibt, wo sich ein so großer Feind, der nicht einmal Gott respektiert, so vollkommen unwirklich und unsichtbar macht wie der Widersacher. Die Wirksamkeit dieser Taktik verdankt er hauptsächlich der Feigheit vor dem Heißen Eisen. Es gibt einige Menschen, die sehr umfangreiche Erfahrungen mit dem Widersacher gemacht haben. Natürlich machen alle Menschen unliebsame Erfahrungen dieser Art, aber sie sind nicht so bewusst, dass man erkennt, wer dahinter steckt. Der Böse tritt nie direkt in Erscheinung. Er wird sich hüten, seine ‚Nichtexistenz' in Gefahr zu bringen. Er legt keinen Wert darauf, erkannt zu werden, aber er ist der größte Regisseur der Menschheit und seine Stücke, die er probiert, sind hochaktuell und aufregend. Ich komme mir manchmal vor, als ob ich in einem Kindergarten bin. Soviel Unkenntnis und Naivität auf jenen Gebieten, die für den Menschen die größte Bedeutung haben, ist mir nur auf dieser Terra vorgekommen. Das wird euch nicht gefallen, aber diese Kritik ist absolut notwendig. Es ist ein Liebesdienst an dieser Menschheit. Ich könnte mir jedes bittere Wort ersparen, wenn eure Kirchen und Religionen dieses Heiße Eisen einmal logisch angefasst hätten. Sie haben in einer so wichtigen Sache vollkommen versagt. Sie haben ‚Hexen' verbrannt, unschuldige Medien als Kumpane des Widersachers verurteilt – aber sie haben nicht verstanden, was für einen großen Dienst sie dem Widersacher damit erwiesen haben. Der Widersacher ist nicht nur Regisseur der Erdenmenschheit, er ist auch Feldherr der Harmagedonschlacht, das heißt oberste Instanz aller negativen Kräfte und Mächte. Wenn der Widersacher von der Menschheit als existente negative Macht erkannt und entsprechend zur Kenntnis genommen wird, muss er zwangsläufig seine Tarnung aufgeben, denn dann nutzt sie ihm nichts mehr. Der offenkundige Hauptfeind des Menschen und der gesamten göttlichen Schöpfung stünde in seiner wahren Gestalt der Menschheit gegenüber. Erst dann wird er von dieser Menschheit entsprechend gefürchtet und bekämpft werden. Ohne diesen Kampf kann es nie einen Frieden auf diesem Stern geben. Da werden Revolutionen angezettelt, da werden Kriege gegen unschuldige Brüder und Schwestern geführt, da wird Gemeinheit gegen Gemeinheit eingesetzt. Es werden Völker und Gruppen aufgespaltet, es werden Superbomben konstruiert, es wird alles bekämpft, nur nicht der vermeintlich nicht existierende Widersacher, der Feind Gottes und der Menschen.

Warum greift Gott dann nicht ein?
Hierauf kann ich euch die logische Antwort geben: Gott greift ein! Wir sind die Missionare der Wahrheit und zugleich die Vollstrecker seines Willens. Indem ich euch aufkläre, vollzieht sich schon die Hilfe Gottes! Schön, dieser Same wird anfangs nur gering gesät. Aber dieser wertvolle Same wird sich vermehren. Es ist nur eine Frage der Zeit. Nach dem Gesetz der Vermehrung, die im Quadrat zunimmt, wird der Zeitpunkt eintreten, wo diese Worte ein Gewicht erlangen werden, dass selbst die großen Religionen dieser Welt nicht mehr achtlos vorüber gehen können. Dann wird eine Umwandlung erfolgen, die alle Gebiete erfasst. Es ist unfassbar für unseren Verstand, dass die militärische Ausrüstung, die viele Milliarden kostet, auf der ganzen Welt so hoch entwickelt worden ist, obgleich sie die größte Unkenntnis und Dummheit zur allgemeinen Grundlage hat. In dieser Hinsicht verdient diese Menschheit im ganzen Universum Beachtung. Das ist einmalig in der Geschichte der menschlichen Entwicklung. Zugegeben, dass es Planeten gibt, die eine sehr rückständige Entwicklung aufweisen. Aber Planeten, die neben ihren rückständigen Menschheiten gleichzeitig eine derartige Macht in den Händen haben, gibt es nirgendwo anders.

Das war deutlich.
Es ist nicht meine Mission, euch zu kritisieren. Meine Aufgabe besteht in einer Hilfeleistung, einem Dienst an der Menschheit! Dieser Dienst ist die Aufgabe eines jeden Menschen, deshalb kann ich nicht verstehen, dass man bei euch so große Unterschiede in der Bewertung von Arbeit macht. Ein Stadtreiniger leistet einen Dienst an der Menschheit, während ein Student dagegen noch lange keinen Dienst an der Menschheit leistet, sondern ein Schmarotzer am Verdienst des Stadtreinigers ist. Das ist nur ein Beispiel.
In eurem Sprachschatz finde ich das Wort ‚modern'. Obgleich ihr wahrscheinlich gefühlsmäßig eure Muttersprache besser versteht als ich, so kann ich mich mit diesem Begriff nur schwer anfreunden. Ich nehme an, dass es sich bei dem Wort ‚modern' um das Neue handelt, um etwas, das noch besser ist. Die Menschheit hat jedoch eine andere Vorstellung von diesem Wort. Man denkt nicht über den eigentlichen Sinn nach, sondern ist der Meinung, dass das was modern ist, auch zugleich sehr fortschrittlich und bewunderungswürdig sei. Das ist ein Irrtum! Man spricht sogar von einer modernen Kriegführung! Die größte Negativität kann als modern ausgegeben werden. Es gab Absätze für Damenschuhe, die überaus gesundheitsschädlich waren, aber man pries sie als hochmodern an. Ebenso sind das Rauchen und die Rauschgiftsucht modern. Das Schlimme ist dabei ist, dass die Publikationen das Moderne so anpreisen, dass ein ganz falsches Bild entsteht. Es wird aber auch eine alte Tradition, die in Vergessenheit geraten war, wieder als modern herausgestellt. Mit dem Begriff ‚modern' wird ein großer Missbrauch getrieben. Der Nachahmungstrieb ist nicht zu unterschätzen. Auch bei der Kriegführung spielt die Nachahmung eine große Rolle. Keiner will abseits stehen von dem, was die Masse macht. Das ist dann modern. Und man will doch ein moderner Mensch sein! Schade, dass die höchsten Erkenntnisse nicht modern sind. Die Ufologie hatte schon gewisse Aussich-

ten, modern zu werden, aber man hat diese Entwicklung mit allen Mitteln gestoppt.
Die christlichen Kirchen sind auf dieses gefährliche Wort modern glatt hereingefallen. Sie wollen ‚modern' sein und gliedern bedenkenlos das Negative in ihre Gotteshäuser ein. Das ist dasselbe, als würde man ein Bild von Rubens in einen abstrakten Rahmen fassen. Die Alten Meister brauchen nicht modern zu sein, ihre Kunst präsentiert sich entweder ohne Rahmen oder in einem gediegenen Goldrahmen, wie wir uns überzeugt haben. Was für die Alten Meister gültig ist, das trifft auch auf den Glauben zu. Ein objektiver Gottglaube braucht nicht als modern aufgefasst zu werden und Gotteshäuser sind Bethäuser. Sie können nicht mit abstrakten, negativen Dingen modernisiert werden. Die Jugend mag das in ihrer Unerfahrenheit vielleicht bedenkenlos hinnehmen. Die älteren Gläubigen, die imstande sind meditativ nachzudenken, werden das als eine Blasphemie empfinden. Aber wenn der Glaube nicht in Ordnung ist, wenn er Irrtümer aufweist, wenn man nicht willens und nicht fähig ist, diese schwerwiegenden Irrtümer einzugestehen und auszumerzen, so greift man zu einer Modernisierung im negativen Sinne, nur um aufzufallen und sich der negativen Entwicklung anzupassen. Für einen objektiven Gottglauben kann das Beste nur gerade gut genug sein. Aber diese Entwicklung gehört zur Harmagedonschlacht. Aber was wissen die Religionen von dieser Auseinandersetzung? Der Widersacher steht schon mitten in der Kirche!

Du hast uns jetzt ganz schön klar die Wahrheit gesagt. Wir sind beschämt, aber wir sehen keinen Ausweg aus diesem Dilemma. Was müsste sich ändern?
Eure Kirchen haben seit eh und je den größten Wert darauf gelegt, in irgend einer verständlichen Form die Existenz Gottes zu erklären. Aber sie haben dieses Ziel nie erreicht. Aus diesem Grunde ist man auf den Einfall gekommen, Gott zu vermensch-

lichen. Die Menschheit sollte, wie die primitiven Völker, einen menschlichen Gott vor Augen haben, den sie anbeten können. Aus diesem Grunde hat sich das ganze religiöse Denken, die ganze Andacht stets auf die großen Interpreten des Gottglaubens konzentriert. Es ist überall dasselbe, ganz gleich ob es sich um einen Menschen als Märtyrer handelt oder ob es ein großer Meister war, der in irgendeiner Weise mit den Sphären des geistigen Reiches in Kontakt stand, wie zum Beispiel Mohammed oder Buddha. Doch der wahren Existenz Gottes ist man nicht näher gekommen. Dazu fehlt leider auch die höhere Erkenntnis, sagen wir die Vorbedingung eines solchen Wissens. Welches Testament erklärt z. B. ein Zustandekommen eines übersinnlichen, außerirdischen Kontaktes?
Gott ist niemals euer Feind. Im Gegenteil, wenn er nicht euer Vater und Freund wäre, sähe es noch viel trostloser aus. Es besteht also gar kein Grund, nach einer plausiblen Erklärung Gottes zu suchen, da diese Erklärung nicht zwingend notwendig ist, denn Gott tut euch nichts Böses an. Ganz anders ist es mit dem Widersacher, dem gefährlichen Feind, der euch nur Böses antun will. Diesen Feind ignoriert ihr vollständig. Das soll ein anderer verstehen, ich nicht! Wenn ihr den Widersacher zum Heißen Eisen erklärt, begeht ihr einen großen Fehler. Wie oft hört man, dass Gott straft. Auf diese Weise haben die Kirchen versucht, die Menschen einzuschüchtern. Aber mit Drohungen kann man keine Liebe erzwingen. Das ist unmöglich. Doch der Mensch soll jenen Geist nicht nur verehren, sondern ihn sogar vertrauensvoll lieben. Wenn der Mensch vor einer Strafe Angst hat, so fürchtet er auch jenen, der die Strafe über ihn verhängt. Auf diese Weise haben es die Kirchen fertig gebracht, dass die Menschen mehr Scheu als Liebe für ihren Schöpfer haben. Aber der Mensch geht trotzdem nicht straflos aus. Er bringt sich selbst in Situationen, die für ihn eine selbstverschuldete Strafe bedeuten, diesseits und jenseits. Der Widersacher fragt nicht nach Gerechtigkeit, oder ob es einen

Menschen schmerzt. Er übt seine Gewalt aus und legt seine raffinierten Netze aus. Ihr habt viele religiöse Schriften. Dabei ist es gleichgültig, ob es sich um diese oder jene Religion handelt. In allen diesen Schriften wird die Gefährlichkeit des Menschenfeindes Luzifer nicht genügend herausgestellt. Das ist unverständlich.

Ashtar Sheran, du gehst immer wieder auf Luzifer ein. Was müssen wir noch über ihn wissen?
Wenn ich eine Bibel schreiben müsste, so würde ich das ganze Gewicht auf die Tatsache legen, dass die Menschheit auf die Raffinessen des Widersachers hereinfällt, der es mit großem Geschick versteht, die richtigen Maßnahmen zu treffen, welche die Menschheit ins Verderben führen. Er kennt die vielen Schwächen der Menschen und nutzt sie in jeder Weise aus. Vor allem kennt er die Wünsche des Menschen und passt sich der Entwicklung geschickt an. Der Widersacher ist sehr gefährlich, aber keineswegs einfältig oder dumm. Die Menschheit ist somit einer beispiellosen Gefahr ausgesetzt, von der sie überhaupt keine Ahnung hat. Wenn etwas als harmlos oder unwichtig hingestellt werden soll, so dass man es nicht ernst nimmt, dann gibt es kein besseres Mittel als die Lächerlichkeit. Man macht das Objekt so lächerlich, dass es für einen absoluten Nonsens, für ein törichtes Gerede gehalten wird. Genauso verhält es sich mit dem Widersacher. Er wird mit menschlicher Unterstützung so lächerlich gemacht, dass ihn scheinbar niemand wirklich zu fürchten braucht. Das ist der große Fehler, der schwerer wiegt als alle großen sozialen und politischen Probleme der Welt zusammen genommen. Was für Folgen aus dieser Situation entstehen, ist nicht ganz auszudenken. Jedenfalls kann ich euch nur den Rat geben, den Widersacher nicht zu unterschätzen. Er ist auf gar keinen Fall eine Witz- oder Märchenfigur wie sie in den Grimmschen Märchen vorkommt. Er gehört auch nicht zu den phantasievollen Gestalten der

Science-Fiction-Bücher. Der Widersacher ist real wie das ganze Universum.

Was können wir tun?
Wenn es eurer Wissenschaft oder euren Religionsverantwortlichen nicht gelingt, den Widersacher glaubhaft in das richtige Licht zu stellen, wird die Menschheit nicht aus der Sackgasse herausfinden. Diese Menschheit weiß leider noch zu wenig vom unsichtbaren Leben. Aus diesem Grunde ist es auch unglaublich schwer, die sorglos dahinlebenden Menschen von so gewaltigen Vorgängen zu überzeugen.
Nicht anders verhält es sich mit uns. Man verurteilt alle außerirdischen Raumschiff-Phänomene zur Lächerlichkeit, damit man nicht daran glauben soll. Im Verlauf der irdischen Evolution macht die Menschheit eine große Prüfung durch, doch wer soll diese Prüfung bestehen, wenn er nicht genügend vorbereitet ist. Es wird ein Wissen verlangt und geprüft werden, das nur bei sehr wenigen Menschen vorhanden ist. Nicht einmal die intelligenten Menschen in den Führungsetagen sind nur annähernd unterrichtet, was für einen Sinn das menschliche Dasein hat. Diese Menschen urteilen nur nach ihrer eigenen Meinung und nicht nach der realen, objektiven Wahrheit. Ihr Urteil ist persönlich, aber das Persönliche fällt nicht ins Gewicht, weil die Belange der Menschheit von kosmischer Bedeutung sind. Ich wundere mich über eure Psychologie. Es ist ihr noch nicht gelungen, auch nur annähernd an die Wahrheit der menschlichen Existenz heranzukommen. Die Traumanalysen sind überhaupt nicht von Bedeutung. Aber die ewige Existenz der Seele ist von ausschlaggebender Bedeutung. Ohne die vernünftige, objektive Eingliederung der Grenzwissenschaften hat die Psychologie ihr Recht auf empirische Anerkennung verloren. Innerhalb der Universitätswissenschaften befinden sich leider noch sehr viele Pseudo-Erkenntnisse, die einen großen Schaden unter der Menschheit anrichten. Wenn die Studenten dagegen

protestieren, finden sie meinen Beifall. Aber wenn sie politisch denken wollen, so bin ich dagegen, weil sie die Wahrheit noch nicht einmal in ihren Fundamenten kennen, sondern einen Irrtum in einen anderen Irrtum verwandeln wollen.
Auf dieser schönen Terra, die noch nie zur Ruhe gekommen ist, findet jetzt ein allgemeiner Aufstand statt. Eine weltumfassende Volkserhebung von zunehmendem Ausmaß. Die Völker glauben vor einem Rätsel zu stehen, aber sie irren sich. Es handelt sich um eine Wirkung, die nach Gottes Gesetzen erfolgt und deren Ursache in der falschen Erziehung und Belehrung der Menschheit zu suchen ist. Manche Propheten können in die Zukunft sehen, die manchmal sehr fern ist, aber deren Verlauf schon eine Ursache hat. Das ist für die Erdenmenschen unbegreiflich. Aber man kann eine Uhr aufziehen und voraussagen, wenn sie auf zwölf Uhr gestellt ist, dass sie dann auf die Minute genau klingeln wird. So ähnlich ist es auch mit einer Prophezeiung. Wenn der Prophet, das heißt der hypersensitive Mensch erfasst, dass die Weltenuhr bereits aufgezogen und gestellt worden ist, wird er voraussagen können, dass es in der Welt zu einer gewissen Zeit ‚läuten' wird. Und es ‚läutet' jetzt mit aller Lautstärke. Wer dieses Läuten nicht hört, den interessiert die Umwelt nicht. Der geht nur seinen eigenen, egoistischen Interessen nach.
Der Aufstand der Völker wird zunehmen, weil die ‚Heilige Schlacht' im Gange ist. Der Durchbruch zum höheren Wissen muss erfolgen. Der Aufstand der Rassen, Völker, Studenten und Bürger, ja auf allen Gebieten des menschlichen Lebens hat seine Ursache im geistigen Bereich. Die allgemeine Unzufriedenheit nimmt fanatische Formen an. Aber wenn man die Vorgänge innerhalb der Politik beobachtet, so erkennt man die Gefährlichkeit der Entrüstungswogen, die gegen das alte Gemäuer schlagen. So wie es bisher gehandhabt wurde, geht es ganz bestimmt nicht weiter. Wenn eine Katastrophe heraufbeschworen wird, so sind auch wir nicht untätig. Die Erden-

menschheit kann uns das Signal geben. Das wäre dann die biblische ‚Posaune'.
Es geschehen Dinge, die von der Allgemeinheit nicht verstanden werden. Negativ eingestellte Menschen, die ich schon einmal als Anti-Menschen bezeichnet habe, werden so stark inspiriert, dass sie ihre Maske fallen lassen. Der positiv eingestellte Mensch erkennt sie nun sofort. Es gibt Verbrechen, die in ihrer Scheußlichkeit nicht zu beschreiben sind. Aber diese Vorkommnisse gehören zum Schlachtengetümmel der Harmagedonschlacht. Die geistige Verdunkelung auf dieser Terra ist vollkommen, sie kann kaum noch gesteigert werden. Mit Recht haben die Kommunisten und Sozialisten gegen die Kirchen gewettert. Aber man kann den Gottglauben nicht auf diese Weise negieren wie man es versucht. Die Kirchen verteidigen mit lautem Gebell ihren abgenagten Knochen. Wer ihn entreißen will, wird rücksichtslos gebissen.
Mit der Politik ist die Situation nicht zu lösen, denn die Politik müsste erst auf kosmische Wahrheiten Rücksicht nehmen. Die kosmische Wahrheit, die ich auch göttliche Wahrheit nennen kann, kennt keine Gewalt gegen Gewalt, sondern Erkenntnis gegen Irrtum und Liebe gegen Egoismus. Wenn ein Krieg überhaupt notwendig ist, so kann dieser nur berechtigt sein, wenn er als Aufklärung und Erziehung gegen die allgemeine Dummheit geführt wird. Solange die Mehrheit der Erdenbevölkerung der Ansicht ist, dass jeder Mensch nur einmal auf dieser Erde lebt und deshalb nur einmal eine Chance hat, wird es in der Verhaltensweise der Menschen nie eine Änderung geben. Jeder wird versuchen, sich das zu holen, was er erreichen kann, ohne Rücksicht auf fremde Verluste.

Wäre ein Aufstand die richtige Verhaltensweise?
Der Aufstand ist da, aber dieser Volksaufstand muss auf das richtige Ziel gelenkt werden. Es ist schon schwer, einen Anfang zu machen. Dieser Anfang ist zwar falsch, aber er könnte

noch korrigiert werden. Die jugendlichen Kräfte müssten nur in die richtigen Bahnen gelenkt werden. Der Fanatismus muss gesteuert werden. Der Materialismus muss durch das Geistige abgelöst werden, damit ein Gleichgewicht entsteht. Die Wissenschaft muss ihre Fachgebiete erweitern. Ich gebe zu, dass es für die großartigen Erkenntnisse keine Professoren und akademische Dozenten gibt, aber da müssen Gesetze geschaffen werden, die auch den Nicht-Akademiker als Lehrer zulassen, wenn er über das Wissen und die Fähigkeiten verfügt. Jede Universität kann eine Abteilung für diese Übergangsregelung einrichten. Die Menschheit würde großartig davon profitieren.

Wir finden deine Erklärungen hervorragend, aber wie werden diese von der Weltöffentlichkeit aufgefasst werden? Man wird sagen, dass es sich dabei um keine direkte Aussprache von Mensch zu Mensch handelt. Man wartet auf einen außerirdischen Besuch, mit dem man dann von Angesicht zu Angesicht reden kann. Eine mediale Verbindung wird doch bezweifelt, weil man darüber zu wenig weiß.

Die Verhaltensweise der maßgeblichen Erdenbewohner hält uns davon ab. Wir setzten uns großen Gefahren aus, wenn wir euren Wünschen entsprechen würden. Das wäre nur möglich, wenn wir gleichzeitig die Macht an uns nehmen würden, wenn wir eine Schutzherrschaft errichten könnten. Aber uns hindert noch eine andere Gefahr. Alle Erdenmenschen sind Bazillenträger. Es gibt außerdem Krankheitserreger, die euch nicht bekannt sind, aber von vielen Menschen beherbergt werden. Da wir jedoch in dieser Beziehung hochempfindlich sind, möchte sich ein Santiner nicht der Gefahr aussetzen, solche übertragen zu bekommen, denen wir vielleicht machtlos gegenüber stünden. Wir wissen nicht, ob unsere Vorsichtsmaßnahmen ausreichen würden.

Ist ein Weltfrieden auf der Erde möglich?

Die Erdenmenschheit ist sehr schwer von Begriff, wenn es sich um religiöse Dinge handelt. Die meisten sagen: Das ist mir zu hoch, da kann ich nicht folgen. Damit ist der Fall für sie erledigt. Aber sie begnügen sich nicht damit, sich davon zu distanzieren. Sobald ein anderer kommt, der da behauptet, er hätte Erfahrungen auf diesem Gebiet, das das Normale weit überschreitet, mischen sich jene Menschen, welche da gesagt hatten, es wäre ihnen zu hoch, voller Fanatismus ein. Plötzlich wissen sie alles besser und es ist keine Spur mehr davon zu merken, dass ihnen dieser Sektor zu hoch ist. Die allzu dumme Besserwisserei siegt über die klare Vernunft. Ohne Gott zu akzeptieren ist kein richtiges Denken möglich. In allen Fällen führt die Gott-Verleugnung nur zu einem ständigen Selbstbetrug. Für jeden Menschen ist nur das existent, was er mit seinem Verstand erfassen kann. Es gibt daher Menschen, welche ohne große Anstrengungen die Existenz Gottes und des geistigen Reiches erfassen. Aber es gibt auch Menschen, die eine solche Existenz nicht erfassen können, so sehr sie sich auch anstrengen, denn sie können einen positiven Gedanken nicht zu Ende denken, weil sie ahnen, dass sie dann davor zurückschrecken. Aus diesem Grunde wird von den meisten Menschen der Bluterlösungsglaube vorgezogen. Auf diese Weise kommen sie aber nicht weiter.

Ein friedliches Zusammenleben ist auf dieser Terra nur möglich, wenn sich die Menschen dieser Terra dazu erziehen, besser zu denken. Es gibt kein Parteiprogramm, keine Weltverbesserungstheorie, keine Welterlösung, kein Wirtschaftsprogramm, um damit einen dauerhaften Weltfrieden zu erreichen. Es gibt nur eine einzige Möglichkeit: eine weltumfassende Erneuerung aller religiösen Erkenntnisse, eine Reformation der irdischen Glaubensphilosophie. Der religiöse Glaube jeder Richtung muss auf nachweisbare Tatsachen und auf ein wissenschaftliches Niveau abgestimmt werden. Diese Reformation ist keineswegs durch Rechthaberei oder durch egoistische und fanatische Konzile zu erreichen. Gott ist nicht übersinnlich. Gott ist der Ursprung und die ewige Existenz der Natur, also ist Gott das Zentrum der Natur. Er ist mehr als natürlich und durchaus sinnlich zu erfassen und zu fühlen.

Sind die Ufo-Flüge um unsere Erde nur ein gegenwärtiges Ereignis oder gab es das auch schon in früheren Zeiten?
Die Erde wurde von uns, sozusagen der ‚Weltraum-Polizei', schon seit sehr langer Zeit beobachtet. Schon zur Zeit von Atlantis haben unsere Vorfahren Weltraumreisen bis in die Erdatmosphäre hinein unternommen. Zu diesen Flügen wurden Flugkörper benutzt, welche von den heutigen Formen und Typen wesentlich abwichen. Unsere Vorfahren benutzten Maschinen, welche eine Kugelform hatten. Mit diesen Flugkugeln konnte man ebenfalls mit erhöhter Lichtgeschwindigkeit durch das All reisen. Doch wiesen diese Apparate noch viele Fehler auf, welche nach und nach durch neue Konstruktionen beseitigt wurden.
Das Erscheinen dieser Flugkugeln in den Luftschichten der Erde hat unter den damaligen Menschen oft große Bestürzung hervorgerufen. Die Atlanter kannten jedoch auch schon einen Weg zur Aufhebung der Schwerkraft. Mit Hilfe einer geistigen Ekstase war es ihnen möglich, über dem Erdboden mit ziemlicher Geschwindigkeit dahinzuschweben. Doch konnten sie sich nur wenige Fuß hoch vom Erdboden erheben. Mit Hilfe eines musikalischen Akkordes oder vielmehr mit einem Zusammenklang von fünf Tönen, wovon zwei Töne nicht für das menschliche Ohr hörbar sind, konnten die damaligen Atlanter schwere Felsen verrücken. Auf diese Weise hatten sie Kenntnis von einer Schwingungsebene, die der gleiche Ausgangspunkt unserer eigenen technischen Entwicklung ist. Doch wir besitzen ein Schwingungselement, das man mit euren Worten vielleicht als ein musikalisches Element bezeichnen könnte, aber nicht als

ein akustisches Element, denn dieses Element schickt – wie das Radium – ständig Strahlen aus, welche nicht auf der Lichtebene liegen, sondern auf der ‚Tonskala' des Alls. In Verbindung mit gewissen Lichtfeinstschwingungen erreichen wir dann einen Zustand der absoluten Eigen-Schwerkraft, welche unabhängig von der Schwingung anderer Körper ist.
Unsere Vorfahren haben die Erde schon immer als einen unreifen Planeten betrachtet. Sie mussten feststellen, dass die geistige Haltung der Menschen dieses Planeten nicht im Sinne der göttlichen Harmonie schwingt. So ist es leider bis heute geblieben – trotz einiger technischer Fortschritte. Im Gegenteil, die geistige Haltung hat ständig abgenommen, während die materialistische Haltung zugenommen hat. Die Atlanter haben ihre Erkenntnisse noch anderen Generationen überliefern können. Ein großer geistiger Abstieg der Erdenmenschen löschte diese Erkenntnisse vor etwa 4000 Erdenjahren aus. Von dieser Zeit an haben unsere Vorfahren die Flugreisen eingestellt. Nachdem wir noch bessere und noch sicherere Flugschiffe entwickelt haben, konnten wir Reisen durch das All noch leichter durchführen. Wir haben den Planeten Erde gemieden und sind auf anderen Planeten gelandet, ohne dort in das Geschehen eingreifen zu müssen.
Furchtbares Morden und die Anwendung von Explosionsstoffen sowie ein entsetzlicher Missbrauch von Energien und Energie-Quellen auf dem Erdenplaneten hat unsere Aufmerksamkeit erneut auf die Terra gelenkt. Wir haben euch beobachtet und haben euch nie verstehen können. Wir wollten euch helfen, aber wir waren an ein ungeschriebenes Gesetz gebunden. Mit euren Worten heißt dieses Gesetz, das im ganzen All Gültigkeit hat: Blasphemie, also Gotteslästerung. Wir haben es als Blasphemie betrachtet, eure Daseinsbereiche zu betreten. Wir haben es als Gotteslästerung betrachtet, uns in eure Angelegenheiten einzumischen. Der Schöpfer aller Welten hat euch diesen Planeten aus ganz bestimmten Gründen zugewiesen, so

wie er uns unseren Planeten zugewiesen hat. Wir wären nie auf den Gedanken gekommen, je etwas zu unternehmen, das eure eigene Selbstentscheidung beeinflussen könnte. Jede Einmischung in sogenannte ‚irdische Angelegenheiten' hätte für uns eine Blasphemie bedeutet.
Die geistige Welt steht über uns. Sie allein hat das Recht gehabt, euch zu beeinflussen, und diese geistige Welt hat alle goldenen Schlüssel in der Hand, die euch auf dem Wege der Inspiration gegeben werden können. Diese Schlüssel können die Tore zu den höchsten Erkenntnissen, ja sie können das Paradies aufschließen. Doch leider habt ihr bis jetzt nicht bewiesen, dass ihr diese Schlüssel wert seid. Ihr müsst eine gewaltige Umkehr vollziehen, wenn die geistige Welt euch solche Segnungen schenken soll. Ein Geschenk muss man sich auch verdienen. Man muss es wert sein, man muss es achten.
Dann kam die Zeit, da man euch ein Geschenk machte. Es war eine Probe aufs Exempel. Ihr habt diese Probe nicht bestanden. Der erste Gedanke war: Missbrauch aus Rache und Gewalt! Die Kernspaltung der Atomforschung gibt euch nicht das Recht, die göttliche Ordnung und Harmonie der Schöpfung anzugreifen. Eure Vernichtungsexperimente haben katastrophale Folgen im Universum zur Folge gehabt. Aus diesem Grunde haben wir das Gesetz der Blasphemie mit großem Widerwillen annullieren müssen. Wir haben uns an Gott gewandt und ihn gebeten, uns von diesem Gesetz der Blasphemie zu entbinden. Der Schöpfer hat uns erhört und uns als Weltraum-Polizei einen Auftrag gegeben, den Planeten Erde unter Kontrolle zu nehmen, ihn zu beschützen und die Menschheit dieses Planeten in das goldene Zeitalter zu führen. Dies alles soll möglichst ohne Gewalt und ohne Zwang geschehen. Die Menschheit der Erde soll zur besseren Einsicht geführt werden, wie dies schon einmal vor etwa 2000 Jahren der Fall war.
Seit wir diesen Auftrag erhalten haben, zum Schutz der göttlichen Schöpfung, sind wir dabei, den Planeten Erde zu betreten.

Wir haben andere Lebensgrundlagen als ihr und wir müssen uns den völlig anderen Bedingungen nach und nach anpassen. Die kalten Regionen bieten uns hierzu größere Möglichkeiten. Ihr wisst, dass die Akustik in kalten Regionen besser ist. Auch die magnetischen und elektro-magnetischen Bedingungen sind in der Kälte anders als in Wärmebereichen. Unsere Raumschiffe fliegen daher schon seit längerem vorzugsweise die Polarzonen an. Wir können jedoch nicht immer verhindern, dass Massenlandungen eine gewisse Energie auslösen. Auf diese Weise kommt es zu Klimaverschiebungen und zum Abschmelzen der Eisbalance. Wir wollen das Gleichgewicht der Erde nicht stören, darum haben wir große Landungen, wie wir sie eigentlich beabsichtigt haben, noch nicht durchgeführt. Doch wir geben unser Vorhaben nicht auf und wir werden schon andere Möglichkeiten herausfinden, ohne eure Erde in Überschwemmungsgefahr zu bringen. Zunächst müssen wir noch immer eure Atmosphäre säubern. Wir setzen Zeichen in den Himmel, welche ihr einfach als Naturphänomene abtut, obwohl wir in großen Formationen vom Nordpol zum Südpol fliegen, was gewaltige atmosphärische Beeinflussungen zur Folge hat.
Doch die Strahlen des goldenen Zeitalters haben euch bereits erreicht, sie werden zuerst von positiven Menschen erfasst und wirken sich bei diesen aus. Ihr nennt dieses Zeitalter das Wassermann-Zeitalter, weil ihr euch nach den Sternen richtet. Es stimmt, dass die Sterne Strahlen aussenden, welche auch das menschliche Denken beeinflussen. Diese Strahlen, die jetzt auf euch zukommen, bieten den höheren Intelligenzen, also den positiv Denkenden, die Möglichkeit einer erhöhten Intensität. Der geistig regsame Mensch, der mediale Seher und Prophet kann diese günstigen Strahlen in Form von geometrischen Figuren sehen. Es wird deshalb auf technischem Gebiet wie auf anderen Gebieten ein Umschwung kommen.
Wir warnen jedoch eure Flugzeugpiloten, uns zu jagen, denn wir dürfen ihnen nicht zu nahe kommen. Wiederholt haben uns

Düsenjäger einholen wollen, aber wenn wir ihnen nicht in schneller Flucht entkommen wären, dann hätte es ein Unglück gegeben. Die Ausstrahlungen unserer Flugscheiben könnten auf das Material eurer Flugzeuge wie überhaupt auf alle eure Apparaturen einen verheerenden Einfluss haben. Ihr braucht uns weder zu fürchten noch zu jagen, ihr werdet uns auf friedlicher und harmonischer Grundlage besser begegnen können.

Ashtar Sheran, kannst du uns Gott erklären?
Gott ist eine Flut von geistigem Licht. Er ist ein alles und ewig durchdringender Geist. Seine Gestalt ist jede wahrnehmbare Form der diesseitigen und jenseitigen Welt, einschließlich aller Gedankenformen und Schwingungen. Er ist eine Fülle der Erfahrung, der Gesetze, der Erkenntnis und die alles umfassende Liebe und Geduld. Wer sich Gott als einen menschenähnlichen Geist in der Gestalt eines Menschen vorstellt, der sucht seinen Schöpfer und Vater vergeblich. Das Resultat ist Zweifel. Die Macht Gottes ist im Reiche des Geistes unvorstellbar größer als im Reich der Materie, des erstarrten Lichts. Gott und die Natur sind das gleiche. Gott steckt in jeder Zelle, in jedem Molekül, in jedem Atom und darüber in allen Räumen des Alls, die zwischen den Atomen liegen. Der Geist Gottes ist etwas völlig Geschlossenes und zeigt weder den geringsten Riss noch eine Mikrolücke. Das Leben ist keine materielle Energie, sondern ein ewiges Erbe Gottes. Nur ein Geistwesen hat keinen Körper: Gott! Aus diesem Grunde ist Gott mit jedem Atom im ganzen All verbunden, aus diesem Grunde nimmt Er alles wahr. Er ist das größte kosmische Bewusstsein.
Christus war kein Gott und ist es auch heute nicht, aber er ist eine geläuterte Seele, die zum Zwecke einer großen Mission auf dieser Erde inkarniert war. Seine hohe Läuterung ermöglichte ihm eine dauerhafte Verbindung mit den höchsten Regionen des Heiligen Geistes, jenen Wesen, die im Auftrage Gottes tätig sind. Aufgrund dieser Tatsache kann man von Christus

mit gutem Gewissen sagen, dass er ein Gottessohn ist, ein spiritualistisches Medium. Er war also ein Lehrer im Auftrage der Regionen des Heiligen Geistes.
Viele glauben nicht an Gott, aber an ein höheres Wesen. Das kommt daher, dass die meisten Menschen sich Gott als eine Person vorstellen. Das ist ein großer Fehler. Gott ist Geist, keine Materie! Gott ist jedoch alles, allgegenwärtig, planend, wissend, helfend, ewig. Man hat sich nicht die Mühe gemacht, Gott richtig zu definieren.
Christus ist ein Treuhänder dieser Erde. Er ist Gottes Stellvertreter für diesen Planeten und seine Bewohner. Das bewusste Erfassen seiner selbst ist das wahre Göttliche im Menschen. Folglich ist das Bewusstsein das, was die Bibel als Gottes Ebenbild bezeichnet. Gott ist das Zentralbewusstsein des Universums. An dieses Bewusstsein ist der Mensch und jedes andere Lebewesen angeschlossen. Alles hängt mit diesem Bewusstsein zusammen. Heiliger Geist ist das Erfassen göttlicher Kraft, göttlicher Liebe, göttlichen Fühlens, das zur Religiosität bzw. zur hohen Ethik gehört. Wenn der Heilige Geist über einen Menschen kommt, fühlt er die Gegenwart Gottes. Heiliger Geist ist die Erkenntnis, die die Lichtboten mit großer Mühe auf die Erde bringen. Den Heiligen Geist zu erfassen, bedeutet eine große Gnade. Der Geist macht den Menschen göttlich.
Gott ist nicht persönlich im Sinne eines menschlichen Körpers. Er ist ein zwingender machtvoller Gedanke. Er ist das Universalbewusstsein. Er ist das unsichtbare Gehirn der gesamten Natur. Gott denkt für alles, was nicht selbständig denken kann. Gott lässt sich subjektiv beweisen, und zwar durch den Menschen selbst. Es geht dabei nicht um die körperlichen Funktionen, sondern um das geistige Ich, also um die Persönlichkeit des Menschen, die ihren Ursprung im Willen Gottes hat, dem großen Planer. Er ist das denkende und planende Bewusstsein der Natur. Das Bewusstsein Gottes regiert die Materie, so wie das Bewusstsein des Menschen den Körper regiert. Gott ist die

Liebe, Erfahrung, Geduld. Er ist gestaltlos, ein ewig und alles durchdringender Geist. Seine Gestalt ist das Universum. Er ist der Schlüssel zu allen Türen. Gottes Bewusstsein ist für jeden Menschen unvorstellbar intelligent, machtvoll und groß. Da Gott ewig ist, können wir ihn nicht begreifen: Lasst Gott zufrieden, aber achtet ihn. Die Menschen brauchen etwas, um sich Gott vorzustellen; deshalb haben sie Christus an seine Stelle gesetzt. Das ist auch ein Irrtum. Stellen wir uns Gott als die große, planvolle Energie vor, die es im ganzen All gibt. Aber denken wir an seine Stellvertreter.

Kann man Gott beweisen?
Es geht darum, Gott wissenschaftlich nachzuweisen. Das kann man anhand seiner Schöpfung tun. Die Schöpfung ist für einen solchen Beweis geeignet, denn die unzähligen Erscheinungsformen, die alle wie ein Uhrwerk zusammenlaufen und alle zusammen ein sinnvolles Ganzes darstellen, sind allein schon ein unwiderlegbarer Beweis, dass ein Planer existiert, der zugleich auch Informator ist. Ohne eine Planung gäbe es kein sinnvolles Universum, sondern nur Chaos. Nichts würde funktionieren. Nicht einmal die Sterne könnten ihre Bahn ziehen. Gottes zentrales Naturbewusstsein und seine Hierarchie sind allgegenwärtig. Alles Lebende, alles Bewusste ist ihm angeschlossen. Gott sieht durch die Augen der Menschen ebenso, wie durch die Augen der Tiere. Auch der Mensch ist an das zentrale Naturbewusstsein angeschlossen, das ihn steuert, seinen Herzschlag und seinen Atem kontrolliert und in Bewegung hält. Wer Gott beleidigt und beschimpft, der beschimpft sich selbst, denn er vergisst, dass er ein Teil des göttlichen, zentralen Naturbewusstseins darstellt. Hätte Gott kein Bewusstsein, wäre die Schöpfung tot. Der Zwiespalt zwischen Gott und dem Widersacher ist die größte Tragödie des Universums. Wer Gott abstreitet, der streitet das logische Bewusstsein ab.

Alle Menschheitsführer reagieren falsch, weil sie die Logik nicht als Gott betrachten. Folglich denken sie unlogisch und ungöttlich. Wenn die Logik im Menschen geschult wird, so schult man das göttliche Denken. Gott ist ein immaterielles Wesen, ähnlich einem menschlichen Bewusstsein, nur dass es unvorstellbar gewaltig und umfassend ist. Es beinhaltet das Wissen und die Gesamterfahrung von Äonen. Der Schwerpunkt bei einer Gotterklärung liegt bei dem Bewusstsein, und das Bewusstsein ist unsichtbar, wie es auch beim Menschen unsichtbar ist und nur durch die Tätigkeit in Erscheinung tritt. Das Leben ist kein materieller Stoff, keine materielle Energie, sondern ein ewiges Erbe Gottes. Der Mensch ist nicht Gottes Ebenbild, sondern seine Schöpfung. Die göttliche Organisation, materiell und immateriell, ist der Heilige Geist Gottes. Die Schöpfungsenergie besitzt ein gewaltiges geistiges Bewusstsein. Dieses Bewusstsein arbeitet mit dem gesamten Kosmos auf der Grundlage der Erfahrung und Erinnerung. Jeder Gedankenimpuls wird in den Kosmos graviert, wo er ewig verbleibt. Auf diese Weise kann auch Gott sich an jede Einzelheit erinnern, auch wenn sie Äonen zurückliegt. Das ist so gewaltig, dass man die größte Achtung davor haben muss, deren der Mensch fähig ist. Seine Organisationen sind für die Menschheit zuständig. Gott ist die Majestät des Weltalls. Wir alle, diesseitige und jenseitige Seelen, sind seine Untertanen. Gott ist reine Natur, ein universales Denkzentrum von ungeheurem Ausmaß. Von diesem Zentrum gehen alle Informationen und Befehle an die gesamte Schöpfung. Intelligenz ist ein Tropfen aus dem Ozean Gottes. Die Trinität Gottes ist: Wahrheit, Liebe und Gerechtigkeit. Gott ist eine intelligente, raumlose Kraft. Gott ist die Gesamtsumme aller Erfahrungen im ganzen Universum. Sein Bewusstsein ist eine Enzyklopädie des Wissens von Ewigkeit zu Ewigkeit. Die Gnade Gottes ist die Reinkarnation und Christi Fürsprache. Gott ist das Bewusstsein der gesamten

Natur im Universum; es ist unsichtbar und tritt nur durch seine Tätigkeit in Erscheinung, wie beim Menschen.
Die Information ist das wichtigste Teilstück der göttlichen Schöpfung. Der Mensch ist hierbei Mithelfer und Nutznießer. Das Wort Natur ist eine Umschreibung der göttlichen Macht. Die größte Offenbarung Gottes ist das Leben. Das Wunderbare der Natur liegt im Unsichtbaren. Man hat das größte Medium seiner Zeit, Jesus Christus, so in den Vordergrund gestellt, dass die Majestät Gottes im Hintergrund verdunkelt wurde. Jesus Christus war einer der Könige, aber nicht der Kaiser. Weitere Könige wurden vom Schöpfer auch zu anderen Sternen geschickt.
Man findet Gott in der gesamten Schöpfung - und jeder selbst ist der komplizierteste Teil davon. Gott ist ein ewiges Tätigkeitsprinzip. Die Formel: Gott ist reine Natur, ein universelles Denkzentrum von ungeheurem Ausmaß. Von diesem Zentrum gehen alle Informationen und Befehle an die ganze Schöpfung. Gott ist alles: Glück, Liebe, Hoffnung, Vertrauen, Barmherzigkeit und Harmonie. Jeder Erdenmensch ist befähigt, wenn er guten Willens ist, den Gottesbeweis in sich selbst zu erkennen. Gott hat den weitaus größeren und unsterblichen Teil des Gesamtuniversums zu seinem Domizil gewählt. Es ist selbstverständlich das geistige Reich, in dem er als Geist regiert.
Gott gleicht einem Kreis. Er umschließt alles!

Eine große Rede von Ashtar Sheran

Da ich nicht in der Lage bin, meine Worte weltweit zu veröffentlichen, bin ich auf die Zuverlässigkeit meiner bewährten Freunde angewiesen. Ich weiß, dass der Widersacher gegen mich ist und alles daran setzen wird, meine Worte zu unterdrücken oder zu diskriminieren. Doch ich stehe im Lager des großen, unendlichen Schöpfers. Dieser Kampf ist nicht allein ein Kampf des Geistes, der Intelligenz und Einsicht, sondern zugleich ein Kampf auf der materiellen Ebene. Also ein Kampf, der mit allen Mitteln der Technik und der wissenschaftlichen Erkenntnis durchgeführt wird. Das Ziel meiner Mission ist: Friede über alle Grenzen!

Ich klage an: Diese Menschheit der sehr schönen Terra hat sich von Gott getrennt und folgt seine Entwicklung missbrauchend den Weisungen einer geistigen Organisation, die als Dämonie bekannt ist. Die Führung dieser Menschheit hat es nicht für notwendig erachtet, sich Erkenntnisse zu verschaffen, die jenseits der Materie liegen, aber von übergeordneter Bedeutung sind. Ich klage nicht nur die Lebenden an, sondern auch die ‚Toten', die das Unglück dieser Terra mit verschuldet haben. Der Egoismus der Erdenmenschheit ist im ganzen Universum beispiellos. Er führt zur völligen Isolierung des Einzelnen. Parteien, Völker, Rassen und Gruppen führen einen erbitterten Kampf gegeneinander, aber sie wissen nicht warum. Sie wissen nicht die Wahrheit, weil ihnen die höheren Erkenntnisse, die ihr ganzes Dasein betreffen, völlig fehlen, oder weil sie falschen Parolen folgen. Die Apokalypse, das heißt das Chaos, bahnt sich an. Das Verhalten der verantwortlichen Führungsgremien ist naturwidrig. Die Natur, das heißt der göttliche Wille, fördert und erhält das Leben. Die menschliche Planung beschäftigt sich überwiegend mit dem Gegenteil. Der allgemeinen Bevölkerung der Terra sind die Einzelheiten dieser Anstrengungen nicht bekannt. Was man öffentlich darüber weiß, sind nur Teile einer Vernichtungsvorbereitung. Technik, Industrie, Wissenschaft und Geldwesen werden zu diesen unheilvollen Machenschaften missbraucht. Die Anklage umfasst 10 000 Seiten. Diesem Umfang entsprechend kann eine solche Anklage von keinem irdischen Gericht je verhandelt werden. Darum ist eine außerirdische Instanz dafür zuständig. Sie wird zunächst noch von den Regierungen dieses Planeten spöttisch abgelehnt, als existiere sie nicht.

Wir könnten auf dieser Erde eine Schutzherrschaft der universellen Bruderschaft errichten. Aber das wäre keine freiheitliche Entwicklung. Zu diesem Schritt können wir uns noch nicht entschließen, jedenfalls nicht solange wir noch hoffen, dass ein Durchbruch der Vernunft erfolgen kann. Wenn Regierungskreise der USA die Existenz unserer Raumschiffe abstreiten, so frage ich, was sie über das Wunder von Fatima wissen. Über Fatima zeigte sich ein außerirdisches Weltraum-Strahlenschiff. Aber mit dieser Demonstration erfolgte zugleich auch eine Botschaft. Heute ist es nicht anders. Es bleibt nicht allein bei den Demonstrationsflügen unserer Raumflotte, sondern wir richten zugleich unsere Botschaften an die Menschheit dieser Terra.

Was ich mit dieser Botschaft verkünde ist ein Phänomen, das mehr Inhalt und Bedeutung hat, als je auf dem Berge Sinai oder über Fatima berichtet wurde. Es ist eine an diese Welt gerichtete Mahnung und Belehrung, an die Menschheit dieser unwissenden materiellen Ebene. Euer Wissen ist völlig einseitig. Es fehlt an dem zweiten Pol. Eine volle Wirksamkeit des menschlichen Wissens kann nur erreicht werden, wenn wie beim elektrischen Strom zwei Pole sich gegenüber stehen, die materielle und die geistige Welt. Man spricht von Fortschritt, von einer Evolution. Was sich wirklich vollzieht ist ein Abstieg, der allerdings durch die Errungenschaften der Technik verdeckt wird. Man kann sagen, dass die enorme Entwicklung in der materiellen Forschung der Weltbevölkerung Sand in die Augen streut, damit sie das absolute Wirkliche nicht erkennt. Wenn man eine Sache ganz und gar nicht kennt, so herrscht für diese Sache auch kein Interesse vor. Genauso verhält es sich hier auf der Terra. Man distanziert sich von einer Sache, die man für Zeitverschwendung hält, weil man keine Ahnung hat, von welcher Bedeutung sie wirklich ist.

Die Erdenmenschen sind fast ohne Ausnahme sehr begriffsunfähig. Man muss immer wieder zu vergleichenden Beispielen greifen, so wie es euer Christus auch musste. Wer hätte auf dieser Terra vor 100 Jahren z. B. die ungeheure Bedeutung der elektrischen Wellen erkannt oder voraussagen können? In ähnlicher Weise verhält es sich mit der Bedeutung der geistigen Forschung. Was ihr darunter versteht ist ein Hokuspokus. Die Tatsachen sind nur wenig erwähnt und werden von den Universitäten negiert.

Die Vorladung der irdischen Führung, zu der die Kirchen, Pädagogen, Wissenschaftler, Politiker, Militär-Experten und Kriegsvorbereiter jeder Art gehören, ist unvermeidbar. Das ist keine Drohung mit dem schwarzen Mann, sondern eine Auswirkung des Naturgesetzes von Ursache und Wirkung. Die höchstverantwortlichen Menschen dieser Terra haben eine goldene Binde vor ihren Augen, die vom Widersacher erdacht worden ist. So lange sie diese Binde vor ihren Augen haben, sehen sie ihr eigenes Unglück nicht, ein entsetzliches Unglück für sie selbst, das zwar zeitlich aber noch nicht akut für sie ist, aber unausweichlich bestehen bleibt. Maßgebliche Führer des Kommunismus haben gesagt, dass den armen Menschen als Opium dargereicht wird, um sie zu beruhigen, nach dem Tode gehe es ihnen einmal besser. Ich sehe darin überhaupt keine Beruhigungspille, denn was einem Menschen nach seinem Tode passiert, ist auf jeden Fall kein Opium, am aller wenigsten für die primitiven Menschen. Zu den Primitiven gehören nicht

die Armen, sondern jene Menschen, die an der Macht sitzen oder auf dem Geldsack. Sie sind so primitiv, dass sie sich einbilden, dass die geistigen Regionen für sie keine Bedeutung haben, sondern nur einen Unsinn darstellen, über den man nur herzlich lachen kann.
Welche Finsternis herrscht in geistiger Hinsicht auf einem so einladend schönen Planeten? Mich schaudert es, wenn ich das sehe. Es ist sehr schade, dass euer Messias Christus nicht recht zum Zuge gekommen ist. Er deutete zwar das unsterbliche Leben des menschlichen Bewusstseins an, aber er kam nicht mehr dazu, es zu erklären. Heute gibt es Institute, die sich mit der Psyche des Menschen befassen. Aber sie kommen zu keinem echten Resultat, weil sie von vorn herein eine Bewusstseinsexistenz außerhalb der Materie ablehnen bzw. nicht fähig sind, sie sich vorzustellen. Die Lehren über den Geist bzw. über das Bewusstsein des Menschen sind von überragender Bedeutung. Das Fleisch kann nur als ein hoch entwickeltes Instrument betrachtet werden. Was nützt z. B. der beste Fernsehapparat, wenn die entsprechende Sendung fehlt? Er würde nur zwecklos herumstehen. Alle Bewusstseinsvorgänge im Menschen sind außerhalb der Materie, also außerhalb der Sinnesorgane. Die Sinnesorgane stehen nur in Wechselbeziehung zwischen Geist und Körper. Das trifft nicht nur auf den Menschen zu, sondern ist auch bei allen Tieren nicht anders. Ein Bienengehirn kann winzig klein sein, es kann jedoch hervorragend als Mittler geeignet sein, als Mittler zwischen einem sehr umfangreichen kosmischen Bewusstseinsprozess und dem Kopf der Biene. Wichtig ist stets der Umfang der geistigen Frequenz.
Ich klage weiter an: Die Religionen dieser Welt haben einen Kult entwickelt, der die Menschen zwar beeindruckt, aber ihnen die Wahrheit nimmt. Was wirklich wahr ist, braucht nicht durch einen Kult verkitscht zu werden. Die Wahrheit hat Würde genug, sie braucht keinen Singsang. Damit wird der Irrtum nicht aus der Welt geschafft. Ein Tier weiß nichts von geistigen

Erkenntnissen. Dem Menschen sind alle Möglichkeiten gegeben, sich diese Erkenntnisse zu verschaffen – und sie auch zu begreifen. Geistig gesehen steht der Mensch noch unter dem Tier, denn er benutzt seine Unwissenheit über sich selbst zu unheilvollen Taten und Gedanken, wodurch er zum Feind der göttlichen Natur wird und der höchsten Schöpfung den Kampf ansagt. Ein Soldat wird in Unkenntnis gehalten, ob sein Tun sinnvoll ist oder nicht. Nur so kann man ihn missbrauchen. Luzifer macht es nicht anders. Fast alle Menschen dieser Terra sind seine in Unwissenheit gehaltenen Soldaten, die er für seine üblen Zwecke missbraucht. Dabei spielt es überhaupt keine Rolle, in welcher Stellung sich diese ‚Soldaten der Harmagedonschlacht' befinden, denn er braucht alle Berufe und alle gesellschaftlichen und öffentlichen Stellungen. Die Unwissenheit genügt, um sie überall bedingungslos einsetzen zu können. Der für eine Märchenfigur gehaltene Luzifer will seine Rache am Schöpfer vollziehen. Diese Rache ist so unbeschreiblich negativ, dass es sich niemand vorstellen kann. Diese Rache ist überhaupt nur möglich, weil eine ganze Sternenmenschheit bereit ist, sie zu verwirklichen. Das ist das gefährliche an der Unwissenheit, die zum Missbrauch der ganzen Menschheit führt, ohne dass auch nur einer dieser Harmagedon-Soldaten merkt, was mit ihm geschieht und auf welcher Seite er sich ganz und gar einsetzt. Je größer sein Idealismus vorhanden ist, desto besser kann ihn der Widersacher missbrauchen, genau nach dem Vorbild aller militärischen Institutionen. Dabei handelt es sich nicht nur um eine gewöhnliche Auseinandersetzung zwischen Gut und Böse, sondern um eine wirkliche Schlacht von absoluter Realität.
Die Unwissenheit über den gesamten Menschen, über sein Leben auf dem Stern und in geistigen Regionen kennt kein Halt vor der Religion. Auch die Kirchen und Sekten und auch der Buddhismus und der Islam, alle machen keine Ausnahme und dienen der Harmagedonschlacht willig, ohne es zu ahnen. Ich

klage daher auch die Religionen dieser Terra an, sich nicht genügend über die objektiven Tatsachen gekümmert zu haben. Anstatt sich um diese wichtigen Erkenntnisse zu bemühen, ist man anderen Interessen nachgegangen. Man hat sich um unbedeutende Maßnahmen gestritten. Man hat überflüssigen Pomp entwickelt und man hat die Wahrheit überall da mit Füßen getreten, wo sie zögernd in Erscheinung trat. Es fehlt überhaupt der Mut zur Konsequenz. Man ist nicht bereit, sich der Vernunft zu bedienen. Märchenhafte Wunder, die keiner wissenschaftlichen Betrachtung standhalten, werden dogmatisch und traditionell mit einem Fanatismus verteidigt, der nicht zu begreifen ist.

Ich habe euch erklärt, was sich am Berge Sinai abgespielt hat, dass ein Mutterschiff gelandet war, weil die Erdenmenschheit Richtlinien für ein normales Zusammenleben der Völker erhalten sollte. Zugegeben dass jene Menschen eine solche Raumfahrt nicht begreifen konnten, weil ihre Technik noch unzureichend war. Man hielt die Besatzung für Jehova und seine Hierarchie. Die feurig glühende Wolke, das Raumschiff fuhr den Juden voraus und ermöglichte den gefährlichen Durchzug durch das Meer. Nun behaupteten diese Juden, dass Gott sie auserwählt, geführt und ihnen ein Land geschenkt habe. Moses habe mit Gott von Angesicht zu Angesicht gesprochen. Die christliche Kirche hat diese Version akzeptiert. Was nun folgte, ist ein gefährlicher Unsinn, der zum heutigen Unfrieden auf dieser Welt in einem beispiellosen Superlativ geführt hat.

Wenn nun eine Forschungsgemeinschaft, sagen wir eine Ufo-Studiengemeinschaft behauptet, die Gesetzgebung auf dem Berge Sinai beruhe mit allen Begleiterscheinungen auf einem außerirdischen Besuch, so kann zunächst kein Mensch erwarten, dass die jüdische Gemeinschaft Halleluja ausruft. Im Gegenteil wird man alles daran setzen, den schönen Gottglauben zu erhalten, ganz besonders wegen der Inanspruchnahme einer besonderen Bevorzugung durch die hohe Majestät Gottes.

Folglich sind wir überhaupt nicht überrascht, dass unsere Existenz abgestritten wird. Nicht anders ist es mit den christlichen Kirchen. Auch da möchte man keinen Irrtum zugeben. Man hat das alte Testament mit übernommen. Man glaubt an jeden Buchstaben, der in der Heiligen Schrift steht. Man will das Wunder als Beweis Gottes haben, obgleich man damit bei normal reagierenden Menschen nur das Gegenteil erreicht. Ganz besonders die Jugend ist nicht willens, sich damit abzufinden. Die Jugend ist kritischer als ihre Vorgänger-Generationen, auch wenn sie teilweise im Unrecht ist. Unsinn in solchen Ausmaßen wird abgelehnt. Die Erdenmenschheit stellt sich die Frage, was plötzlich in die Jugend gefahren sei, da sie auf der ganzen Welt durch ihre Studenten-Aktionen aufsässig wird. Man kann diese Entwicklung nicht begreifen. Man verurteilt ihr gewaltsames Vorgehen, man kann ihnen aber nicht helfen. Denkt daran, dass die Jugend ein sehr begehrtes Menschenmaterial für die negative Seite der Harmagedonschlacht darstellt! Die Jugend ist das beste Kanonenfutter für den Widersacher. Diese Tatsache wird euch noch vor Augen geführt werden.
Ihr müsst wissen, dass in allen Evolutionsvorgängen eine Steigerung zu erwarten ist. Die Jugend wird in ihrem naturgesetzlichen Eifer stets versuchen sich zu steigern. Wenn sie heute revoltieren und dabei zehn Schaufensterscheiben zerschlagen, werden es das nächste Mal bestimmt zwanzig Scheiben sein und beim übernächsten Mal sogar vierzig. Diese Steigerung ist ein Naturgesetz. Wenn diese Aktionen nicht gestoppt werden können, so wird das Chaos nicht ausbleiben. Das Chaos gehört aber zur Strategie der negativen Seite innerhalb der Harmagedon-Auseinandersetzung. Ebenso steigert sich die Kriminalität. Auch die Mittel zur menschlichen Ausrottung sind dieser Steigerung unterworfen. Die Öffentlichkeit hat kaum eine Ahnung, was auf diesem Gebiet geschieht. Es werden Kampfstoffe entwickelt, die direkt aus der Inspiration der Hölle stammen.

Ihr glaubt natürlich nicht an einen solchen Ort. Er ist auch nicht auf der materiellen Welt zu finden. Aber eure Sinne sind hauptsächlich auf die irdischen Frequenzen eingestellt. Darüber hinaus können nur wenige Menschen etwas Ungewöhnliches wahrnehmen. Die weltweite Unwissenheit über die Existenzgrundlagen des Menschen verhindert jedes harmonische Zusammenleben. Angefangen unter Eheleuten bis zu den großen Auseinandersetzungen zwischen den Religionen, Rassen und Völkern. Eine Aufklärung ist fast unmöglich, weil unter den Menschen aller Völker ein absolutes Desinteresse besteht.
Ich klage die Universitäten und Schulen an, die sich um alle möglichen Dinge kümmern, nur nicht um die Hauptsachen, die zum menschlichen Leben gehören. Die Schüler und Studenten spüren instinktiv, dass es etwas geben muss, das von ungeheurer Wichtigkeit für das menschliche Leben ist. Aber dieses Etwas wird ihnen vorenthalten, weil die Verantwortlichen selbst keine Ahnung davon haben oder weil sie sich gegen dieses Wissen sperren.
Was sich in den letzten Jahrzehnten hier auf dieser Terra abspielt, spottet jeder Beschreibung. Die Staaten konzentrieren sich hauptsächlich auf die regellose Vernichtung aller Menschen und der gesamten Existenz dieser Terra. Was niedere Charaktere im Einzelnen aushecken und anstellen, findet bei den Obrigkeiten noch stärker statt.
Noch nie ist mir eine Belehrung so schwer gefallen, wie es diesmal der Fall ist. Die irdische Situation unter den Aspekten der Harmagedonschlacht hat sich so zugespitzt, dass wir Santiner vor einem gewaltigen Entschluss stehen, den wir selbst noch nicht fassen können. Schon allein die Bagatellisierung unserer Besuche ist ein Problem, das unsere Mission sehr erschwert. Zu leicht lässt sich das Volk durch seine unaufrichtigen Führer beeinflussen. Diese Menschheit, die uns so große Sorgen macht, findet nicht den vernünftigen Weg aus einer Sackgasse. Es gibt nur zwei Möglichkeiten: entweder einen

Weg, der zum Frieden führt – oder einen Weg, der zur restlosen Vernichtung dieser Terra führt. Ein konsequenter, absolut vernünftiger Weg kann nur der Weg zum Frieden sein. Doch die Verhaltensweise dieser Menschheit zeigt, dass sie sich nicht für die Vernunft entschließt, denn sie ignoriert die sichere Möglichkeit, den Weg zum Frieden.
Ob man an meine leibhaftige Existenz glaubt oder nicht, ob man meinen Worten Glauben schenkt oder nicht, ich warne euch im Namen jenes unvorstellbar großen Geistes, der das Universum geplant und ermöglicht hat. Meine Worte sind wichtiger als die ‚Zehn Gebote' am Berge Sinai. Die Erdenmenschheit lebt nicht mehr auf einer beispiellos schönen Terra, sondern auf einem tätigen Vulkan, dessen Ausbruch jeden Augenblick erfolgen kann. Was sich eure Technik und Wissenschaft erlauben, ist heller Wahnsinn, denn die Zerstörungsabsichten nehmen den größten Raum in eurer Existenz ein. Die Masse der Erdenbevölkerung weiß zwar etwas von eurer Kriegführung, sie kennt eure Bomber und Panzer, eure Granaten und Atomwaffen, aber das alles nur in einem sehr beschränkten Umfang. Was auf diesem Gebiet wirklich entwickelt und hergestellt wird, ist der Öffentlichkeit nicht bekannt. Sorglos schläft man auf einer Zeitbombe, deren Explosionszeitpunkt unbestimmt ist. Ein solches politisches Desinteresse ist mir unbegreiflich. Es besteht überhaupt kein Bildungsdrang. Die meisten Menschen leben einfach in den Tag hinein und denken nur daran, wie sie sich noch besser amüsieren können. Das allgemeine Bildungsniveau ist erschreckend. Auf allen bekannten Wissensgebieten und in allen Bereichen der Technik wird Enormes geleistet. Die Erdenmenschheit hat in dieser Hinsicht einen großen Schritt nach vorn getan. Aber infolge geistiger Dunkelheit sind damit die Gefahren für diese Menschheit ins Unermessliche gestiegen. Für diese großartige Entwicklung auf der materiellen Ebene fehlt vollkommen die geistige Reife. Mit einem Wort: Dieser Menschheit ist das Feu-

er in die Hand gegeben, als wenn man einem Kleinkind die Streichhölzer zum Spielen überlässt.
Ich werde mich bemühen, in eurer Sprache klar zu machen, was bei euch falsch ist. Ihr werdet diese Belehrung vielleicht als eine böswillige Kritik auffassen. Ihr werdet einwenden, dass ich mich irren könnte. Dazu möchte ich sagen, dass wir Santiner auf einem Stern leben, der eure Fehler und Irrtümer bereits seit Jahrtausenden überwunden hat. Wir leben durchaus harmonisch, zufrieden und in großem Wohlstand, sowie in absoluter Gesundheit. Das ist wohl eine gute Referenz, mir zu vertrauen. Ich weiß, was man von mir denkt. Ihr traut meinen Worten nicht und haltet sie für eine Erfindung erdenmenschlicher Phantasie. Eine imaginäre Figur wie zum Beispiel der Osterhase oder der Klapperstorch. Weit gefehlt! Die Art meiner geistigen Verbindung ist nicht maßgeblich für eine derartige Kritik, weil ihr absolut nichts davon versteht. Okkulte Phänomene sind für euch so genannter Quatsch.
Man hat durch Fehlentwicklung bedeutende Wissensgebiete verkümmern lassen oder ihre Weiterentwicklung verhindert. Ihr würdet es vernünftig finden, wenn ein außerirdisches Raumschiff auf einem großen Flugplatz landete, eine Abordnung vom anderen Stern dann um gastliche Aufnahme bitten und danach sich mit den irdischen Experten der systematischen Weltzerstörung, mit den Heuchlern, Verrätern, Besserwissern und Atheisten unterhalten würde, um den Frieden auf dieser Welt herzustellen. Dazu kann ich nur sagen: Absolut unmöglich! Wir sind informiert. Wir wissen, was man in einem solchen Fall vorhat. Wir sind nicht willens, in die Höhle des gefräßigen Löwen zu gehen. Wir verhandeln auch nicht mit unreifen Atheisten. Wir pfeifen auf eine geheuchelte Freundschaft. Wir würden überhaupt kein vernünftiges Gespräch führen können, weil ein solches noch nicht einmal unter euren Volksvertretern möglich ist.

Ich bin zufrieden, dass ich überhaupt eine Kontaktstelle zur Verfügung habe, die es mir ermöglicht, mich verständlich zu machen. Ich lege großen Wert auf die Veröffentlichung, ganz gleich in welcher Form dies auch geschehen mag. Die Hauptsache dabei ist, dass sie von einigen Menschen zur Kenntnis genommen wird. Doch diese werden die Verantwortung auf sich nehmen müssen, dass diese Worte nicht erstickt werden. Außerdem haben wir noch andere Schwierigkeiten, so dass wir den spirituellen Kontakt zunächst noch vorziehen. Auch ihr würdet diesen Weg bevorzugen, wenn ihr ihn beherrschen würdet. Also streiten wir uns lieber nicht über die Art der Verständigung, sondern wenden uns lieber dem Inhalt dieser Verständigung zu. Auch hier entscheide ich mich im Sinne der Einstellung, zwischen der Wahl von zwei Möglichkeiten, bei der immer die sicherere maßgebend ist. An sich müssten wir Santiner unsere Besuche einstellen, weil es unter aller Würde ist, sich mit Menschen abzugeben, die eine Bezeichnung ‚Mensch' nicht verdienen. Wer dem Widersacher solche Dienste erweist, ist ablehnenswert. Eine spirituelle Verständigung hatten wir auch mit den Hirtenkindern von Fatima. Wir wissen jedoch, dass derartige einfache Kontakte heute nicht mehr ausreichen, um euch zu warnen. Der Intellekt der Kinder reicht für derartige Botschaften nicht aus. Wir brauchen die besten Instrumente (Medien; Anm. d. Hrsg.), die wir ausfindig machen können. Bisher hat der Mediale Friedenskreis Berlin diese Aufgabe verhältnismäßig gut gelöst.
Natürlich muss man auch jene Botschaften berücksichtigen, die wir im Laufe der Jahre offenbart haben. Ich sehe mich einer ungewöhnlich schweren Aufgabe gegenüber, und zwar einer Feindschaft, die aus Irrtümern, falschen Dogmen, Traditionen und Erziehungsmethoden herrührt. Ebenso schwierig ist es für mich, wenn ich behaupte, dass alle Religionen dieser Welt zum größten Teil einen Unsinn darstellen, der nicht zu begreifen ist. Auch in diesem Falle sind es viele Millionen Menschen, die

fanatisch an diesen Lehren festhalten. Die mir gestellte Aufgabe ist verdrießlich. Wenn diese Erde und ihre Menschheit nicht einen so großen Faktor darstellen würde, müsste ich es vorziehen, mich einfach nicht mehr darum zu kümmern.
Sodom und Gomorrha waren nur zwei kleine Flecken auf dieser Terra. Heute hat sich die Situation so verändert, dass die ganze Terra zu einem Sodom und Gomorrha geworden ist. Diese Menschheit musste erst eine technische und wissenschaftliche Reife erlangen, um die Möglichkeiten für eine materielle und geistige Harmagedonschlacht zu schaffen. Jetzt ist dieses Stadium erreicht. Es gibt kein Gebiet, auf dem diese Schlacht nicht bereits tobt. Aber die ganz großen Zusammenhänge sind keinem Menschen klar. Darum will ich euch helfen, damit ihr wisst, um was es hier eigentlich geht.
Niemand versteht die Welt, niemand erkennt ihre wahren Geheimnisse, aber es darf überhaupt kein Geheimnis für euch geben. Ihr müsst wissen, was die Ursachen bedeuten. Ursache und Wirkung, das totale Gesetz, dass niemand ändern kann! Die Wirkung spürt ihr bereits – aber ihr kennt die Ursachen nicht. Bisher ging das Wissen über geistige Zusammenhänge nicht über die Bibel hinaus. Aber dieses Wissen ist zum größten Teil absolut falsch oder falsch interpretiert. Die Bibel wird in der Auflage von vielen Millionen gedruckt und in viele Sprachen übersetzt. Der Irrtum darin wird immer wieder neu verbreitet. Wie klein nimmt sich gegen diese Lügenkampagne die Wahrheit aus. Große Soziologen haben sich damit befasst und sie kamen zu der Überzeugung, dass die Überlieferungen der Bibel keiner Logik standhalten. Die heutige Logik ist durch die Erfahrungen auf dem Gebiet der Technik und der Wissenschaften geschult und verstärkt worden. Schon ein Jugendlicher kann den Ausführungen der Bibel nicht mehr folgen. Er fühlt sich nicht nur belogen, sondern in seiner Ehre gekränkt, dass man ihn für dumm verkaufen will. Er wendet sich der Soziologie zu, obgleich diese von göttlicher Wahrheit Abstand nimmt.

Doch ohne Religion geht es nicht, weil es nur eine Religion gibt, nur eine Wahrheit. Ohne diese Wahrheit gibt es keine menschliche Evolution, kein friedliches Zusammenleben untereinander. Bevor der Mensch seine soziologischen Ansichten überprüft, bevor er soziale Verhältnisse ändert, muss er die ganze Wahrheit kennen – und diese Wahrheit muss seine Religion darstellen, die ihn leitet und ihm die Sicherheit für seine ganze universelle Existenz bietet.
Ich frage euch nun, was habt ihr getan, um euch diese Wahrheit zu verschaffen? Wo sich die Wahrheit in bescheidener Weise gezeigt hat, habt ihr sie erniedrigt und böswillig verleugnet, so wie ihr bereit seid, alle positiven Bemühungen in den Schmutz zu ziehen. Ihr habt keinen Respekt vor Gott oder vor der heiligen Wahrheit, sondern ihr kriecht vor jenen Menschen, denen jeder Anstand und jede Ethik fehlt. Ihr verherrlicht eure Akademiker und Politiker, die von sich reden gemacht haben, obgleich sie das nicht verdient haben. Es genügt nicht, dass die Menschheit einseitig politisch geführt wird. Die Wahrheit gehört zu allen Gebieten des menschlichen Lebens. Unwissenheit, Irrtum und Lüge können euch ein gesundes Leben nicht bieten.
Eine Begleiterscheinung der negativen Entwicklung ist der Kitsch. Wir finden keine passenden Worte für einen Religionskitsch, dessen Verantwortliche über das Seelenheil der Menschheit befinden wollen. Aber der Kitsch macht auch nicht vor den Regierungsvertretern, vor den Botschaftern, Generälen, Fürsten und ihren Lakaien halt. Der Ausputz ist lächerlich und soll die negativen Fakten verdecken. Betrachtet eure Akademiker, eure Justizbevollmächtigten. Schaut nach England und ihr werdet erkennen, was heute noch möglich ist, wenn es sich um einen Kitsch handelt, der die Wahrheit und Würde darstellen soll.
Bei all dieser negativen Verschönerung und Verklärung wissen die Erdenmenschen leider nicht, dass sie den Weisungen der

Hölle folgen, die eine große Macht auf die Gedankentätigkeit der Menschen ausübt. Diese Inspiration verstärkt sich umso mehr, je mehr man sich negativ einstellt. Es ergibt sich somit ein Sympathieverhältnis zwischen dem Widersacher und den negativ gepolten Menschen. Selbst ein Fürst oder ein Regierungspräsident kann zu einem totalen Instrument der Hölle werden, ohne dass ihm diese Rolle bewusst wird.
Unzweifelhaft kann der Erdenmensch die Schöpfung nicht begreifen. Noch weniger, wenn er zu der Feststellung kommt, dass das Universum eine Größe hat, die sich kein noch so intelligenter Mensch vorstellen kann. Aber innerhalb dieser Schöpfung gibt es ein Ordnungsprinzip. Wer gegen dieses Gesetz verstößt, muss mit den Folgen rechnen. Da der Erdenmensch serienweise gegen diese Ordnung verstößt, schafft er Zustände, die ihm nicht gefallen. Darüber hinaus gerät er in eine dauernde Lebensgefahr.
Nun wäre es sehr schön, wenn ein höheres Wesen über diese Zustände wachen würde, um sie zu korrigieren. Eure Religionen weisen auf ein höheres Wesen hin, aber sie können es nicht erklären. Kein Mensch kann sich eine Vorstellung von diesem Gott machen. Aus diesem Grunde wird ein menschliches Wesen erfunden, dessen Gestalt und dessen Bewusstsein dem Menschen so ähnlich ist, dass er es als einen Vater oder als einen Richter anerkennt. Das alles ist Unsinn. Kein Mensch, auch kein Theologe oder Wissenschaftler, kann Gott auch nur annähernd erklären, und niemand hat ihn je gesehen. Aber das Volk der Juden behauptet, dass Moses mit Gott von Angesicht zu Angesicht wie mit einem Freund gesprochen habe. Folglich muss Gott ein Übermensch sein. Auch das ist Unsinn. Moses sprach mit einem Santiner, einem Boten vom anderen Stern, den Moses jedoch für seinen Gott gehalten hat, da er diese Entwicklung einer Technik und Ausstattung nicht begreifen konnte. Außerdem hätte er nie begriffen, dass es Menschen auf anderen Sternen gibt. Hier irrt die Bibeldarstellung erheblich.

Unsere Ahnen haben das Volk Israel unterstützt, das ist wahr. Aber sie haben auch schon andere Völker unterstützt, wenn sie es für angebracht hielten. Die Folgen dieser falschen Darstellungen sind erheblich. Fast alle Religionen haben von diesem Irrtum etwas abbekommen. Es gibt keinen Rechtsanspruch auf eine Bevorzugung, weder durch Gott noch durch andere Wesen.
Unlängst hat eine Universität in Amerika behauptet, dass man mit einem außerirdischen Besuch nicht vor Ablauf von 10 000 Jahren zu rechnen habe. Über so viel Dummheit, die eine berühmte Universität zu erkennen gibt, kann ich nur den Kopf schütteln. Die Folgen, die dann aufträten, wären erheblich und würden auf der Erde das ganze Bild verändern. Folglich setzt man alles daran, diese Wahrheit zu unterdrücken, wie es schon seit Jahrtausenden geschieht. Ebenso sind auch andere Glaubensrichtungen nicht daran interessiert, dass ihre verehrten und geheiligten Wunder in Wirklichkeit ganz anders aussehen. Das schadet dem Prestige des Glaubens, von dem man bedingungslosen Gehorsam verlangt. Die Kirchen verlangen nicht nur Gehorsam für alles, was sie behaupten, sie verlangen darüber hinaus eine völlige Unterwerfung, eine Versklavung des Denkens, aber keine Anpassung, weil sie sich selbst nicht an die Wahrheit anpassen. Jede Unterwerfung ist negativ und jede Lehre, die darauf abzielt, ist auch negativ.
Wenn die Sichtungsprotokolle der Ufologie, wie ihr sie nennt, den Bibelaussagen gegenüber gestellt werden, ergibt sich ein klares Bild, das heißt eine 100 %ige Übereinstimmung, dass unsere Vorfahren diese Erde aus bestimmten Gründen besucht haben. Eine Universität, die das Gegenteil behauptet, entblößt ihre Rückständigkeit in überaus wichtigen Belangen. Aber ich weiß zur Beruhigung, dass es auf der ganzen Welt genug Ufo-Studiengemeinschaften gibt, die genau wissen, dass man unverfroren lügt. Die Menschheit dieser Erde hat keine Vorstellung vom Ausmaß des Lügengewebes, das wie ein riesiges

Spinnennetz über dieser Erde liegt. Aus diesem Netz kann kein Mensch entkommen; er wird eingesponnen, ausgesaugt, vernichtet und kein noch so hoher Führer kann sich davon distanzieren.
Erneuerung kann es nur durch die Wahrheit geben. Zu dieser Wahrheit gehören auch wir. Große Soziologen haben es sich leicht gemacht. Sie haben Gott aus ihrem Sprachschatz einfach gestrichen, weil er nicht zu begreifen und nicht zu erklären ist. Diese Unfähigkeit im menschlichen Denken hat sich auf die ganze Welt ausgedehnt. Man streicht, was zu viel Mühe macht. Mit dieser Taktik kann man aber keinen Allmächtigen aus dem Universum wegschaffen.
Um Gott zu begreifen, muss eine Voraussetzung, eine unerlässliche Bedingung erfüllt werden, und zwar die, dass der Mensch seine eigene Existenz völlig begreift und sie auch erklären kann. Umgekehrt ist das unmöglich, denn man kann nicht Gott begreifen, wenn man nicht einmal den Geringeren erkennt und begreift: den Menschen. Wer sich erkennt und begreift, erst der wird zum Menschen, auf Grund seines Wissens und Denkens. Doch wer sich damit befasst muss wissen, dass er eine Seele ist und ein Bewusstsein hat, das kosmischer Natur ist. Jeder Denk- und Bewusstseinsprozess ist nicht organisch sondern perpetuell, ewig andauernd und universell. Hier finden wir die Gottähnlichkeit. Gott ist ein perpetuelles, universelles Bewusstsein. Es handelt sich dabei um das unvorstellbar große Bewusstsein der gesamten Natur. Wer das nicht begreift, fange ganz von vorn an, aber er lasse die Theologie ganz aus dem Spiel. Schon längst hat die Wissenschaft begriffen, dass alles Leben einer Information folgt. Vom Informator war bisher nie die Rede – aber hier handelt es sich um das Bewusstsein der Natur. Gott lenkt diese Natur und er hat für das Schicksal und für die Freiheit der Menschen eine übersinnliche Organisation geschaffen. Mancher wird es nicht glauben, aber es gibt Wissenschaftler von hohem Ansehen, die offen bekennen, dass sie nur an das

glauben, was sie im Topf sehen. Sie müssen immer erst vor eine vollendete Tatsache gestellt werden, wie z. B. als es sich um das Radio oder um das Fernsehen handelte, ganz egal. Immer war man zuerst dagegen und erst später dafür. Aber die Natur ist ein Topf, der so gefüllt ist, dass sich diese Wissenschaftler die Frage stellen müssten, wer denn diesen Topf gefüllt hat? Nur auf Grund von Gesetzen ohne eigenen Gesetzgeber?

Was Ärzte über Tote reden, möchte ich an dieser Stelle lieber verschweigen, aber sie färben auf die Jugend ab, die eigentlich Respekt vor der Größe der Natur haben sollte. Doch wie weit ist man schon gesunken? Der Darwinismus hat die Betrachtungen über den Menschen ganz gefährlich beeinflusst. Darwin stellte eine Theorie auf und andere Wissenschaftler machten eine Lehre daraus. Weder die Theorie noch die Lehre ist richtig. Da alles aus einem Entstehungspunkt kommt, könnte der Mensch weit auf seine Entwicklung zurückblicken. Die Abstammungslehre halten wir überhaupt nicht für wichtig, da sie den Menschen eher verwirrt als weiter bringt. In seiner Entwicklung hat der Mensch alle animalischen Stufen soweit überwunden, dass er heute ein Wesen darstellt, das hoch über der gesamten Fauna steht.

Den Darwinismus noch ernst zu nehmen wäre falsch. Der Darwinismus wird schon durch die Erkenntnisse über die Information widerlegt. Es ist unmöglich, dass die Information, die in die Entwicklung der Affen gelegt ist, eine Mutation zulässt, die zu einem Nobel-Preis-Träger führt. Der Mensch hat eine eigene, sehr spezielle Information, die für ihn absolut bindend ist. Etwa vorkommende Ähnlichkeiten sind rein zufällig. Das Hirn eines Affen bietet einer menschlichen Seele keine Möglichkeit, sich zu festigen. Wenn der Affe den Menschen in seinen Bewegungen nachahmt, so ist das kein Beweis für eine Verwandtschaft. Auch der Papagei lernt sprechen, ahmt also die menschliche Stimme nach. Selbstverständlich ist die

Menschheit über viele animalische Stufen gegangen, aber sie bildeten Grundlagen für den Menschen, dessen Auftreten auf der Terra und auch auf anderen Planeten lange voraus bestimmt worden ist.
Die menschliche Entwicklung folgte haargenau einer in diese Entwicklung gelegten Information. Die Theorie von Darwin ist nur eine faule Ausrede für das Benehmen des Menschen. Darwin hatte auf den Galapagos-Inseln allerdings die Veränderung in der Tierwelt festgestellt. Aber es ist nicht so, dass sich eine Spezies in eine andere verwandelt. Ein Affe kann sich in viele Arten aufteilen, aber immer sind es Affen, niemals andere Spezies. Käme der Mensch über die Stufen des Affen, wäre es in allen Zeitfolgen möglich, sich mit einem Affen zu paaren und zu vermehren. Diese Unmöglichkeit beweist die Individualität der Spezies.
Der Darwinismus ist eine Ansicht, die in der Wissenschaft tiefe Wurzeln geschlagen hat. Die hohe Stellung des Menschen innerhalb der universellen Fauna wird durch den Darwinismus erheblich diskriminiert. Die Folgen zeigen sich in der Verhaltensweise des Menschen, in seiner Negativität und in seiner Kunstauffassung. Wir distanzieren uns von einer solchen Primitivität.
Der Philosophie ist viel zu viel Bedeutung beigemessen worden, obgleich sie geradezu eine verderbliche Wissenschaft darstellt, die alle möglichen Theorien aus der Luft gegriffen hat, ohne die geringsten Realbeweise zu besitzen. Auf diesem Planeten werden Philosophen für Menschen gehalten, von denen man annimmt, dass ihnen die höchsten Erkenntnisse zugänglich waren. Wenn man zu diesen Philosophen auch Voltaire hinzurechnet, dann zeigt sich deutlich genug, welcher Art diese Philosophen wirklich waren. Wir wissen, dass Voltaire gesagt hat: „Ich fange an, größeren Wert auf Leben und Glückseligkeit zu legen als auf Wahrheit.“ Da jedoch die Philosophie als ein bedeutendes Fach auf den Universitäten gelehrt wird, impft

man diesen himmelschreienden Unsinn der wissbegierigen, unerfahrenen Jugend ein, so dass ihr ganzes Leben davon verseucht wird.
Ich kann euch auch auf andere Philosophen hinweisen, die alles andere als Ruhm verdient haben, aber trotzdem hoch geehrt werden, zum Verderb dieser Menschheit. Euer Philosoph Georges Santajana hat gesagt: „Religion ist menschliche Erfahrung gedeutet durch menschliche Phantasie." Zwar hat er Recht, wenn er damit meint, dass die Bibel mittels der Phantasie falsch gedeutet ist. Aber gerade Philosophen sollten im Sprachgebrauch vorsichtiger sein. Religion ist nicht allein auf menschliche Erfahrung gegründet, sondern auf übersinnliche Inspiration sowie transzendente Phänomene, wie wir hier ein solches praktizieren. Aber Georges Santajana ergänzt seine Darlegungen, indem er behauptet, die Hoffnung auf das Übernatürliche sei ein verzweifelter Versuch und Einsatz der Menschen, deren Glück die tiefste Ebbe erreicht hat.
Aus diesen Zeilen spricht tatsächlich eine bedeutende Unkenntnis auf geistigem Gebiet. Nicht nur die Universitätsverantwortlichen dulden diesen Unsinn und verbreiten ihn weiter, auch die führenden Politiker sind von diesen Worten angetan. Der daraus resultierende materialistische Gedanke hat die ganze Menschheit dieser Terra erfasst und man hat keinen echten Maßstab mehr für die wichtigen Begriffe von Glück und Hoffnung. Alle Menschen sind derart vom Materialismus erfasst, dass sie überhaupt keinen Sinn mehr für etwas Geistiges haben. Sie wollen nur noch dem Leben mehr abgewinnen, als ihnen auf Grund ihrer Entwicklung zusteht. Die Folgen zeigen sich in der ganzen Verhaltensweise der unterentwickelten Völker auf dieser Terra.
Aus dieser Einstellung zum Leben entsteht unweigerlich der Hass, der von Nächstenliebe überhaupt nichts weiß, sie völlig ignoriert. Eine wirkliche Philosophie, wie wir sie auf unserem Stern entwickelt haben, beschäftigt sich speziell mit der spiri-

tuellen Geisteswissenschaft, die für uns die einzig zuverlässige Quelle der Erkenntnis darstellt. Unsere Philosophie beschäftigt sich nicht mit Rassen- oder Klassenunterschieden sondern mit dem Verhältnis, in dem die Menschheit zur großen Welt steht, also nur mit der Kernfrage der großartigen Schöpfungsgeheimnisse: Was ist Gott, die Natur und der Mensch?

Auf dieser Welt leben tausende von hochmedialen Menschen, die sich dieser Gabe nicht bewusst sind und ihre Fähigkeiten nicht in positiver sondern in negativer Weise einsetzen. Da diese medialen Menschen, die sich außerordentlich gut zu menschlichen Werkzeugen eignen, sehr oft hohe Führungspositionen erreichen, werden sie zu einer bedeutenden Gefahr für die übrige Menschheit.

Das alles wird leider nicht erkannt, weil man auf diesem Gebiet zu unerfahren ist. Die akademischen Wissenschaftler, die sich in der Abhängigkeit des Staates befinden, sehen ihre Aufgabe darin, alles Unbekannte anzuzweifeln und nichts anzuerkennen. Sie nehmen dieselbe Haltung ein wie ein gerissener ‚Rechtsverdreher'. Sie suchen sich Erklärungen, und wenn sie noch so unlogisch und haarsträubend sind, nur um die Tatsache nicht anzuerkennen, dass es ein Leben, und zwar ein bewusstes, sehr intelligentes Leben jenseits des Grabes gibt, also eine unmittelbare Fortsetzung unseres Daseins. Diese Wissenschaftler, ich weiß nicht ob sie diese Bezeichnung noch verdienen, finden also eine Erklärung, wie ich sie unlängst vernommen habe: ‚Das sind Steigrohre des Unterbewusstseins. Der Mensch tut etwas, von dem er nicht weiß, was er tut. Aber was er tut, ist hochintelligent und besitzt frei werdende Energien, welche die Materie in Bewegung setzen.' Die allgemeine Dummheit findet entweder Spaß daran oder man ignoriert das Ganze, weil es nichts mit dem Geldverdienen zu tun hat. Selbstverständlich muss sich der Mensch auf seine irdischen Aufgaben konzentrieren, aber leider weiß niemand, welche Aufgaben er hat.

Vor allem soll der Mensch lernen, mit seinen Mitmenschen in Liebe, Eintracht und Frieden zu leben, auch wenn sie von anderer Rasse, Herkunft und Mentalität sind. Die Harmagedonschlacht macht sich auf allen Gebieten bemerkbar. Chaotische Erscheinungen, wie sie in der ganzen Welt auftreten, hängen damit zusammen. Die Menschen können nicht begreifen, warum so viele Unruhen und Gewalttätigkeiten vorkommen. Krawalle und Terroranschläge sind an der Tagesordnung – oder vielmehr an der Tagesunordnung. Völker und Gruppen stört dies oder das. Sie wollen alles ändern und wissen nicht wie. Dabei gibt es keine andere Lösung als die, zur Wahrheit hinzulenken und die heißt: Gott. Aber gerade von dieser Art einer Lösung will man nichts wissen, denn man ist überzeugt, dass es keinen Gott gibt. Die Kirchen werden als überflüssig empfunden. Das tritt erst recht in Erscheinung, wenn man in den wichtigsten Belangen feststellt, dass die größten Väter der Kirche glatt versagen und ihre Unwissenheit preisgeben.
Wer von euch ist bloß auf den so genannten ‚Jüngsten Tag' gekommen. Das ist eine ganz falsche Interpretation der Bibel. Es gibt keinen ‚Jüngsten Tag', das ist Unsinn, denn die individuelle Existenz des Menschen kennt keine Grenzen und keine Zeiten. Jeder von euch und jeder Mensch von einem anderen Planeten hat schon unvorstellbare Entwicklungsabläufe stufenweise hinter sich gelassen. Wenn ihr euch mit dieser Tatsache befasst, wird euch auch die Existenz Gottes und seiner Hierarchie besser verständlich.
Leider ist man auf diesem Stern der Ansicht, dass die menschliche Seele eine Funktion des Hirns darstellt. Die Seele soll sich demnach mit den Funktionen des Hirns entwickeln. Kein Wunder, dass es solche Rückständigkeiten in der Verhaltensweise dieser Menschheit gibt. In den letzten 50 Jahren hat die materielle Entwicklung auf diesem Stern einen Sprung vorwärts getan, der zum Hochmut und zur Selbstüberschätzung geführt hat. Das Verhältnis zwischen Geist und Materie ist der-

art gestört, dass die materiellen Erfolge die Gefahr heraufbeschwören, diese hochmütige, dekadente Menschheit zu vernichten. Kein Mensch würde auf den Gedanken kommen, sich mit solchen Plänen der Zerstörung zu befassen, wenn er umfangreiche Kenntnisse von den Lebensregionen hätte, die noch auf ihn warten. Eure Kriegsrüstungen und eure permanente Kriegführung sind nur möglich, weil die Unwissenheit und die individuelle, das heißt rein persönliche Gesamtexistenz des Menschen völlig unbekannt ist.
Es liegt uns am Herzen, dass ihr nicht nach eurem Hinscheiden vom Regen in die Traufe kommt, denn so wie die Dinge jetzt noch liegen, ist das unausweichlich der Fall. Das Gesetz der Wiedergutmachung wird ewigen Bestand haben, und darum ist es völlig zwecklos, in dieser Hinsicht auf die Gnade des Schöpfers zu hoffen. Ein Gnadenakt kann die größte Dummheit ausdrücken und missbraucht werden. Aber Gott ist die größte Intelligenz und in seinen Entschlüssen unfehlbar. Niemals wird er einem Menschen, der immer versagt hat, sein Vertrauen schenken. Jeder muss seine Rechnung begleichen – und sie wird ihm präsentiert, sogar noch nach Jahrtausenden. Menschen, die noch geneigt sind an das zu glauben, was sie ihr kirchlicher Gottglaube lehrt, spekulieren auf die Gnade Gottes und entschuldigen ihre Handlungsweise mit den Worten: ‚Ich bin ja nur ein Mensch.'
Ihr seid viel zu leichtfertig bei der Aufstellung von Theorien, Dogmen und Vermutungen. Eure Definitionen beruhen in vieler Hinsicht auf ganzen Serien von Irrtümern. Selbstverständlich zieht ein Irrtum den anderen nach sich. Aber das blinde Vertrauen zu diesem Unsinn ist von uns nicht zu begreifen.
Da ihr wenig vom Leben des Menschen wisst, ist euch auch der Tod ein grauenhaftes Geheimnis. Die Angst vor dem Tod wird von den Machtausübenden in ärgster Form missbraucht. Diese Drohung wird unwirksam, wenn die Wahrheit den Schleier von dem Geheimnis zieht und die Wirklichkeit erkennbar wird. Der

Tod ist keineswegs grauenvoll, aber das Leben, das dem Tode folgt, ist sehr unterschiedlich. Es kann sehr gut und auch unbeschreiblich qualvoll sein. Aber diese Aussichten werden in eurer beispiellosen Leichtfertigkeit für Ammenmärchen gehalten. Da man der Kirche mit Recht misstraut, so weigert man sich, derartige Prophezeiungen ernst zu nehmen. Aber die Wissenschaft schweigt dazu oder sie lächelt mitleidig und spöttisch. Schon immer habe ich betont, dass der Theismus eine Naturwissenschaft ist, die zu den Lehren an den Universitäten gehört, aber in ihrer wirklichen Form!

Es wäre noch sehr viel zu sagen. Leider reicht die Zeit nicht dazu aus. Es gibt aber noch ein sehr wichtiges Thema: Das sexuelle Verbrechen an der Liebe macht mir große Sorgen. Die Liebe ist hoch und heilig. Sicher das Schönste und Kraftvollste, was es im ganzen Universum gibt. Doch der Widersacher hat die Liebe zu seinem größten Angriffsziel gewählt. Leider merken die Menschen nicht, was für einen Dienst sie dem Widersacher erweisen. Im Verlaufe der Harmagedonschlacht wird die Liebe in den Schmutz gezogen und die Menschheit ihrer höchsten Ideale beraubt. Eine Geschmacklosigkeit ohnegleichen. Hier muss ich euch mit erhobener Hand unbedingt warnen. In dieser geschmacklosen Verhaltensweise liegt eine unübersehbare Gefahr für die Zukunft der Erdenmenschen. Sehr leicht kommt ihr in die Gefahr, durch gewisse Zeiterscheinungen herabgezogen zu werden. Eine Erniedrigung und Profanierung der heiligen Liebe, die überaus sakral ist, verdirbt den Charakter und die Moral des Menschen in furchtbarer Weise. Diese Entwicklung steht einer Demoralisation durch Alkohol in keiner Weise nach. Aus dieser Verhaltensweise folgt der Zusammenbruch aller Hemmungen, die den Menschen vor schlechten Handlungen bewahrt haben. Die Achtung vor dem anderen Geschlecht kann nicht hoch genug sein! Aber wenn der Anstand und das natürliche Schamgefühl verletzt werden, dann folgt unbedingt der Abstieg der geistigen Entwicklung.

Die Entwürdigung der Geschlechter führt zur totalen Entwürdigung der gesamten Menschheit.
Über diese Menschheit wird Gericht gehalten. Die Erdenmenschen werden nicht geladen. Das Urteil erfolgt in Abwesenheit. Ich bin als Zeuge geladen, wie einige andere auch. Was soll ich aussagen? Was habe ich erlebt und gesehen? Das Urteil steht mir nicht zu. Trotzdem mache ich mir meine eigenen Gedanken. Es ist sehr schwer, von einer direkten Schuld zu sprechen, wenn man weiß, welche Kräfte und geistigen Intelligenzen an der ganzen Situation dieser Menschheit beteiligt sind.
Ich würde dafür appellieren, diese Menschheit nach der Verurteilung einer Bewährung auszusetzen. Christus, euer größter Lehrer vor etwa 2000 Jahren, als die Entwicklung noch nicht so weit fortgeschritten war, sagte aus tiefstem Mitgefühl heraus: „Herr, vergib ihnen, denn sie wissen nicht, was sie tun." Ich sage aus demselben Gefühl heraus: „Großer Geist des Universums, lass deine Milde walten, denn diese Menschheit steht unter der denkbar schlechtesten Beeinflussung durch deinen großen Widersacher. Herr, vergib ihnen, denn sie wissen nicht, was unsichtbar geschieht." Auf eure Theologen ist kein Verlass. Darum wende ich mich nun an jene Menschen, die von ihrem Intellekt Gebrauch machen. Erkennt, was hier auf Erden falsch gemacht wird. Euer Hass gegeneinander ist das Niedrigste, was menschlicher Geist hervorbringen kann. Hört auf, euch zu bekämpfen und zu kränken. Euer Leben ist nicht so kurz wie ihr glaubt, sondern zählt Äonen.

Zweite Rede

Gott zum Gruß und Friede über alle Grenzen! Ihr habt keine Ahnung, wie sehr es schmerzt, eure Lebensweise aus unserer Perspektive zu betrachten. Über zwei Milliarden Menschen werden buchstäblich an der Nase herumgeführt. Wir haben die Möglichkeit, euch gut zu beobachten, und was uns dabei begegnet, ist mit Worten nicht zu schildern. Da erdreisten sich einige Journalisten, über das Übersinnliche oder über ein religiöses Buch zu spotten. Wenn ihr jedoch den Journalisten über eine bestimmte Bibelstelle befragt, so stellt sich heraus, dass er in seinem ganzen Leben höchstens den Einband der Bibel gesehen hat, der ihn aber nicht beeindruckt hat. Trotzdem erlauben sich diese Menschen ein öffentliches Werturteil. Leider steckt das Lachen an. Aus diesem Grunde lacht die Menschheit mit, wenn ein dummer oder gottloser Mensch über eine elementare Wahrheit spottet oder lacht.
Auch wir sind diesem Spott in gleicher Weise ausgesetzt. Jene aber, die über uns und unsere Raumschiffe lachen, haben weder jemals eine Bibel in die Hand genommen, noch je eine Lehre Christi ernst genommen. Ich weiß es ganz genau aus eigener Beobachtung, dass selbst gewisse Priester nicht an unsere Existenz glauben; die zwar Priester sind, aber dennoch nicht aus dem Herzen heraus an Gott und seine Wunder glauben. Diese Menschen sehen zwar etwas Gutes im Glauben, doch leider sehen sie nicht im Glauben selbst die Wahrheit. Überall in eurer Welt begegnen wir der Anmaßung, der Wichtigtuerei und einem beispiellosen Hochmut. Keiner gönnt dem anderen etwas. Überall herrscht Neid und Hass. Ja man geht so weit, dass man dem Nachbarn nicht das Leben gönnt. Das ist euch allen gut bekannt und trotzdem wird nichts anderes unternommen, als dass man ständig neue politische Programme auf-

stellt, welche die Sache nur noch verschlimmern. Euch fehlt die richtige Erkenntnis. Darum müsst ihr in der Erkenntnis leider noch einmal ganz von vorn beginnen.
Alle eure Errungenschaften sind zum größten Teil negativ durchsetzt. Es lohnt sich wirklich nicht, daran etwas zu ändern. Darum beginnt lieber ganz von vorn, auch wenn es eure Religionen betrifft. Eine wahre Religion kann nur eine Konfession haben. Es gibt nur eine Wahrheit, weil es nur einen Gott gibt. Es gibt demnach auch nur ein Ziel und nur einen Weg, der zu diesem Ziel führt. Aus diesem Grund darf es keine verschiedenen Konfessionen geben, denn auf diese Weise entstehen Keimzellen der Zwietracht, die sich zu Keimzellen größerer Kriege entwickeln können.
Ihr macht im ganzen Denken einen großen Fehler. Ihr überschätzt euer eigenes Dasein. Ihr ordnet euch nicht in die Gesetze des Universums ein, sondern ihr wollt etwas Besonderes sein, und zwar der Mittelpunkt des ganzen Universums. Wie entsetzlich ist allein dieser Gedanke, denn tatsächlich ist der ‚Regierungspalast' Gottes dieser Mittelpunkt.
Es gibt ein Gesetz, das ihr nicht beachtet habt. Es lautet: Das Kleinere ist stets im Größeren enthalten. Daher muss sich das Kleinere dem Größeren unterordnen. Ihr aber wollt es immer umgekehrt machen. Der gewöhnliche Arbeiter möchte über den Chef bestimmen. Die kleinere Partei möchte über die größere regieren. Das kleinere Volk möchte die Welt einrennen und die gottlosen Menschen möchten den Widersacher bezwingen.
Ihr wollt alles im Widerspruch zu diesem Gesetz erreichen. Das Universum soll sich der Erde anpassen. Ihr wollt über Gott herrschen. Welch ein Unsinn verdunkelt euren Verstand! – Die elektrische Birne spricht zur Sonne: „Du kannst mir ruhig die Nacht anvertrauen, ich werde dich würdig vertreten“, kann man dazu nur sagen.
Mir graust es bei dem Gedanken, euch von Grund auf belehren zu müssen, denn wo soll ich bei dieser Mission beginnen? Ihr

wollt Gott und sein Universum erforschen und seid nicht fähig, eure Seele zu erforschen. Wir haben die Möglichkeit, hinter alle eure verschlossenen Türen zu sehen und zu hören, was im Geheimen vorgeht. Wir sind gleich den unsichtbaren Seelen, die euch zu jeder Tag- und Nachtzeit umgeben. Auf Grund dieser Erfahrung sind wir zutiefst erschüttert. Uns ist kein anderer Stern in dem von uns erforschten Universum bekannt, auf dem sich so viele Lügen, Falschheiten und Zwietracht abspielen. Die Völker dieser Erde kennen die Wahrheit nicht. Und wir können sie auch nicht voll mitteilen, weil wir unsere Sprecher und Mittler nicht der Verfolgung aussetzen wollen. Doch sei euch allen gesagt, ihr seid zu allem fähig, nur nicht zum Guten. Wir kennen euch nicht erst seit gestern und wir haben das Maß eurer Untaten verbucht. In dieser Chronik steht geschrieben: Es wurden Berge von goldenem Weizen verheizt, während Millionen von Menschen verhungerten. Es wurden viele Tausende von Tonnen Lebensmittel im Meer versenkt, um die Preise hochzuhalten. Es wurden viele Hektoliter Milch in die Gosse entleert und die Sparer wurden um ihr sauer verdientes Geld betrogen. Es wurden Menschen hinter Schloss und Riegel gesetzt, weil sie etwas wussten, was dem Volk verheimlicht werden sollte. Es wurden Zeitungen gekauft und bestochen, um das Unrecht der Reichen und Mächtigen zu verbergen. Es wurde die Feindschaft unter den Kirchenfürsten ausgetragen, um der gewinnbringenden Herrschaft Willen. Es werden viele Millionen Menschen grausam abgeschlachtet, ohne Betäubung, schlimmer als das Vieh, weil eine Gruppe von machtgierigen, eigensinnigen Menschen, die keinen Glauben besitzen, sich mit dem Blut des Volkes selbst verteidigen.
Der Mensch ist keine irdische, sondern eine universelle Schöpfung Gottes, zur Intelligenz geboren. Er ist dazu berufen, das göttliche Universum zu erforschen, zu erkennen, zu erhalten, zu verbessern. Wäre der Mensch dazu nicht fähig, so hätte der Schöpfer kein Universum zu schaffen brauchen. Der Mensch

kann alle Stufen des Universums durchlaufen, nach unten und nach oben, denn er hat die Unsterblichkeit Gottes als Erbgut in sich und kann sich im Laufe von Millionen von Jahren immer wieder einen anderen Körper bilden.
Die göttliche Seele stirbt nicht mit dem Stillstand der organischen Funktionen. Wenn eure Wissenschaft oder eure Theologie diese Zusammenhänge noch nicht richtig erkannt hat, so ist das ein vernichtendes und beschämendes Zeichen bösartigen Nichtwollens und eines verwerflichen Hochmuts. Der Erdenmensch will seit vielen Jahrtausenden seinen Verstand über die göttliche Intelligenz des feste Regeln aufweisenden Universums stellen. Diese Blasphemie ist die kranke Zelle der Erdenmenschheit, deren Heilung durch den Geist Luzifers verhindert wird. Ich sage euch zur höheren Erkenntnis, dass eure Machthaber und eure Spitzenführer der Intelligenz bzw. des menschlichen Intellekts sich in ihrer schwer verantwortlichen Position nicht halten könnten, wenn es nicht so erschreckend viele dumme und gleichgültige Menschen auf dieser Erde gäbe. Der erkenntnislose Machthaber braucht die Dummheit der Masse, denn wenn nur einige wirklich wissende Menschen für die Wahrheit streiten, so sind solche Machthaber schnell allein auf weiter Flur. Doch die Menschen lassen sich viel zu leicht vom Geheule der Massen beeinflussen. Ihnen fehlt das eigene Urteil der Wahrheit und das Empfinden für die wahre Gerechtigkeit. Die Menschheitsführer dieser Erde haben sich einen Nimbus geschaffen, der von der ahnungslosen und unwissenden Mehrheit der Völker bedingungslos verehrt wird, auch wenn sie dabei stirbt.
Für euch ist die Situation äußerst verworren, für uns ist sie sehr klar. Die Mehrzahl weiß nichts von unserer Existenz. Ein kleiner Teil zweifelt an uns. Einige Menschen verstehen uns falsch und ein winziger Rest glaubt an uns. Außerdem gibt es eine Hand voll Leute, die mit unseren Missionen gewissenlose Geschäfte machen. Ihr habt große Feindschaften zwischen den

Rassen und Völkern und außerdem zwischen den Rechts- und Glaubensanschauungen eigener Hautfarbe. Ihr seid sehr gefährlich im Töten und völlig rückständig in eurer Geisteshaltung. Das soll keine Beleidigung sein, sondern nur eine klare Feststellung.
In letzter Zeit taucht immer häufiger die Frage auf, warum wir uns nicht in direkter Weise zu erkennen geben, warum wir nicht landen und euch einfach zwingen, eure Vernichtungsabsichten aufzugeben. Der Grund, warum wir das nicht tun, ist bereits gesagt worden. Wir kennen eure Feindschaft auf allen Lebensgebieten, die euch betreffen. Würden wir uns auf ein solches Wagnis einlassen, würden wir unsere Mission sofort zum Scheitern bringen. Keine Regierung dieser Welt würde uns als Freunde empfangen und begrüßen. Wenige Menschen würden fanatisch ‚Halleluja' rufen.
Als die Menschheit dieser Erde noch längst nicht so kriegerisch ausgerüstet war wie heute, haben unsere Vorfahren bereits derartige Landungsversuche unternommen. Aber jene Erdenmenschen haben schon damals Halleluja gerufen und von unseren Vorfahren verlangt, sich in alle irdischen Kriegshändel einzumischen und die Macht der Raumschiffe der Vernichtung und Eroberung zur Verfügung zu stellen. Wohlgemerkt, so war die Situation vor mehr als 4000 Erdenjahren – und heute ist sie nicht besser sondern weit schlimmer. Wir haben Botschaften aus den USA und auch aus Sowjetrussland empfangen, die uns die Frage gestellt haben, ob wir willens sind, einen Vernichtungskrieg gegen den entsprechenden Feind zu unternehmen bzw. einen solchen Feldzug zu unterstützen. Man will nicht das Reich Gottes errichten, sondern die Macht auf einen Staat konzentrieren. Nur wenige Menschen kennen den Inhalt der Bibel. Nur wenige verstehen ihren wahren Sinn. Wer aber einmal genau darin nachliest, der findet unsere leibhaftige Existenz darin bestätigt. Auch unsere Mission ist völlig klar. Wir sind schon immer die Wegbereiter Gottes gewesen. Doch wenn man

an Gott nicht glaubt, wie soll man da erst an seine Wegbereiter glauben?
Es gibt Menschen auf dieser Erde, und es hat sie schon immer gegeben, die mit der fürsorglichen Liebe und Hilfe Gottes nicht zufrieden sind. Ihre Unverschämtheit in der Forderung geht so weit, dass sie mit dem Stellvertreter Gottes, also mit Christus, nicht zufrieden sind. Nein, ihre Unverschämtheit verlangt, dass Gott selbst auf diese Erde herabsteigt. Diese Unverschämtheit haben einige Medien unterbewusst, unbewusst und bewusst in Worten niedergeschrieben, die sie für göttliche Inspirationen ausgegeben haben. Ich sage euch, dass jene Fanatiker, die an solchen in Gottesworte gekleideten Unsinn glauben, nicht wissen was sie tun. Bevor ihr nicht selbst den Anfang macht, kann euch kaum geholfen werden. Doch ihr fordert viel und gebt sehr wenig.
Nur eine Intelligenz kann ermessen und planen, was für die Erhaltung des menschlichen Organismus notwendig ist. Der ganzen Schöpfung liegt eine genaue Berechnung zu Grunde. Wer aber sollte diese Berechnung aufgestellt haben? Nun, ich weiß, was euer falsches Denken dazu sagt. Ihr nennt es einfach das Wirken der Natur. Gewiss, die Natur wirkt, aber wer steht als Intelligenz über dieser Natur, da eine Natur bekanntlich kein Supergehirn darstellt? Der Mensch behauptet, dass das Bewusstsein unbedingt eine Folgeerscheinung des Hirns sei, also eine Tätigkeit der Hirnzellen. Nun frage ich diese Menschen, wo sind denn die Hirnzellen der Natur, die als Bewusstsein fähig sind, die ganze Schöpfung bis ins Kleinste und Allerkleinste auszuklügeln? Nur ein falsches und oberflächliches Denken macht sich dieses Problem so kindisch einfach. Ihr nehmt das Vorhandensein der Natur mit allen ihren Funktionen zu selbstverständlich. So selbstverständlich ist dieses ungeheure Zusammenspiel durchaus nicht. Ein kleiner Fehler in diesem Wirken – und die Lebensexistenz auf dieser Terra verlischt augenblicklich.

Schön, man kann mit einigen leichtsinnigen oder bösartigen Worten Gott verleugnen. Doch wer auf solche Worte hört, der ist ein gewissenloser Mensch von ausgesprochener Dummheit. Ein normales Denken verlangt, dass der logische Beweis erbracht werden muss, wenn man etwas behauptet. Doch wenn man Gott abstreitet, so ist das eine Behauptung, die den Anspruch auf eine klare Definition und Beweisführung erst recht einfordert. Also wo ist die Beweisführung, dass Gott nicht existiert? Wo ist der Beweis, dass die Natur zu ihrer Existenz keine Intelligenz erfordert? Auch der Mensch hat ein Bewusstsein. Er besitzt eine göttliche Intelligenz. Aber der Mensch könnte kein Flugzeug bauen, keine Atombombe erfinden, wenn er nicht diese Intelligenz vor seinem Schaffen anwenden würde. Die Natur würde von sich aus kein Flugzeug wachsen lassen, sie wäre entschieden auch dagegen, sich mit Hilfe selbst erschaffener Bomben zu vernichten.
Was der Mensch auch plant und schafft, ganz gleich ob er sein Hirn oder seinen Geist dabei anstrengt, er kann nichts ausrichten, wenn er nicht die Intelligenz dabei walten lässt. Betrachtet einmal die unabsehbare Fülle der Natur. Ich sage euch eindringlich, dieser Stern Erde hat eine besondere Fülle der Natur. Wo ist das Hirn oder wo ist der Geist, der die Intelligenz walten lässt, damit die Schöpfung entsteht und auch erhalten bleibt?
Gott hat seine Helfer, die zu euch kommen, auch wenn ihr die Augen zumacht. Wir sind seine Himmelsboten. Schon vor Jahrtausenden bezeichnete man uns als Engel. Wir sind zwar keine geistigen Engel, aber wir sind materielle Engel des Friedens. Unsere Materie ist allerdings etwas leichter, aber sie hindert uns nicht, unsere Mission zu erfüllen.
Ich stelle euch die Frage, wo ist euer Geist beziehungsweise eure Intelligenz, die euch leitet? Ich kann sie nicht sehen und eure Mitmenschen können es auch nicht. Einige Professoren haben sich mit dem Hirn beschäftigt. Aber von Geist oder In-

telligenz war keine Spur zu entdecken. Eure Intelligenz wäre nirgends zu finden, wenn sie nicht durch eure Tätigkeit bewiesen würde. Nicht durch die Tätigkeit, dass ihr Arme und Beine bewegt, sondern durch das Schaffen vieler wunderbarer Werke. Nun, Gottes Intelligenz ist auch nicht direkt sichtbar, aber sie offenbart sich ebenfalls in seinem Schaffen und in seinen wunderbaren Werken. Wo ist da ein Unterschied zwischen dem Geist Gottes und dem Geist des Menschen? Ist der Geist Gottes nicht genau so individuell, genauso persönlich wie eurer?
Nun werdet ihr wohl schon allmählich merken, wie oberflächlich ihr über das Mysterium der göttlichen Existenz nachdenkt. Glaubt nicht jenen Menschen, die da angeben, sie hätten so viel studiert, dass sie besser überlegen könnten als andere Bürger. Dieser Hochmut ist eine teuflische Falle, in welcher sich schon Abermillionen Menschen befinden. Ich möchte nur erreichen, dass ihr dahinter kommt, dass wir es gut mit euch meinen. Wir wollen euch wirklich helfen. Es gibt zunächst keinen anderen Weg als den der kosmischen Belehrung. Ein anderer Weg wäre die Vernichtung, wie in Sodom und Gomorra.
Wir sind aber Engel des Friedens. Wir möchten nicht erleben, dass wir um der Erhaltung des universellen Friedens Willen den unheilvollen Auftrag erhalten, als Engel des Friedens strafend einzugreifen. Die Gesamtschöpfung des göttlichen Universums ist zu intelligent, als dass sie mit einigen Phrasen abzutun wäre. Intelligenz benötigt aber einen tätigen Geist und dieser zeigt sich in der persönlichen Existenz Gottes und seiner Helfer. Wenn aber ein Erdenmensch behauptet, dass das Bewusstsein nur in einem lebenden Organismus, nur in der verweslichen Materie vorkommt, so ist das kein Zeichen einer überragenden Intelligenz, sondern eine bewusste Schmähung Gottes und seiner Werke, weil egoistische Ziele angestrebt werden.
Es gibt auf eurer Terra einige Menschen, welche durch Meditation und Übung den Geist über die Materie wirken lassen. Es

gibt sogar einige, und zwar bewiesene, Fälle, wo der Mensch entrückt wurde. (Das Medium Mirabelli z. B. dematerialisierte sich in Brasilien vor den Augen wissenschaftlicher Zeugen und rematerialisierte sich augenblicklich wieder in etwa hundert Kilometern Entfernung; Anm. d. Hrsg.) Diese Tatsachen sind leider nur wenigen bekannt. Wer davon hört, schüttelt den Kopf und findet es unglaublich. Ich sage euch: Dieses Desinteresse an derartigen Dingen ist ein Wissensfehler, den die Menschheit zu bereuen hat. Diese ablehnende Einstellung bringt euch kaum vorwärts. Was ihr an einem Fortschritt profitiert, nimmt euch größtenteils ein Krieg. Ihr müsst ohne Ausnahme immer wieder durch die geistigen Regionen geschleust werden, für die ihr so wenig vorbereitet seid.

Es ist eine objektive Wahrheit, dass ein so genannter Yogi oder Adept Dinge vollbringen kann, die ihr nur als Zauberei bezeichnen würdet. Trotzdem geht alles ganz normal zu, denn man muss nur die Gesetze kennen und sie dann richtig anwenden. Um uns zu begreifen, fehlen euch viele Erkenntnisse. Das macht alles so unendlich schwer. Wir suchen immer wieder nach geeigneten Vergleichen, doch leider gibt es bei euch in dieser Richtung nur sehr wenige. Um euch begreiflich zu machen, zu welcher Art von Menschen wir gehören, kann ich nur sagen, dass auch wir Yogis oder Adepten sind, allerdings in superlativer Form. Ich hoffe, dass euch das ein wenig ein Begriff sein kann, wie ihr uns zu betrachten habt. So sehr wir aber Adepten sind, so sehr haben wir alle entsprechende Macht, hauptsächlich auf unserem Stern, in unseren Raumstationen, unseren Raumschiffen und im großen All.

Sobald wir in die Nähe dieser Terra kommen, sind wir zunehmend machtlos und wir können uns fast nur auf unsere große Technik verlassen. Aber diese ist auch in eurer Atmosphäre noch vorzüglich. Wir möchten sehr gern mit euch Freundschaft schließen, aber da gibt es eine Grenze. Diese Grenze ist natürlich, aber sie ist gleichzeitig unnatürlich, weil ihr diesen Zu-

stand ändern könntet. Uns trennt das geistige Niveau. Uns trennt eure Rückständigkeit in Bezug auf viele Erkenntnisse, welche die einmalige Stellung des Menschen im Universum betreffen. Wir kommen in der besten Absicht, euch zu helfen. Aber wir werden von euren Machthabern, Führern und Lehrern verspottet und in jeder Weise diskriminiert. Das alles, weil wir zwar Menschen, aber von einem anderen Stern sind, der uns eine andere Lebensweise vorschreibt.
Natürlich sind auch wir organisch, auch von Fleisch und Blut, aber es ist ein anderes Fleisch und ein anderes Blut. Wir atmen außerdem eine andere Luft, für die wir entsprechende Lungen haben. Ihr könnt euch nicht vorstellen, mit welchen Schwierigkeiten wir auf dieser Terra zu kämpfen haben. Noch haben wir dieses Problem nicht ganz gelöst. Aber wir haben Kenntnis, dass ihr eure Technik so weit entwickelt habt, dass ihr für das Universum eine große Gefahr seid. Ihr wollt die Welt vernichten, weil ihr keine Ahnung vom universellen Leben habt. Aus diesem Grunde nehmen wir jedes Opfer auf uns, um euch zu warnen und euch zu belehren. Ich weiß, dass die meisten an unseren Botschaften zweifeln. Ich weiß auch, dass solche Botschaften erfunden wurden und nicht der Wahrheit entsprechen. Aber das alles darf uns nicht hindern, unsere Mission fortzusetzen bis die Morgenröte dämmert. In Liebe und Freundschaft über alle Grenzen.

Eine Grabrede

Wenn ein Erdenmensch stirbt, so ist das für euch ein trauriges, ja schauriges Ereignis. Der Pfarrer hält eine Grabrede, aber die Hinterbliebenen des Verstorbenen stehen weiter vor einem Mysterium, weiter vor einer schrecklichen Ungewissheit und haben keine Ahnung, was eigentlich wirklich geschehen ist. Aus diesem Grunde fühle ich mich veranlasst, auch einmal eine Grabrede zu halten, obgleich ich kein Pfarrer bin. Aber so wollte wenigstens eine Grabrede für die Hinterbliebenen sein, wenn sie der Wahrheit Ehre machen soll:
Liebe Brüder und Schwestern! Ich möchte euch so anreden, weil der Mensch aus der großen Familie der Menschheiten stammt, die im ganzen göttlichen Universum lebt und deren Angehörige in vielen Häusern ihre Wohnung haben. Wir stehen vor dem Sarg eines Menschen und ich frage euch: Was ist geschehen?
Es ist etwas geschehen, was ohne Ausnahme jedem Menschen geschehen wird und seit Äonen von Jahren immer wieder geschehen ist. Es ist ein völlig natürlicher Vorgang, der nichts mit einem Mysterium zu tun hat. Warum dann so erschrocken, wenn es sich um einen derartig natürlichen Vorgang handelt? Kein Mensch, kein Wissenschaftler ist im Stande, diesen Prozess zu verhindern. Wenn der Körper seine Funktion nicht mehr ausführen kann, ist das Werkzeug für die Seele unbrauchbar. Aber es gibt Philosophen und besserwisserische Menschen, die da behaupten, dass Bewusstsein sei an die Materie gebunden. Woher nehmen diese Denker solches Wissen? Doch nur aus einer Vermutung, weil das Bewusstsein sich nicht mehr äußern kann. Wer kann jedoch durch eine Trompete blasen, wenn sie kaputt ist? Wer will deshalb behaupten, dass der Trompeter nicht mehr existiert? Natürlich braucht der

Trompeter ein anderes Instrument, wenn er Töne von sich geben will, es kann sogar ein ähnliches Instrument sein. Einmal wird er wieder eine Trompete in die Hand bekommen und er wird dann dieses Instrument vielleicht noch besser spielen können oder es wiederum vernachlässigen. In jedem Fall ist der Tod ein natürliches Ereignis, selbst wenn es sich um einen Unfall oder um den Ausgang einer Krankheit handelt. Der Mensch wird nicht von Gott abgerufen, sondern die Uhr, also die Zeit ist abgelaufen, weil der Körper nicht mehr funktionsfähig ist.

Die Theologen haben sich allerlei ausgedacht und es der Nachwelt überliefert. Aber diese Überlegungen stimmen nicht, sie sind frei erfunden. Man muss auch beim Tod die Theorie von der Praxis unterscheiden. Die Praxis ist von der Theorie weit entfernt. Wer hat je bewiesen, dass das Bewusstsein zur Materie gehört bzw. dass die Materie das Bewusstsein hervorbringt? Wer will behaupten, dass die Gedanken etwas Sichtbares und Greifbares darstellen, weil ihr eine Schallplatte oder ein Tonband habt? Wo sind die Moleküle oder Elektronen, die das Denken ausmachen? Der Gedanke, der zum Bewusstsein gehört, ist ein fertiges Produkt von Mikrovibrationen, die zum Bewusstsein gehören und die durch ein funktionsfähiges Nervensystem geleitet werden können. Was nützt es einem Menschen, der durch eine Querschnittlähmung an beiden Beinen gelähmt ist, wenn er hundertmal den festen Gedanken in seinem Bewusstsein hervorbringt, das eine oder andere Bein heben zu wollen. Es wird ihm nicht gelingen. Doch wenn er auch seine Beine nicht mehr bewegen kann, wer würde deshalb behaupten, dass der Wunsch, dieser Gedanke, dieser Befehl an die Muskeln und Nerven seiner Beine überhaupt nicht vorhanden sei.

Nun, ich will euch sagen, dass das Bewusstsein ganz vom Körper getrennt sein kann. Es hat seine Existenz auch ohne die Reaktion eines Körpers. Wenn nun bei einem Toten der ganze Körper nicht mehr reagiert, nicht eine einzige Zelle mehr auf das Bewusstsein reagiert, so hat das nicht mit dem Bewusstsein selbst etwas zu tun. Das Bewusstsein ist lebendig, es bedeutet Leben. Darum lebt ein jeder Toter, auch wenn der Körper nicht mehr zur Verfügung steht. Das Bewusstsein kann sich lediglich durch einen unbrauchbaren Körper nicht mehr bemerkbar machen.

Ihr werdet mir entgegenhalten, dass eure Wissenschaftler dieses Geheimnis vom Tode bestimmt geklärt haben müssen, und dass sie das Leben nach dem Tod keineswegs einstimmig bestätigt haben. Wer sagt euch aber, dass diese Wissenschaftler überhaupt fähig sind, eine derartige logische Schlussfolgerung zu ziehen. Dieselben Wissenschaftler setzen ihre ganze Denkkraft für die Vernichtung der Menschheit ein. Sie denken über gigantische Vernichtungsmöglichkeiten nach. Sie spielen der Politik Machtmittel zur Weltbeherrschung in die Hand. Sie bereiten alle Kriege vor. Sie dulden, dass die Menschen gefährliche Gifte missbrauchen. Sie zeigen täglich, dass sie selbst gefährliche Gifte missbrauchen. Sie beweisen täglich, dass sie gefährliche Feinde des Lebens und der gesamten Existenz der Terra sind. Dasselbe blinde Vertrauen, das ihr dem philosophischen Unsinn der Theologen entgegenbringt, die sich ein Dogma nach dem anderen ausdenken, bringt ihr auch den Wissenschaftlern entgegen. Darüber hinaus seid ihr willens und bereit, den Politikern und Soziologen jede Überlegung abzunehmen, weil ihr meint, dass sie logischer denken könnten als ihr alle zusammen. Die Praxis in eurer Welt beweist eindeutig, dass ihr in einer Klemme seid, die zur akuten Weltgefahr ausartet. Die Praxis beweist, dass sich eure verantwortlichen Denker von einem Irrtum in den anderen begeben.

Wer nicht einmal über den Tod positiv Bescheid weiß, der kann auch nicht logisch denken, weil er zwangsläufig in allen Fragen des Lebens zu falschen Resultaten kommen muss. Er kann wohl eine Gemeinheit gegen die Menschen aushecken. Er kann etwas Großartiges erfinden. Er kann rechnen und sich die

Technik oder Naturwissenschaft zunutze machen, aber er kann in letzter Konsequenz nicht die richtige Schlussfolgerung ziehen, weil das Resultat seine ganze bisherige Einstellung zum Leben glatt über den Haufen werfen würde. Der geringste Zweifel an Gott und an das Weiterleben nach dem Tod verurteilt zur Unlogik in allen Daseinsfragen.

Wenn ein Pfarrer eine Grabrede hält, so spricht er selbstverständlich von der Seele des Menschen. Aber ich weiß, dass diese Pfarrer und Theologen überhaupt keine rechte Vorstellung von der Seele haben. Sie sind fast alle der Meinung, dass die Seele beim Tod des Menschen einschlafe und noch nicht einmal träume sondern in tiefer Bewusstlosigkeit verharre. Doch würden, so Gott will, Milliarden von Seelen an einem unbestimmbaren ‚Jüngsten Tag' nacheinander oder vielleicht auch alle auf einmal geweckt. Dann würden in einer ungeheuren Gerichtsverhandlung mehr als die Hälfte in feurige, flüssige Glut getaucht, wo sie ewig schmorten und brodelten, während ein verschwindend kleiner Teil in den Himmel aufgenommen würde, der eine Stätte von unerhörtem Saus und Braus darstellen soll, ein Vergnügen ohne Ende. – Noch schlimmer ist die Vorstellung mancher, die Seelen ruhten neben der Verwesung im Grabe.

Du lieber Himmel! Wenn ihr nur eine Ahnung hättet, was für ein entsetzlich unlogischer Unsinn das ist. Es ist einfach haarsträubend, wie erwachsene Menschen an einen derartigen Unsinn glauben können und ihn obendrein noch fanatisch verteidigen und verbreiten. Die klare Antwort gab euch ein Stellvertreter Gottes, nämlich Christus. Er sagte zu einem Mitgekreuzigten: „Wahrlich, ich sage dir, heute noch wirst du mit mir im Paradiese sein." Natürlich ist das Paradies eine gute Sphäre im geistigen Reich. Da ist von einem ‚Jüngsten Tag' überhaupt keine Rede. Der jüngste Tag ist der Tag des irdischen Hinscheidens. Es ist der feierliche Eintritt in das geistige Leben. Es ist der große Tag der Rückkehr in die tatsächliche Grundkondi-

tion des ganzen Menschendaseins. Das kann und hat auch eure Praxis erwiesen und ist täglich nachweisbar.
Die zurückgebliebenen Rassen, ich meine die Naturvölker in den Urwäldern, sind besser orientiert als die meisten Hochschulprofessoren. Sie wissen von der Existenz auf der anderen Daseinsebene. Sie haben täglich Kontakt mit dieser geistigen Seite der lebendigen Welt. Sie haben nur Angst vor der Rache ihrer Verstorbenen, die sich bei ihnen immer wieder melden. Aber eure Hochschulprofessoren sagen dazu, dass diese Naturmenschen nicht richtig denken könnten und sich diese geistige Seite der Welt nur einbildeten. Aber diese Hochschulprofessoren und Schulgelehrten können diese Einbildung im Hirn nie und nimmer nachweisen. Und damit sind wir wieder bei der bloßen Vermutung. Nur die Praxis zeigt, ob die Vermutung richtig oder verkehrt ist. Zu Abermillionen haben die naturverbundenen Völker die gleiche Erfahrung gemacht, auch wenn sie räumlich weit voneinander getrennt leben.
Die Existenz der Seele mit ihrem Bewusstsein ist in der ganzen Welt und bei jedem Menschen nachzuweisen. Man darf nur nicht den Fehler machen, diese Seele oder das Bewusstsein im Hirn des Menschen zu suchen. Das Hirn ist nur ein stofflicher Leiter zwischen Seele und Körper. Jede Zelle des Hirns reagiert auf ganz bestimmte Vorgänge im kosmischen Bewusstsein des Menschen, oder sie telegraphiert körperliche Reize zurück. Betrachten wir einmal eine große Sekte, die sich ganz und gar auf die Bibel stützt. Ihre Auslegung betrifft den ‚Jüngsten Tag', an dem fast die ganze Menschheit in das Höllenfeuer kommen soll. Diese Sekte hat einen Umfang, der nicht begreiflich ist. Millionen von Menschen glauben bedingungslos diese unsinnige Auslegung, für die es nicht einen einzigen praktischen Beweis gibt. Aber sie glauben nicht deshalb daran, weil sie durch ihre eigene Logik davon überzeugt sind, sondern weil es labile, kritiklose Menschen sind, die einen Frömmigkeitstick haben und sich maßlos vor dem ‚Höllenpfuhl' fürchten, in dem

sie andernfalls einmal schmoren sollen. Sie glauben aus Angst, denn Feuer tut weh. Man weiß, was Brandwunden bedeuten; noch schlimmer, wenn man dabei nicht mal sterben kann. Wir nennen das gemeine Angstmacherei. Wenn der Mensch auf diese Unlogik hereinfällt, dann kann man mit ihm machen, was man will. Man kann ihn sogar zum Fanatiker erziehen und ihn überall einsetzen, weil er aufgrund seiner Unlogik nicht fähig ist, über diese Dinge objektiv zu urteilen.
Ich weiß, dass man meine Erklärungen ebenfalls verdammen wird. Man wird in Kirchenkreisen darüber reden und sagen, dass es Ketzerei aus der Hölle sei. Aber ich appelliere nur an eure Vernunft, und wo diese Vernunft nicht vorhanden ist, da werden auch meine Worte vergebens sein. Ich tue indessen nur meine hohe Pflicht.

Vierte Rede: Das Gesetz des Lebens

Die Unwissenheit aller verantwortlichen Menschen auf dieser Terra ist für unsere Begriffe unfassbar. Wir stehen vor einem unbegreiflichen Phänomen einer einzigartigen Geistlosigkeit. Eure Wissenschaft versteht unter dem Leben den beweglichen Zustand eines Körpers. Da es aber die Bewegung der Atome gibt, so seid ihr heute der Auffassung, dass das organische Leben ein Zustand sei, der mit dem Stoffwechsel zusammenfällt. Euer Irrtum lautet: Das Leben ist mit dem Stoffwechsel untrennbar verbunden. Wenn der Stoffwechsel aufhört, hört auch das Leben auf. Es ist wirklich schade, dass es zurzeit außerhalb unserer Macht liegt, auf eurer Terra einen Lehrstuhl zu übernehmen.

Ein weiterer Irrtum besteht darin, dass eure Wissenschaft annimmt, das Leben sei zeitlich begrenzt. Wir haben darauf allerlei zu erwidern. Gerade auf dem Gebiet der Lebensforschung hat es bei uns die größten Fortschritte gegeben. Nur auf diesem Wege war es uns möglich, im Universum so Fuß zu fassen, dass die größten Entfernungen von Stern zu Stern überbrückt werden konnten.

Die Kenntnis der Gesetze des Lebens ist die erste Voraussetzung für eine große Raumschiffreise. Ihr erforscht das Leben, indem ihr testet, was ein belebter Körper aushalten kann bzw. wie er unter gewissen Einwirkungen reagiert. Ich will versuchen das Leben zu beschreiben.

Die Bezeichnung ‚Leben' kennzeichnet in Wirklichkeit einen Zustand. Dieser Zustand ist perpetuell, das heißt er hört nie auf, er ist universell. Gott ist perpetuell. Und da der Mensch ein Teil dieses Zustandes ist, so ist auch er unsterblich. Es ist falsch zu sagen, dass ein Körper lebt. Jeder materielle Körper ist an die Gesetze der Erschaffung, das heißt an die langsame

und schwere Vibration gebunden. Diese Vibrationsfrequenz ist nicht konstant; sie ändert sich unaufhörlich. Ein materieller Körper kann überhaupt nicht leben, er kann sich nur bewegen. Selbst ein ‚toter' organischer Körper, der Eiweißzellen enthält, kann sich noch in totem Zustand bewegen. Diesen Versuch kennt ihr durch den galvanischen Reizeffekt am Frosch.
Dem Leben wird ein organisches Werkzeug zur Verfügung gestellt. Das Leben regiert dieses Werkzeug, solange es benutzbar ist. Seele und Leben sind ein Zustand. Der Stoffwechsel macht das Werkzeug, den Körper, für eine gewisse Dauer benutzbar. Wenn der Körper nicht mehr benutzbar ist, werden die Kopplungsfrequenzen voneinander getrennt und das perpetuelle Leben verliert den Kontakt mit der Materie.
Das Leben ist keine Bewegung sondern eine Energie, welche Bewegung hervorrufen kann, ohne sich dabei zu verbrauchen, denn sie ist perpetuell. Das Leben wird nicht aus dem Haushalt der Materie gespeist. Es erhält seine perpetuelle Kraft aus dem feinstofflichen Universum, das heißt aus kosmischen Strahlungsbereichen. Das Leben ist unzerstörbar, selbst als ein individuelles Teilchen. Man kann also ein Leben nicht auslöschen, sondern nur eine Trennung zwischen Leben und Materie auslösen. Doch der Mensch soll nicht das trennen, was Gott durch die Inkarnation zusammengefügt hat; das heißt der Mensch soll seinen Bruder nicht töten!
Die Verwandtschaft des Menschen erstreckt sich nicht nur auf die eigene Sippe sondern auf das ganze Universum. Diese Verwandtschaft aller Menschen miteinander wird durch die gleichen Anlagen und Intelligenzfähigkeiten bewiesen. Durch die Bewegung der Materie wird das Leben sichtbar. Dabei seht ihr nicht das eigentliche Leben – niemals die Energie – sondern nur die Bewegung des Körpers bzw. seiner Teile und Glieder. Beim Tod hört diese körperliche Bewegung auf. Die Energie aber bleibt, nur mit dem Unterschied, dass sie keinen materiellen Organismus mehr bewegen kann. Ein toter, nicht mehr

gebrauchsfähiger Körper ist nicht mehr belebt. Doch die Atome, welche den Körper bilden, befinden sich noch in Bewegung und in Veränderung.
Bei der Geburt eines Menschen bringt die Seele des Menschen die ihr zugeteilte Lebensenergie mit in den vorbereiteten materiellen Körper, das heißt er wird belebt. Beim Tod eines Menschen nimmt die Seele die ihr zugeteilte Lebensenergie aus dem materiellen Körper mit heraus. Das Leben steht somit der Seele weiter zur Verfügung, nur mit dem Unterschied, dass nun kein materieller Körper bewegt werden kann, weil die Verbindung fehlt. Euer Irrtum besteht darin, dass ihr vermutet, eine Seele könne nach dem Tod eines Körpers nicht mehr weiter existieren. Jede Seele existiert auch nach der Entkörperung weiter, weil sie noch dasselbe Leben besitzt wie vor dem Tod. Diese perpetuelle Lebenskraft ist ein unübertragbares Eigentum des geistigen Menschen. Der geistige perpetuelle Mensch ist zugleich das Leben. Nur in der Inkarnation verliert er sein bisheriges Bewusstsein, das er sich für sein irdisches Dasein neu aufbauen muss.
Im geistigen Körper ist das Bewusstsein ohne die Materie tätig. Während einer Inkarnation ist das Bewusstsein an die Materie gebunden, weil das Leben dann auch an die Materie gebunden ist. Außerhalb einer Inkarnation ist das Bewusstsein an die Seele gebunden, weil die Seele mit dem Leben identisch ist. Auch das Bewusstsein ist unsterblich, es kann nur zeitlich unterbrochen werden.
Wir Santiner unterscheiden mit einer sehr genauen Definition den geistigen Menschen vom materiellen Menschen. Der geistige Mensch ist eine Schöpfung, die ihr Seele nennt, die ihr aber nicht genau definieren könnt. Der materielle Mensch ist ein organisches Gegenstück, ein Abbild, das nur eine Benutzung des geistigen Menschen zulässt, soweit das möglich ist. Während der geistige Mensch das Bewusstsein und den Willen sowie alle Sinneswahrnehmung in sich vereint, ist er während

der Benutzungszeit des materiellen Menschen den Gesetzen der Materie unterworfen. Er kann in diesem Zustand nur mit Hilfe der materiellen Organe von den geistigen Eigenschaften vollen Gebrauch machen. Der Stoffwechsel speist dabei nicht das Leben sondern nur die Funktionen und Eigenschaften des materiellen Körpers, zu denen auch magnetische und elektrische Impulse gehören. Wenn die Seele, das heißt der geistige Mensch, denkt oder empfindet, so sendet das materielle Hirn elektromagnetische Impulse aus. Diese haben nicht direkt etwas mit den Empfindungen oder Gedanken und Begriffen zu tun. Es sind nur Reflexe, die aus der Erregung der Seele herrühren, da die Seele dem Körper angeschlossen ist.

Das Leben gehört zum geistigen Menschen und ist mit diesem untrennbar verbunden. Diese Energie kann verschieden stark sein. Sie ist individuell und perpetuell. Aus diesem Grund ist der geistige Mensch unsterblich. Er kann niemals getötet werden. Will man jedoch das Leben stärken, so kann man die Seele, das heißt den geistigen Menschen stärken, denn dieser gibt die Lebenskraft an den Körper ab. Die materielle Ernähung betrifft nicht den geistigen Menschen sondern nur die Funktionsfähigkeit der organischen Materie.

Während der Dauer einer Inkarnation des geistigen Menschen nimmt dieser im materiellen Körper Platz. Er beseelt und belebt ihn zugleich. Das Leben gehört immer zur Seele, zum geistigen Menschen und nicht zum materiellen Menschen. Wenn die Funktionen des materiellen Menschen aufhören, so hört nicht das Leben des Menschen auf sondern nur der Kontakt zum lebenden geistigen Menschen, der nun wieder frei ist. Aus diesem Grunde ist es eine verabscheuungswürdige Theorie, wenn behauptet wird, dass das Bewusstsein an die Materie gebunden sei, ohne die Behauptung in der richtigen Form zu erweitern.

In Wirklichkeit ist das Bewusstsein an den geistigen Menschen gebunden, aber der geistige Mensch ist mit allen seinen Eigen-

schaften während der Inkarnation an die Materie gefesselt. Sie ist das irdische Gehäuse der Seele zum Läuterungs- und Entwicklungsprozess des universellen Menschen. Wenn die Wissenschaft hierüber keine klare Erkenntnis gewonnen hat, so liegt das daran, dass sie sich durch die Funktionen der Materie hat täuschen lassen. Trotz all dieser auf Täuschung beruhenden Theorien gibt es aber nicht einmal in der empirischen medizinischen Wissenschaft der Terra eine Theorie oder maßgebliche Erklärung für die Phantasie oder geistige Planung, noch weniger für die Genialität. Aber man erdreistet sich, den Menschen als eine Laune der Natur hinzustellen. Nicht Gott, sondern ein blinder Zufall habe ihn erschaffen. Alle irdischen Universitätswissenschaften sind an die unsichtbare Fakultät des Atheismus angeschlossen, dessen Lehren den Tod verewigen.
Das Gesetz des Lebens kennt keinen Unterschied zwischen den Rassen, Völkern, Stämmen und Religionen. Das Gesetz des Lebens erstreckt sich nicht allein auf diese Terra, sondern ist im ganzen Universum gültig. Wenn der Mensch gegen dieses Gesetz verstößt, so trifft ihn auch die Strafe, indem er in seiner Entwicklung unvorstellbar rückläufig wird. Zum Universum gehören alle existierenden Regionen, auch die welche vom Erdenmenschen nicht wahrgenommen werden können, weil er noch nicht in diese Entwicklungsstufe gehört. Nähert er sich dieser Stufe, so ist es möglich, dass er Wahrnehmungen hat, die über das normale irdische Maß entsprechend hinausreichen.
Noch vor kurzer Zeit war man auf der Terra der Ansicht, dass der Erdenmensch im Mittelpunkt des ganzen Universums stehe. Diese Ansicht, die besonders von den Kirchen vertreten worden ist, kennzeichnet die enorme Unfähigkeit höheren Denkens. An der Größe des Universums gemessen verschwindet die Terra wie ein Stäubchen in einem Atompilz. „Ich bin größer als du“, sagt die Ameise zum Menschen, weil sie nicht richtig denken kann.

Meine Kundgebungen unterscheiden sich in keiner Weise von den Belehrungen, die von meinen Vorfahren an das Medium Mose gegeben worden sind. Diese Offenbarungen, welche ich euch überbringen darf, sind nur eurer heutigen Entwicklung angepasst. Ich weiß jedoch, dass die großen Kirchen meine göttlichen Offenbarungen nicht so leicht verdauen werden. Sie passen genauso wenig in ihre selbstherrliche Besserwisserei, wie es bei den Israeliten am Berge Sinai der Fall war. Doch der Universalgeist lässt sich seine Offenbarungen durch keinen Menschen vorschreiben. Jeder Mensch hat das Recht zu leben, ohne dabei in Gefahr zu geraten, durch einen anderen getötet zu werden. Es gibt keine Entschuldigung für die Feindschaft und Verfolgung von anderen Rassen und Völkern. Jede derartige Feindschaft, jedes derartige Missverstehen ist entwicklungswidrig.

Der geniale Schöpfer hat die Verschiedenartigkeit der Völker und Rassen bestimmt, damit die Menschen voneinander lernen, sich zu ergänzen und vor allem sich zu lieben und zu verstehen, nicht damit sie sich in gegenseitigem Hass umbringen. Jeder Menschheitsführer der Politik oder der Wissenschaft handelt gegen diese gottgewollte Entwicklung, wenn er die Menschen außerhalb der Grenzen seines Landes hasst oder verachtet. Es gibt keinen Weltfrieden ohne die Liebe der Menschen untereinander. Das Gesetz des Lebens bevorzugt keinen Menschen. Nur der Mensch selbst verändert diese Situation. Die außerirdische Gerechtigkeit gleicht auch diesen Fehler aus.

Die irdischen Staatsführungen haben sich allesamt von der Aufgabe religiöser Belehrungen getrennt. Sie überlassen das angeblich in toleranter Duldsamkeit den Kirchen und Glaubensrichtungen. In Wirklichkeit haben sich diese Staatsführungen nicht nur von der Aufgabe getrennt, sondern überhaupt von jeglichem Glauben an eine Verantwortung in einem überirdischen Dasein. Dabei stützen sie sich bereitwillig auf die negativen Lehren und Erkenntnisse einer mutmaßenden Philosophie

und auf die Trugschlüsse der Wissenschaft. Sie sind aber auf dem falschen Weg, wenn sie glauben, dass dieses Vertrauen in die Wissenschaft berechtigt sei.
Auch die Spitzen der Menschheit sind ein Opfer dieser Gutgläubigkeit. Die Wissenschaft denkt gar nicht daran, einen derartigen Irrtum einzugestehen. Das Prestige geht über die Wahrheit. Es ist durchaus nicht notwendig, in geistigen Belangen irgendwelche Theorien aufzustellen oder sich in fragwürdigen Vermutungen zu verlieren. Die außerirdischen Intelligenzkräfte sorgen für die zutreffenden Belehrungen. Ihr braucht diese Hilfe nur anzunehmen. Solltet ihr euch einmal danach richten, so wird diese Intelligenz und die universelle Erfahrung in einem Maß zu euch kommen, wie ihr es noch nicht ahnen und ermessen könnt.
Schon zu biblischen Zeiten wurde euch so manche Belehrung gegeben. Es ist nicht die Absicht einer außerirdischen Hierarchie, euch in Unwissenheit jener Dinge zu lassen, die wegen ihrer Entfernung oder geistigen Art schwer zu erfassen sind. So wurde euch auch die gewaltige Majestät Gottes erklärt. Ebenso wurden euch seine Gesetze überbracht, die allein den Fortschritt und eine Entwicklung möglich machen. Ihr habt Kunde vom Widersacher und seid immer vor ihm gewarnt worden. Wenn aber die Schlauberger, die sich Philosophen nennen, alle diese Hilfen als erlogenen Unsinn oder als menschliche Gehirnentgleisungen darstellen, so ist das ein Zeichen geistiger Rückständigkeit.
Außerdem steht euch eine geistige Welt zur Verfügung, die euch, richtig angesprochen, jederzeit hilft, wenn der Wille zum Fortschritt ehrlich ist; das heißt wenn die Absichten edel sind und dem Weltenplan Gottes entsprechen. Diese Hilfe ist die enge Verbindung mit dem Leben einer übergeordneten Welt. Sie hat viele Möglichkeiten der Verständigung; bei der medialen Verständigung Christi angefangen bis zur Vollinspiration

eines Künstlers. Diese Möglichkeiten werden leider nicht ernst genommen sondern verspottet.
Vor allem ist es aber das Verschulden eurer Kirchen, die derartige Hilfen verdammen und sie euch sogar verbieten. Haben euch diese Kirchen den Frieden gebracht? Sie können es nicht, wenn sie die Engel des Friedens als Dämonen bezeichnen und uns fürchten. Die Geisterwelt ist auch für uns die einzige objektive Quelle der göttlichen Wahrheit. Sie ist das unsterbliche Leben und der Beweis einer höheren Ordnung. Christus war einer der Unseren. Er war ein Santiner, ein Engel des Friedens, der auf dieser Terra in die Inkarnation ging. Darum heißt er auch Friedensfürst. Unsere Vorfahren haben seinen Namen auf diesem Stern angekündigt und bekannt gemacht. Er stand mit dem Intelligenz-Kosmos in ständiger Verbindung. Er war hellhörig, hellsichtig und überaus magisch begabt. Sein ganzes Leben war eine einzige Verbindung mit den Kräften, die das Universum regieren.
Aber eure besserwisserischen Menschen lachen nicht nur über gute und böse Geister, sie verspotten uns in jeglicher Weise und stecken mit ihrem dummen Gelächter leider ihre vielen Mitmenschen an, die mit ihnen schuldig werden. Doch Christus sprach: „Ich will meinen Vater bitten, dass er euch einen anderen Beistand senden möge." Diesen Beistand habt ihr bekommen. Wir sind zu seiner Bestätigung da. Es gibt keinen Zweifel an unserer Existenz, und wir bezeugen die Existenz der Geisterwelt und die unantastbare Existenz Gottes.
Welch eine Blasphemie zu sagen, der Mensch war im All, aber er hat keinen Gott gesehen. Wie wollt ihr Gott erkennen, wenn ihr nicht einmal fähig seid, seine Wahrheit zu erkennen und seine Gesetze anzunehmen und zu befolgen? Warum zeigt er sich nicht? Weil er der reinste Geist im ganzen Universum ist. Ebenso rein sind seine Vernunft, sein Wissen und seine Macht. Er missbraucht diese Macht nicht für böse Zwecke. Er baut da

auf, wo andere niederreißen. Er heilt dort, wo andere Wunden schlagen. Er lehrt da, wo andere Lügen verbreiten.
Wir sind seine bevollmächtigten Diener und als Engel des Friedens bereiten wir den Frieden vor, dort wo der Hass den Verstand der Menschen blendet. Euer Wissen soll nicht auf Theorien beruhen sondern auf den Belehrungen und Offenbarungen einer überirdischen Intelligenz. Ich sage euch warnend: Der marxistische Sozialismus ist aus einem grenzenlosen Hass geboren. Der Begründer hasste eine Klasse und darüber hinaus hasste er die gesamte Religion. In der letzten Konsequenz hasste er alle Priester und zugleich Gott. Es gibt aber bei uns einen Sozialismus, der aus der Liebe geboren ist, aus der Nächstenliebe und der grenzenlosen Liebe zu Gott.
Die Entstehung eurer Religionsbegriffe ist beängstigend. Die Aufzeichnungen des Alten Testaments sind keinesfalls richtig und fördernd. Sie stellen vieles als ein Wunder dar und geben der Gottheit ein durchaus falsches Gesicht. Wir haben euch bereits erklärt, dass die Santiner mit einem Raumschiff zum Berge Sinai gekommen sind, um die Himmelsgesetze zu überbringen. Ebenso waren es die Raumschiffe unserer Vorfahren, die das Meer geteilt haben. Das ständige Hin und Her eurer jüdischen Rassenfragen beruht zum größten Teil auf einer völlig falschen Auslegung und Aufzeichnung des Alten Testaments. Der Gott Israels ist der Gott aller Menschen im Universum. Seine Gesetze betreffen nicht nur eine Rasse sondern die ganze Menschheit im unendlichen Universum. Sie wurden euch durch ein Weltraum-Strahlschiff gebracht. Niemals hat Gott je ein Blutvergießen gebilligt. Sein Name wird in vieler Weise missbraucht. Die Grenzen des israelischen Volkes sind nicht von Gott oder einem Santiner am Euphrat festgelegt. Der Gott der Juden ist auch derselbe Gott der Mohammedaner und Christen. Gott macht keine Unterschiede zwischen den Menschen, sondern gibt ihnen den Körper, den sie für ihre Entwicklung am besten gebrauchen können. Was ihr Rassen nennt, sind

Entwicklungsstufen, die sich gegenseitig ergänzen sollen. Ein hoch gebildeter und hoch zivilisierter Europäer kann manches von einem Buschmann lernen. Gleichzeitig ist er aber der Lehrer der unterentwickelten Menschen. Er soll jenen hauptsächlich durch Belehrung und gutes Vorbild helfen, so wie wir es mit den für uns unterentwickelten Erdenmenschen tun.
Lehrt die Unwissenden zuerst das Gesetz des Lebens, damit sie nicht allein das Gesetz verehren sondern das Leben, die göttliche Energie. Verehrt das Leben und huldigt nicht dem Tod. Der Lebensgeist wird durch Gott erhalten, die Materie durch die Kraft der Sonne.
Statt einer einzigen wahren Religionsgemeinschaft gibt es auf eurer Terra mehr als zweihundert. Jede davon ist fanatisch gegen die andere und glaubt, der Wahrheit letzte Schlussfolgerung zu besitzen. Doch der Weisheit allerletzte Schlussfolgerung ist: Ihr habt von Gott und seiner Schöpfung überhaupt keine rechte Ahnung. Was euch an Wahrheit aus außerirdischer Quelle gegeben worden ist, wurde größtenteils vernichtet. Was davon übrig geblieben ist, wurde gefälscht oder arg entstellt. Kein Volk der Terra soll sich einbilden, besser zu sein als das andere. Gut und Böse sind auf alle Völker, auf alle Staaten verteilt. Keine Rasse hat Anspruch auf besondere Anerkennung. Ihr alle seid noch in der Entwicklung und ihr befindet euch in einer gefährlichen Entwicklungskrise, die euch deutlich vor Augen führen müsste, wie wenig euer Leben wert ist, wenn ihr nicht einmal wisst, was das Leben wirklich bedeutet.
Wüssten eure verantwortlichen Führer auf allen Gebieten, welche Wahrheiten ihnen vorenthalten werden, sie würden einen erbitterten Krieg gegen die akademische Wissenschaft führen, welche seit Generationen Gott und die Unsterblichkeit des geistigen Menschen verleugnet und ihre Lügen durch fadenscheinige Definitionen und Theorien erhärten möchte. Sie wissen nur allzu gut, dass die Kirche nicht fähig ist, ihnen dieses bösartige Handwerk zu legen. Sie nennen es bereits heute ‚Tri-

umph der Wissenschaft': der Mensch als Roboter und Automat. Hätte uns nicht der Universalgeist zur Hilfeleistung aufgerufen, so wäre der Terra von diesen Führern längst ein schändliches Ende bereitet worden. Doch noch steht der Engel der Wahrheit bereit.

Fünfte Rede

Gott zum Gruß und Friede über alle Grenzen! Obgleich ich in bester geistiger Verfassung bin, ist es mir auf diesem Stern fast unmöglich, mich zu materialisieren. Ich bin gezwungen, mich spirituell zu verständigen. Das ist nicht außergewöhnlich, denn eine solche Verständigung gibt es schon seit Menschengedenken. Betrachtet mich daher als einen abgesandten Engel Gottes. Ich bin sein untertänigster Diener, aber meine Liebe zum Menschen ist ebenso groß wie die Liebe zu meinem Vater, dem Schöpfergeist Gott.

Ein aufschlussreiches Bibelgleichnis

Dem Zweifler empfehle ich, einmal in eure Heilige Schrift zu schauen. Wenn auch vieles daran falsch ist, so enthält sie dennoch manche ewige Wahrheit. Ich möchte daher eine wichtige Bibelstelle richtig stellen, und zwar im 1. Kapitel des Propheten Hesekiel: Erscheinungen der Herrlichkeit des Herrn als Raumschiff der Santiner. Mit besserem Wissen hätte Hesekiel das Folgende berichten müssen.
„Ich war unter den Gefangenen am Wasser Chebar. Plötzlich teilten sich die Wolken. Ein heftiger Sturm begleitete ein Raumschiff, das feuerglühend durch die Wolken fuhr. Das gewaltige, walzenförmige Weltraumstrahlschiff war durchsichtig wie grünlicher Kristall. Ich sah, dass sich Menschen darin bewegten, denn ich konnte ihre Silhouetten wahrnehmen. Es waren Gestalten wie ich. Sie hatten jedoch glänzende Schuhe an den Füßen, die mir unbekannt waren. Als ich sie näher betrachtete, sah ich, dass sie Helme auf dem Kopf trugen, die das Gesicht freiließen, aber nach hinten und an den Seiten symbolische Einprägungen hatten, die Tierköpfe darstellten. Ihre Arme

waren unter einem merkwürdigen Umhang verborgen, der ebenfalls hell und metallisch glänzte. Hoben sie den Umhang empor, konnte man Arme und Hände darunter gut erkennen. Plötzlich lösten sich vom Mutterschiff mehrere radförmige Ufos, welche zur Erde hernieder schwebten, aber etwa drei Meter über dem Boden blieben. Das Material dieser Raumschiffe leuchtete wie heller Türkis. Auch bei ihnen konnte ich die Silhouetten der Piloten sehen. Einige ließen sich nicht davon abhalten, das Raumschiff zu verlassen. Sie blieben jedoch immer in der Nähe ihrer Raumschiffe. Wenn sich diese Menschen fortbewegten, so erschien es mir wie ein Gleiten. Die Ufos machten alle ihre Bewegungen mit, ohne sich dabei zu drehen. In der Mitte dieser Diskusse befand sich ein größerer Raum, der ebenfalls rund war, aber mehrere Bullaugen hatte. Die kleinen Raumschiffe verursachten einen sehr heftigen Wind, so dass die Umhänge der Menschen wie Flügel gegeneinander klatschten. Außerdem hörte ich ein Rauschen im großen Mutterschiff, wie von einer starken Turbine. Innen waren die Raumschiffe sehr hell erleuchtet, wie von Leuchtröhren. Ich konnte daher auch den Dienst habenden Chefpiloten auf seinem Führersitz gut erkennen. Er wurde durch das Armaturenbrett angestrahlt. Um die Raumschiffe herum flackerte ein Elmsfeuer von großer Intensität. Diese elektrische Fluoreszenz war so stark, dass sie auch in Erscheinung trat, wenn sich zwei dieser Piloten unter einem Raumschiff begegneten oder sich die Hände reichten; dann sprangen die elektrischen Blitze von einer Hand zur anderen. Als mich einer dieser Fremdlinge ansah, fiel ich vor Ehrfurcht und Angst lang auf die Erde nieder, denn er war überirdisch schön. Als ich so dalag, sagte jener freundlich zu mir: „Menschenkind, stelle dich wieder auf deine Beine und habe keine Angst vor mir. Wir wollen dir nichts tun, aber wir haben mit dir zu reden. Wir haben hier eine Schriftrolle. Was auf der geschrieben steht, kannst du leider nicht lesen. Aber ich lese es dir jetzt alles vor, und du sollst sehr gut aufpassen, damit du alles in dir behältst. Wir wollen dich zu unserem Sprecher machen." Nachdem Hesekiel den Inhalt der Schrift einigermaßen verdaut hatte, wurde er in sein Amt genommen. Die Magnetkraft eines Ufos hob ihn von der Erde auf, so dass ihm Hören und Sehen verging. Aber das Raumschiff ließ ihn nicht fallen, sondern brachte ihn an den Ort, wo er seine Mission als Verkünder der Worte Gottes beginnen sollte."

Soweit eine Berichtigung eurer Heiligen Schrift, der Bibel, liebe Freunde auf dieser Terra. Ihr könnt alles vergleichen. Mit eurem heutigen Verstand, der schon viel von der Technik begreift, werdet ihr diese Bibelstelle besser verstehen. Hiernach dürftet ihr jedoch keine Zweifel mehr daran hegen, dass Gott Intelligenzen zur Verfügung hat, die er zu euch schickt, damit ihr nicht in völliger Unwissenheit bleibt. Diese Begebenheit vollzog sich schon vor ein paar tausend Jahren. Und wenn auch diese Zeit vergangen ist, ohne dass ihr viel davon gelernt habt, so ist Gott doch unermüdlich in seiner Hilfe. Er hat seine Organisation aufgerufen, euch diese Hilfe zu bringen. Eben auf diesem Wege kommen wir auch heute noch zu euch, um die göttliche Mission fortzusetzen. Darum mache ich es wie meine Vorfahren. Ich sage zu meinem prophetischen Sprecher: „Du, Menschenkind, schreibe alles genau auf, was ich dir jetzt sage, denn ich habe dringend mit der ganzen Menschheit zu reden."

Unsere Vorfahren haben mit dem Propheten Moses gesprochen. Moses hätte nie über Dinge berichten können, von denen weder er noch die damals lebende Menschheit dieser Terra eine Ahnung, noch viel weniger eine Selbsterfahrung hatte. Seine Berichte an die Israeliten waren Geistesgut, das von einem anderen, höher entwickelten Stern zur Terra gebracht worden war. Dieses Wissen wurde leider durch niederträchtige, egoistische Priester und Machthaber zum Teil vernichtet oder verfälscht. Jedenfalls kann ich euch sagen, dass mindestens zwei Drittel der Bücher Moses verfälscht worden sind.

Vertraut auf Gott

Trotz der schweren gegenwärtigen Weltkrisen rufe ich dieser Erdenmenschheit zu: „Vertraut mehr auf Gott, denn diese Terra steht unter seinem persönlichen Schutz." Wir sind aufgerufen, dieser Menschheit in vielen dringenden Fällen zu helfen. Wir haben abermals keine Weltraumfahrten von vielen Lichtjahrentfernungen gescheut und wir umkreisen seit Jahren diesen Globus, um zu erkunden, wie wir die göttliche Hilfe am besten in Gang bringen können. Die Intelligenzen anderer Sterne des Universums besitzen eine ewige Wahrheit. Sie ist die wahre Bibel, nach der sie sich richten. Doch die Erde macht davon eine Ausnahme. Sie ist ein Entwicklungsexperiment des Schöpfers. Sie ist ein Verbannungsort widerspenstiger Menschen, die eine so schöne Terra überhaupt nicht verdient haben. Aber sie sollen durch schwere Selbsterfahrung zur Einsicht kommen. Trotzdem bleibt euch die göttliche Hilfe nicht versagt. Ihr bekommt sie auf allen möglichen Wegen. Es liegt aber bei euch, sie entsprechend anzunehmen und zu eurem Aufstieg zu benutzen und zu sichern. Glaubt nicht, dass uns diese Art der Überbringung leicht fällt. Glaubt nicht, dass die Verbreitung wenig Mühe macht. Es liegt bei euch, das Bekanntwerden dieser ewigen Wahrheit zu beschleunigen, damit der geistigen Entwicklung auf dieser schönen Terra nichts im Wege steht.

Philosophien sind gefährliche Gedankenspiele

Die Entwicklung auf diesem Stern hat in den letzten 50 Jahren einen gewaltigen Fortschritt gemacht. Diese enorme Entwicklung führte aber zu dem Irrtum, dass das menschliche Wissen nun ebenfalls einen solchen Fortschritt zu verzeichnen habe. Das ist leider nicht der Fall. Wohl hat der Mensch bessere Erkenntnisse auf vielen Gebieten der Naturwissenschaften und

der Technik. Aber die höheren Erkenntnisse sind davon ausgenommen. Im Gegenteil, man hat das wichtigste Gebiet völlig vernachlässigt, so dass kaum ein Irrtum in dieser Richtung beseitigt worden ist.
Für einen außerirdischen Menschen ist es unfassbar, in welch geistiger Umnachtung diese Erdenmenschen leben. Ich muss es leider in diese harten Worte fassen: Die Erdenmenschheit ist ein Schandfleck im ganzen Universum. Ich werde mich von ganzem Herzen bemühen, die Fehler aufzuzeigen und sie entsprechend zu berichtigen. Aber ich weiß auch, wie schwer es für euch sein wird, an die Stelle des verewigten Irrtums die ewige Wahrheit zu setzen. Es gibt Menschen, welche über dies oder das ernste Überlegungen anstellen. Was sie dabei herausgefunden haben, nennt ihr Philosophie. Wenn es euch gefällt, so reiht ihr diese Gedanken in eure Wissenschaft ein, die dann als ein bedeutender Wissensschatz aufgehoben und gelehrt wird. Doch diese Gedanken sind irdisch und durch nichts bewiesen. Sie führen in die Irre und lenken den Geist des Menschen in völlig falsche Bahnen. Ich warne euch daher: Lasst die Hände von der Philosophie. Sie ist ein gefährliches Gedankenspiel, das nicht den Tatsachen entspricht. Weiter warne ich euch vor allen heiligen Schriften der Erde, denn sie enthalten alle entscheidenden Irrtümer, die euch weit vom Ziel abdrängen.

Die Beweise werden erbracht

Nun, wenn ich so tief in eure angeblichen Schätze eingreife, so muss ich meinen Standpunkt auch beweisen. Darum will ich euch unterweisen, an was ihr glauben könnt und was ihr vernichten sollt. Auf diese Weise wird ein heiliges Testament entstehen, das zwar sehr kurz ist, aber dafür die erhabene wirkliche Wahrheit darstellt, an der es nichts zu rütteln gibt, weil sie aus dem Zentrum des göttlichen Universums stammt. Diese Wahrheit kommt von uns Santinern, so wie sie euch schon einmal am Berge Sinai gebracht worden ist. Doch damals, zu Moses Zeiten, hatte die Menschheit dieser Terra noch zu wenig Erfahrung, als dass sie das Mysterium einer Offenbarungsüberbringung aus dem unendlichen Weltall hätte begreifen können. Wir sind mit technisch vollendeten Weltraum-Fernschiffen aus unvorstellbarer Entfernung zu euch gekommen, um euch diese Offenbarung zu überbringen. Infolge Unwissenheit betrachtet ihr die außerirdische Wahrheit als irrational. Den wenigen Erleuchteten schenkt ihr kein Gehör, weil ihr sie für dumm und fanatisch haltet.

Der Schöpfungsablauf

Es hat nie ein Nichts gegeben. Aber es gab einmal einen materielosen Zustand. Im Zentrum des Alls lebt seit Äonen eine gewaltige Intelligenz, die sich aus einem Zustand laufend entwickelte. Es ist der ewige Geist Gottes. Er schuf ein geistiges Reich und bevölkerte dieses mit seinen Kindern, die er entwickelte und denen er das Leben schenkte. Als es sich erwies, dass die geistigen Wesen ihre eigene Schöpferkraft missbrauchten, da wurde in unfassbar langer Zeit die Materie geschaffen. Sie entstand als ein Energiekern von unvorstellbaren Ausmaßen. Als Gott es für richtig hielt, zerbarst dieser Kern in einer Riesenexplosion und streute die flüssige, feurige Materie in das ganze All aus. Es entstand das Grundbild des materiellen Universums. Die abgekühlten Teilchen, die Atome, wurden durch den durchdringenden Geist Gottes befehlsempfänglich gemacht. Sie verhalten sich so, wie Gott es ihnen befohlen hat. Jede Zelle ist befehlsempfänglich und wird gezwungen, das zu tun, was befohlen worden ist. Es können ganze Serien von Zellen zusammengefügt werden, und sie alle wissen, was für eine

Aufgabe sie zu erfüllen haben, obgleich sie kein eigenes Bewusstsein besitzen. Sie handeln intuitiv. Die inzwischen zu unvorstellbarer Größe angewachsene geistige Welt arbeitete an Plänen, die entstandene Materie nach dem Vorbild des geistigen Reiches zu gestalten. Um die vorhandene Materie weiter formen zu können, benötigte der Geist des göttlichen Menschen einen Körper, der ebenfalls zur Materie gehört. Die Inkarnationen erfolgten, als nach unendlichen Versuchen die Möglichkeit geschaffen war. Dieser Zeitpunkt war die Vollendung der Nerveneiweißzellen und des menschlichen Hirns.
Die biblische Darstellung von Adam und Eva ist eine menschliche Phantasie, die nicht den Tatsachen entspricht. Die Menschheit wurde nicht auf der Erde ins Leben gerufen; sie erlebte ihre Erstinkarnation auf einem anderen Stern. Die gesamten Inkarnationen der Menschen und Tiere auf diesem Stern Erde erfolgten zu einer Zeit, da für solche Grundmaterialisationen genügend Stoff vorhanden war, der nunmehr fast restlos aufgebraucht ist.

Vom Ziel der Schöpfung

Die Menschheit ist unsterblich. Jeder Mensch ist unsterblich. Nur die Materie ist in ihren Formen vergänglich. Es gehört zur Entwicklung jedes Menschen, dass er zeitweise einen Entwicklungsprozess in der Materie durchzumachen hat. Die Darstellung vom Baum des Lebens, vom Apfel und der Schlange ist menschliche Phantasie im Rahmen einer symbolischen Philosophie. Diese Darstellung stammt von Priestern, die nach einer Erklärung suchten. Sie hat nicht mehr Wert als eure übrige negative Philosophie.
Gott hat seine Aufgaben verteilt. Diese Verteilung ist restlos abgeschlossen. Die nunmehr tätige, verantwortliche Organisation Gottes umfasst viele Milliarden von hervorragend begab-

ten und erfahrenen geistigen Genies mit hoher Schöpferkraft und Macht. Gott selbst ist kein Richter. Seine Gesetze sind so vollendet und weise, dass sich der ganze Ablauf im geistigen Reich und im Reich der Materie sinnvoll vollzieht, sofern der Mensch nicht böswillig dagegen anrennt. Jedes Vergehen straft sich selbst. Jede gute Tat belohnt sich selbst. Nur der Zeitpunkt lässt sich nicht bestimmen. Die Vielzahl der Menschen ist dazu bestimmt, sich zu einem Ganzen zusammenzufügen und sich gegenseitig Unterstützung zu leisten. Das alles verfolgt das Ziel, dem göttlichen Plan entsprechend zu dienen und den Plan der Schöpfung zu vollenden. Jeder einzelne Mensch ist wichtig. Wie wichtig er im Plan Gottes ist, kann kein Mensch bestimmen.

Das Erdenleben als Schule

Das Leben in der Materie ist gewissermaßen ein Ausnahmezustand, der zur Ertüchtigung dient. Das Leben in der Materie ist eine Schule. Das wirklich reale und große Leben vollzieht sich in der geistigen Dimension, die kein Mensch umgehen kann. Mit dem Hinscheiden aus dem materiellen Leben kehrt der Mensch in seinen natürlichen Zustand zurück, der ihm ungeahnt größere Möglichkeiten auf allen Gebieten gibt. Eine Auferstehung verwesten Fleisches gibt es nicht und wird es auch nie geben, weil es nach den Gesetzen Gottes nicht möglich ist. Eine Reinkarnation in einem neuen Fleische ist möglich und geschieht nach festgelegten Gesetzen.
Die Existenz des geistigen Reiches ist euch nicht verschlossen. Berührungspunkte befinden sich in allen Teilen der Terra. Ganz Asien, die Südsee, Australien, Afrika, Südamerika, Nordamerika und alle europäischen Länder, ja die ganze Welt hat millionenfach täglich Kontakt mit dem Übersinnlichen, das

unglaublicherweise von angeblichen Wissenschaftlern als Halluzination und krankhafte Einbildung hingestellt wird.

Nicht verdammen, sondern richtig stellen

Die Bibel ist eine Schrift, durch die des Menschen Blut in Strömen fließt. Sie ist absolut kein Warnschild für den gefährlichen Unverstand politischer Macht, die bereits in Wahnsinn ausartet. Die Bibel ist der gewaltige Antrieb kommunistischer Freiheitsbewegungen. Menschliche Logik verdammt den Inhalt dieser ‚Heiligen Schrift' in den Abgrund. Sie ist eine verzerrte Darstellung einer erhabenen Wirklichkeit. Ich gebe zu, dass die testamentarischen Funde echt sind. Diese Aufzeichnungen wurden tatsächlich zu biblischen Zeiten und zu Zeiten der ersten Christen gemacht. Aber diese Aufzeichnungen enthalten dennoch nicht die Wahrheit, weil kein Mensch damals fähig war, die objektive Wahrheit zu erkennen. Die völlig unnormale Scheu und Ehrfurcht vor diesen Schriften ist nicht angebracht und führt euch am erhabenen Ziel Gottes vorbei.
Ein Mensch kann sämtliche Religionen der Welt studieren, doch er ist deshalb noch lange kein Weiser. Ein Mensch kann Unmengen von geistigem Unsinn in sich aufnehmen und er entfernt sich immer mehr von der Objektivität und Wahrheit. Ein Irrtum soll nicht lediglich verdammt werden, wenn man ihn als solchen erkannt hat. Ein Irrtum soll berichtigt werden und um seine Richtigstellung muss man mit Hilfe aller Logik bemüht sein. Ohne Logik zu denken ist unverantwortlich. Die Erdenmenschheit hat sich angewöhnt, in Phrasen zu denken und zu antworten. Ihr könnt vieles denken und doch nur wenig wissen; aber ihr könnt auch wenig denken und dabei sehr viel wissen. Nur aus der Logik heraus darf der Mensch ein Urteil wagen. Aus der Logik heraus muss der Mensch seine Intelligenz in Anspruch nehmen. Intelligenz lässt sich nicht erlernen.

Intelligenz ist Genie. Verfügst du über das Genie, so werden dir viele Türen geöffnet. Genialität ist eine Gabe Gottes; sie ist ein Teil der Intelligenz Gottes. Aber die bibeltreuen Menschen sind anderer Meinung; sie sind nicht gewillt, ihre Logik in Anwendung zu bringen. Woher soll die Logik kommen, wenn die Intelligenz dazu fehlt?
Den Erdenmenschen fehlt die richtige Gedankenschulung. Ihr müsst euch mehr Fragen stellen, die ihr euch selbst beantwortet. Oder ihr solltet euch Gedanken machen, an die ihr euch später genau zurückerinnern könnt. Es ist für uns unglaublich, wie oberflächlich bei euch gedacht wird. Darum verliert ihr auch jede Kontrolle über euch selbst. Ihr habt keine eigene Meinung über euer Dasein und über das göttliche Universum.

Sind Kriege von Gott gewollt oder gebilligt?

Aus diesen Gründen ist es euch nicht möglich, den Unsinn in der Bibel zu erkennen, aber ebenso seid ihr unfähig, die darin verborgene Wahrheit zu erkennen. Die Bibel droht von Anfang bis zum Ende mit dem Tod. Der Mensch soll angeblich wegen diesem und jenem sterben. Gott aber droht keinem Wesen mit dem Tod. Das Leben ist nach seinen Gesetzen heilig und vollzieht sich auch nach diesen Gesetzen. Ganz gleich von welcher Seite eine solche Drohung kommt, sie ist und bleibt negativ und hat nichts mit Gott und seiner Organisation zu tun. Dennoch berichtet die ‚Heilige Schrift', dass sich die nach Tausenden zählenden Stämme Israels unter der Schutzherrschaft Gottes mit dem blutigen Schwert bekämpften. Diese Kriegsgräuel im heiligen Lehrbuch der Erdenmenschheit ist eine ausgesprochene Blasphemie, der wir mit allem Ernst entgegentreten.
Wenn der Mensch kämpft, so tut er das aus eigenem Antrieb oder er wird von anderen Menschen dazu gezwungen. Kein menschliches Blutvergießen hat mit Gott und seiner Organisa-

tion etwas zu tun. Es gibt Priester, welche der Meinung sind, dass ein Krieg von Gott geduldet oder gewollt sei, um die Menschheit zu erziehen. Wir schütteln nur den Kopf. Kein Wunder, dass man dann die Frechheit hat, die Kanonen zu segnen. Der Mensch handelt in völlig freier eigener Verantwortung und die Organisation Gottes lässt alles geschehen, womit nicht gesagt ist, dass das negative Verhalten der Menschen gebilligt wird. Für alle Vergehen gegen die Gesetze Gottes sind für jede Seele die Folgen unvermeidbar. Sie besteht in der Eingruppierung in die entsprechenden Sphären. Der Mensch kommt dahin, wohin er aufgrund seiner Entwicklung und Denkart gehört. Mit dem Tod wird der Mensch geistig nicht anders als er schon vorher war. Der Tod ändert weder den Charakter noch seinen bösen Willen. Es ist ein Unglück für euch, dass ihr bis heute weder eine universelle Religion habt, noch einen universellen Glauben, denn eure Führer auf allen Gebieten haben keine Ahnung von der gewaltigen geistigen Wirklichkeit. Sie ist keineswegs abstrakt, sondern der objektive reale Kern der universellen Existenz ist die Unsterblichkeit.
Das Alte Testament schildert blutige Kriege, die zu jenen Zeiten mit Erbitterung geführt worden sind. Gott soll oberster Kriegsherr gewesen sein, mit den Siegern gegen die Besiegten. In fortlaufenden Kriegsberichten werden die politischen Gegensätze geschildert, die nichts mit Gott oder einer Religion zu tun haben. Das ist keine geeignete Belehrung für die Menschheit. Sie hat nichts mit Glauben und Religion zu tun.

Von der Allmacht Gottes

In einigen Fällen steht etwas von einem Zusammentreffen von Propheten mit ‚Gott' geschrieben. Auch das ist ein Irrtum, denn sie sprachen niemals mit dem Urgeist. Entweder spricht ein Medium mit den Wesenheiten der geistigen Dimension

oder ein Medium hat Kontakt mit uns Santinern. Moses sprach mit Santinern. Er sprach mit dem Führer eines großen Weltraumstrahlschiffes. Er wurde wochenlang belehrt und war Gast im Raumschiff, das er für Gottes Wohnung hielt. Was jedoch in den Büchern Moses berichtet wird, sind keinesfalls die Belehrungen, die er von den Santinern empfangen hat. Die Wahrheit wurde von Priestern vernichtet und die Lücken durch priesterliches Denken ersetzt. Immerhin ist noch erkennbar, dass sich die Besatzung des Raumschiffes um Moses und sein Volk ernsthaft bemüht hat. Nicht erkennbar ist die Tatsache, dass unsere Vorfahren für Gott und seine Hierarchie missioniert haben. Moses glaubte damals, dass er bei Gott zu Gast gewesen sei, denn mit seinen geringen technischen Erfahrungen konnte er ein solches Weltraumschiff nicht begreifen.
Eure Situation ist zu allen Zeiten schlimm gewesen. Der völlige Mangel an objektivem Wissen in allen göttlichen Belangen hat jeden wirklichen Fortschritt zur wahren Menschlichkeit verhindert. Auf welche tatsächlichen Erfahrungen kann eure Religionswissenschaft zurückblicken? Es steht fest, dass die Menschheit an etwas glauben soll, wofür es keine Erfahrung gibt. Dazu gehört vor allem die Allmacht Gottes, seine Macht über den Menschen, seine Macht über das Zeitgeschehen, seine Autorität über alles, was auf Erden geschieht. Dieser Glaube, der von euren Priestern seit eh und je unterstützt wird, ist ein entsetzlicher Irrtum. Ich will ihn berichtigen: Die Allmacht Gottes gilt durch den zwingenden Verlauf seiner eigenen Gesetze nur bedingt. Dazu kommt der fortlaufende Kampf des Ungeistes und seiner Heerscharen, welche die Allmacht Gottes ebenfalls einschränken. Hinzu kommt das Gesetz, dass der Mensch in allen Fällen seine freie Selbstentscheidung hat. Er kann beeinflusst werden, aber die Entscheidung liegt immer bei ihm selbst. Eher kann ein Mensch durch andere Menschen gehindert werden als durch übersinnliche oder außerirdische Mächte.

Gute und schlechte Inspirationen

Das geistige Reich, welches mit jenen Intelligenzen angefüllt ist, die auf der Terra schon mehrere Daseinszustände in der Materie verbracht haben, kann den Ablauf des Zeitgeschehens nur durch Inspirationen beeinflussen. Es ist kaum möglich, einen Menschen zu einer positiven Tat zu inspirieren, wenn derselbe negativ eingestellt ist. Diese Tatsache könnt ihr durch das hypnotische Experiment beweisen. Ein hypnotisiertes Medium kann zu keiner negativen Tat gezwungen werden, wenn es positiv eingestellt ist. Dasselbe ist auch umgekehrt der Fall. Das sind Experimente mit der Seele. Sie sollten euch aber gleichzeitig beweisen, dass diese Entscheidungen niemals von der Materie getroffen werden können. Sie haben Beweiskraft für die kosmische Existenz der Seele, die nur zeitweise an der Materie haftet. Auch die geistige Daseinswelt kann sich nicht an den Menschen wenden, sondern nur an die Seele. Da der Zustand der irdischen Seelen nicht gerade der allerbeste ist, so mag man sich vorstellen, wie groß der Erfolg der guten Inspiration ist bei dem Versuch, euch zu helfen. Aus diesem Grund ist es erforderlich, dass die Erdenmenschheit von sich aus alle Anstrengungen macht, geistig zu wachsen und geistig zu besseren Erkenntnissen zu kommen.

Gottes Organisation

Gott selbst besitzt keine Autorität über das, was auf Erden geschieht und dem Menschen überlassen ist. Diese Autorität hat Gott auf den Menschen übertragen. – Das sind harte Worte. Sie treffen die Theologie wie ein Schlag ins Gesicht. Doch wo gibt es einen Fall der Erfahrung, dass es anders wäre?
Gott hat ganz andere Aufgaben als diese. Auch das göttliche Wunder wird nicht von Gott, sondern von der göttlichen Orga-

nisation getätigt. Was das menschliche Gesamtschicksal auf diesem Stern betrifft, so gehört diese Aufsicht nicht zur Aufgabe des Urgeistes sondern in den Aufgabenkreis einer untergeordneten Organisation. Es wurden euch Lehrer gesandt, welche die Fähigkeit besaßen, sich mit der entsprechenden geistigen Sphäre verständigen zu können. Also lebt die Erdenmenschheit nicht gänzlich in Unwissenheit. Wenn diese Menschheit, die nur eine unter vielen Tausenden ist, nicht auf diese positiven Lehrer hört, so liegt das am schlechten Willen der Menschen. Ein Generaldirektor eines großen Unternehmens ist auch nicht immer unterrichtet, wenn es in einer Abteilung Streit gibt. Das ist dann Sache des entsprechenden Abteilungsleiters. Auch die Menschheit dieser Terra hat einen verantwortlichen Abteilungsleiter des Universums. Ich bin auch einer dieser Bevollmächtigten. Zwar ist die Terra nicht mein eigentliches Gebiet, aber man hat mich auf Grund vieler Erfahrungen zur Unterstützung herangezogen, weil es hier besonders schlimm zugeht.

Das Dogma der Bluterlösung

Das Neue Testament in eurer Bibel kommt der Wahrheit etwas näher. Aber auch hier gibt es viele irreführende Dogmen, die hinzugesetzt worden sind. Vor allem ist nicht alles wahr, was Christus angeblich gesagt haben soll. Es gibt viele Übertreibungen und das, was Christus wirklich gesagt hat, wird ihm heute anders ausgelegt. Auf keinen Fall handelt es sich bei ihm um den Urgeist, das heißt es handelt sich nicht um Gott persönlich. Das hat euer Christus auch nie von sich behauptet.
Nun begeht die Theologie der Christen eine Ungeheuerlichkeit. Es handelt sich um die so genannte Bluterlösung Christi. Die biblischen Aufzeichnungen behaupten, dass der Messias einen von Gott gewollten und zugelassenen Tod zu sterben gehabt habe, damit die Menschheit von den vielen Sünden erlöst sei.

Über die Fülle eines solchen Unverstandes sind wir Santiner entsetzt. Erstens ist der Ablauf eines menschlichen Schicksals niemals so genau vorgezeichnet, dass der Tod schon festgelegt ist. Zweitens ist Gott für das Leben und nicht gegen dasselbe. Der Tod Christi ist ein Verbrechen und es ist eine Unverschämtheit der Theologie, es so hinzustellen, dass Gott dieses Verbrechen geduldet, ja darüber hinaus es gewünscht habe. Diese Frechheit ist unverzeihlich, denn Gott ist kein Verbrecher, auch nicht aus Liebe.
Da es sich im Falle Christi um einen Abgesandten der göttlichen Aufsicht handelte, beriefen sich die Theologen auf die angenommene Allmacht Gottes. Doch es war ein großer Irrtum, denn Gott holte den sterbenden Gottessohn nicht vom Marterkreuz. Im Gegenteil, er ließ ihn grausam sterben und das zum Spott aller Mitschuldigen. Hierfür musste aber eine Erklärung gefunden werden. Sie lautet nach menschlichem Unverstand: Der allmächtige Gott ließ Christus sterben, damit die Menschheit von den Sünden erlöst wird. Ein unschuldiger Prügelknabe für die ganze Menschheit, die nun jede Verantwortung und jede Rechtsprechung los ist. Ich sage euch mit meiner ganzen Kraft der Eindringlichkeit: „Das ist ein gefährlicher Irrtum, den ihr alle bitter bereuen müsst, wenn ihr von eurer Logik keinen rechten Gebrauch macht!"

Barmherzigkeit und Vergebung

Es gibt keine Bluterlösung. Christus wies euch allerdings einen Weg der Erlösung, so wie ich es auch tue. Einen anderen Weg gibt es nicht. Nur durch besseres Denken und besseres Handeln, nur durch eine Erziehung zum besseren Menschen kann der Mensch seinen Weg in bessere Daseinsstufen machen. Ein Lehrer, auch ein Lehrer Gottes nicht, kann mit seinem Tod keinen einzigen Menschen erlösen, selbst wenn dieser Tod noch so grauenvoll ist. Das ist menschlicher Unsinn. Übrigens wird diese Massenerlösung der Erdenmenschheit eigentlich dem großen Schöpfer zugedacht. Von ihm verlangt man, ohne ihn zu fragen, die Großzügigkeit und irrsinnige Liebe zum bösartigen Menschen. Er soll die Menschheit von allem Übel erlösen, beziehungsweise die gesamte Menschheit ungestraft in den Himmel lassen. Hierzu soll es nur der Reue vor einem Priester bedürfen, ganz gleich ob die Reue echt oder nur geheuchelt ist. Hauptsache, dass der Vergebung suchende Mensch dem Priester seine Untaten beichtet. Wie schwachsinnig ihr in diesem Punkte denkt! Macht einmal von eurer Logik Gebrauch! Ein solcher Gott, der auf diese leichtfertige Weise einen Menschen, der große Fehler begangen hat, bevorzugen würde, wäre ein Idiot!

Diese Tatsache will ich euch einwandfrei beweisen. Nehmen wir an, es gibt einen Menschen, der tatsächlich das Gute will. Er nimmt alle Opfer der schweren Selbsterziehung auf sich. Er entbehrt da, wo andere sinnlos prassen. Er nimmt auf seine Gesundheit Rücksicht und achtet auch die Gesundheit und das Leben seiner Mitmenschen. Er achtet die Arbeit seiner Mitmenschen, tut Gutes und er setzt sich überall da ein, wo das Unrecht überhand nimmt. Er achtet die Schönheit der Natur und heuchelt in keiner Weise vor Gott, sondern versucht mit allen Mitteln der Wiedergutmachung, seine Fehler zu überwinden. Dieser Mensch steigt geistig und schafft sich alle Voraussetzungen für sein zukünftiges geistiges Dasein. Er hat viele Freunde in der jenseitigen Dimension und er gehört in die höheren Sphären, die ihr den ‚Himmel‘ nennt.

Ein anderer Mensch ist nicht willens, diesen harten Weg der Selbsterziehung zu gehen. Er glaubt, dass er im Erdenleben alles mitnehmen muss, was sich ihm bietet. Darüber hinaus denkt er boshaft und verschlagen. Er denkt in Fehlern und er handelt danach. Er kommt durch Rücksichtslosigkeit und Unaufrichtigkeit weiter und beherrscht nach seinem Willen seine

Mitmenschen. Diesem ehrlosen Subjekt fällt es eines Tages ein, dass dieses Leben vielleicht doch zu einer Strafe führen könnte. Er will sich daher auf alle Fälle rückversichern und wendet sich deshalb an die Kirche. Hier erzählt er seine Untaten, die er summarisch in einen Begriff fasst: „Es tut mir leid, ich habe nicht richtig gehandelt." Der Priester spendet Vergebung. – So, was nun? Der ‚liebe Gott' muss eben herhalten. Er soll diesen Taugenichts in seiner unvorstellbaren Barmherzigkeit mit in die höheren Sphären aufnehmen. Er soll das alles einfach übersehen? Welch ein ungeheuerliches Verlangen und welche Rücksichtslosigkeit und Gemeinheit gegenüber allen anderen ehrlich bemühten Menschen, die den schweren Weg der Selbstüberwindung gegangen sind. Nach diesen unglaublichen Methoden, wie sie sich die Theologie vorstellt, würde der Himmel zum Chaos werden. In der gleichen betrügerischen Weise hat man den Martertod des Messias Christus erklärt. Auf Basis des Dogmas, daran glauben zu müssen, existiert die Kirche.

Die Erde steht unter Aufsicht

Ich erklärte euch vorhin, dass Gott selbst nicht mit euch in Kontakt tritt. Er hat seine Organisation für all diese Belange. Und wenn diese geistige Organisation über einen Menschen zu urteilen hat, so wird er beurteilt, das heißt er wird nicht nur von einem Geist, sondern vor einem ganzen Gericht von Geistern beurteilt, aber nicht verurteilt. Es wird ihm ein Weg gewiesen, das in seiner Erziehung Versäumte unter erschwerten Umständen nachzuholen. Das ist die ewige Wahrheit! Das ist die universelle Religion, nach der sich ganze Menschheiten im wunderbaren Universum richten!
Auch wir Santiner gehören mit zur göttlichen Aufsicht. Wir haben allerdings keine Aufgaben, die das jenseitige Dasein

betreffen. Aber wir sind beobachtende Augen der göttlichen Organisation. Wer an diese Aufsicht nicht glaubt, der befasse sich mit dem Phänomen der Ufos, wie ihr unsere Raumschiffe nennt. Vor dieser ganzen Situation stehen nicht nur die irdischen Menschen, sondern in erster Linie wir, die Santiner, denn wir sind die göttliche Aufsicht! Von uns verlangt man die entscheidende Änderung zum Guten. Eure Frage sollte lauten: Was können die Santiner wirklich für uns tun?

Weltuntergang durch Missverständnis

Ein Eingreifen wie zu biblischen Zeiten ist leider nicht möglich, da die irdische Kriegstechnik zu weit fortgeschritten ist. Nur ein kleiner Irrtum genügt, um einen superlativen Weltuntergang heraufzubeschwören. Die atomaren Raketen sind bereits auf ihre zukünftigen Ziele gerichtet. Ihre Flugbahnen sind genau berechnet.

Die irdische Kriegstechnik würde augenblicklich zurückschlagen und eine unvorstellbare Katastrophe und Panik auslösen, wenn wir mit einer Geste andeuten würden, dass wir ein Machtwort reden wollen. Ja, ein Missverständnis könnte den Weltuntergang bedeuten, weil man uns mehr als Feinde denn als eure Freunde betrachtet. Unser Eingreifen jedweder Art, das heißt mit unseren Machtmitteln, wäre die allerletzte aller Möglichkeiten. Ein solches Eingreifen kann nur geschehen, wenn bereits ein Weltuntergang durch euch in Gang gebracht worden ist. Doch ein derartiges Eingreifen würde enorme Opfer kosten.

Der Mut zum göttlichen Wissen

Wir versuchen daher einen anderen, friedlichen Weg. Es liegt in unserer Absicht, das Übel an der Wurzel zu packen, um es

zu beseitigen. Diese Wurzel ist die bei euch übliche und tief sitzende Ablehnung gegenüber einem bewiesenen geistigen Wissen. Die Menschheit hat keine Ahnung von der wahrhaftigen Existenz und Verantwortung. Sie hat keine Ahnung, dass die Seele ein unsterbliches Gebilde ist, weil sie von einem unsterblichen Gott stammt, und dass sie in anderen Dimensionen ebenfalls existieren kann und auch existiert. Die Menschheit lacht und spottet zynisch über eine großartige Wahrheit. Die Folgen sind eure irdischen Verhältnisse und Zustände, die nach Erlösung zum Himmel schreien.
Nun sollte man meinen, dass der Wissende die Unwissenden einfach zu belehren hätte und dann würde alles gut. Leider ist das nicht der Fall. Der Wissende wird genau so verspottet, wie man es mit seinen Behauptungen macht. Man hält ihn keineswegs für wissend, sondern für sehr beschränkt und rückständig. Würde die Erdenmenschheit den Mut haben, das göttliche Wissen zu akzeptieren, so müsste sich im Laufe der Zeit das Negative zum Positiven wenden. Das würde bedeuten, dass wir unsere Mission beenden könnten. Die Menschheit dieser Terra könnte sich allein weiterhelfen.

Geist und Materie sind nicht ausgewogen

Um die Wurzel des irdischen Übels zu beseitigen, muss ich vieles kritisch ansprechen. Zunächst sei mit allem Nachdruck betont, dass die Mehrheit aller Menschen auf diesem Stern noch in einer nicht mehr zu verantwortenden Unwissenheit und Falschorientierung lebt. Diese Dummheit ist eine dunkle Wolke, die sich um den ganzen Globus zieht. Selbstverständlich kann ich meine testamentarische Belehrung und Offenbarung nicht am Ende beginnen. Ich muss euch von Anfang an unterrichten, so wie eure Kinder in der Fibel beginnen. Ich sage euch jedoch bei der Unsterblichkeit meiner von Gott ins Dasein

gebrachten Seele, dass diese Belehrung die reine ewige Wahrheit darstellt, an der nichts mehr zu ändern nötig ist, obgleich die Offenbarung Gottes weiterhin ohne Ende sein wird.
Ich habe nicht die Absicht, eure Wissenschaftler zu kränken. Aber ich muss mich erregen, wie unlogisch mitunter auch das verantwortliche Denken ist. Auf diese Weise werden reale Tatsachen zum Unsinn oder zum Aberglauben gerechnet. Das bringt euch nicht weiter, sondern erschwert eure Lebenslage und im Vergleich zu der gewaltigen technischen Entwicklung bleibt das geistige Wissen weit zurück. Diese Waage steht absolut falsch, sie ist zwischen Geist und Materie nicht ausgewogen. Kein Wunder, dass bei euch Zustände an der Tagesordnung sind, die man geradezu als unheilvoll bezeichnen muss. Wenn die Wissenschaft diese Tatsachen verdreht oder sie ableugnet, so ist das kein akademisches oder wissenschaftliches Verhalten, sondern ein unerhörtes Vergehen an der Entwicklung.
Die geistige Entwicklung eines Menschen muss mit der technischen Entwicklung einigermaßen Hand in Hand gehen. Es ist ein unmöglicher Zustand, dass der Mensch die technischen Errungenschaften zu Zwecken benutzt, die für die ganze Welt und einen erheblichen Teil des Universums zu einer beispiellosen Gefahr werden. Würde der Geist des Menschen jedoch mit der Technik Schritt halten, so wäre dieser Zustand unmöglich, da das höhere und ausgewogene Wissen den Menschen daran hindern würde, die Technik in dieser Weise zu missbrauchen.
Folgendermaßen ist es zum Beispiel in den führenden Regierungskreisen: Die an die Macht gekommenen Menschheitsführer haben die ganze Macht des Staates zur Verfügung, einschließlich einer gewaltigen kriegstechnischen Aufrüstung zum Massenmord. Da sie aber geistig nur wenig Erkenntnisse, mitunter überhaupt keine derartigen Erkenntnisse haben, so ist das Verhältnis zwischen ihrer Macht und ihrer Verantwortung keineswegs ausgewogen. Die Waage stimmt nicht und führt zur

Katastrophe. Dieses Missverhältnis reicht bis in die Urzeit der Menschheit zurück.
Leider hat die Menschheit diese Quelle allen Übels noch nicht erkannt. Darum sind auch noch keine Anstrengungen gemacht worden, diesen Zustand zu ändern. Man denkt zwar an die Erziehung und Bildung der Jugend, aber man vergisst dabei, dass die ältere Generation ebenfalls noch einer gewaltigen Änderung bedarf. Die ältere Generation vererbt ihre falschen Begriffe auf die Jugend, impft ihnen diesen Irrtum ein und wundert sich, dass die Kanonen auf die ganze Menschheit gerichtet sind.

Positiv und negativ

Auf demokratischer Grundlage ist dieses Missverhältnis zwischen Verantwortung und Gewalt nicht zu lösen. Die Welt der so genannten freien Völker beruft sich auf die Demokratie. Man will tun und lassen, was man will. Das nennt man dann großzügige Freiheit und fortschrittliche Entwicklung. Ich sage euch, dass die Entwicklung der Menschheit nicht auf diese Weise zu erreichen ist, wenn die Logik nicht energisch befohlen wird. Es gibt in allen Dingen, ganz gleich um welche Werte und Vorstellungen es sich handelt, immer zwei Seiten, eine positive und eine negative. Diese Tatsache ist kein Gesetz, sondern resultiert aus dem Missverhältnis zwischen den großen Schöpfermächten. Das Gute will den Fortschritt und das Böse will die Zerstörung. Gott und seine Widersacher haben diesen Zustand noch nicht beendet.
Aus diesem Grunde gibt es nicht nur eine positive Demokratie, sondern auch eine negative Demokratie. Niemals kann man das Positive mit dem Negativen in einem Atemzug nennen. Es gibt eine gute Menschlichkeit und eine schlechte Menschlichkeit. Es gibt sogar eine positive Freiheit und eine negative Freiheit,

mit der man nichts anfangen kann. Aber ihr macht in diesen Dingen keinen Unterschied. Ihr beharrt in sturem Eigensinn auf einer Sache oder auf einer Vorstellung und verteidigt sie mit allen Mitteln bis zum blutigen Ende. Das ist wirklicher Wahnsinn! Die Demokratie muss das Negative vom Positiven trennen. Sogar die Wissenschaft hat diese heilige Aufgabe. Auch die Theologie muss dazu bereit sein, sonst erstarrt sie im Irrtum.

Der Schmutz muss mit aller Energie aus allen euren Errungenschaften ausgefegt werden; denn der Widersacher hat überall seine Nase hineingesteckt. Aber ihr unterschätzt ihn, indem ihr ihn für eine sehr lächerliche Märchenfigur haltet. Das ist einer der größten aller Irrtümer. Der Widersacher ist ein negativer Geist, dessen Macht und Gefährlichkeit unvorstellbar ist, sonst könnte er nicht den Mut dazu haben, mit dem Schöpfergeist in dieser Weise zu ringen.

Das Verhältnis zwischen positivem Wissen und negativem Wissen ist überhaupt nicht beachtet worden, sonst könntet ihr nicht die Tausende von Irrtümern aufbewahren, lehren und verehren.

Nun habt ihr euch so verrannt und festgefahren, dass ein einziger Fingerdruck genügt und der ganze Globus versinkt in ein unvorstellbares Chaos. Das ist durchaus keine göttliche Entwicklung und angesichts dieser Tatsache muss jeder Mensch an der Existenz des Weltenschöpfers zweifeln. Überlegt einmal logisch! Selbst die Liebe hat zwei Seiten.

Es ist nicht so wichtig, ob die Menschheit demokratisch oder kommunistisch regiert wird. Viel wichtiger ist, dass sie positiv regiert wird. Was euch fehlt, ist demnach eine positive Weltanschauung nach der sich alle Völker richten können, und eine positive Regierung, vor der die Völker nicht in Angst und Schrecken geraten. Daher nehmt alles Vorhandene und untersucht es genau, ob es positiv oder negativ ist. Doch hierbei muss der Mensch ein gutes Unterscheidungsvermögen haben.

Leider ist das bei euch nicht der Fall, weil eure religiösen Vorstellungen nicht stimmen.

Das Ziel der Menschen

Wenn ich die Möglichkeit der direkten Rede hätte, wäre es für mich viel einfacher. Doch ich bin aus einer anderen Sphäre. Ich lebe in einer anderen Welt und muss mich auf diese komplizierte Weise verständigen, was der Belehrung sehr viel schadet und von den meisten Menschen nicht verstanden wird, weil ihnen das entsprechende Wissen auf diesem Sektor gänzlich fehlt.

Wenn die Grundbegriffe, wenn das Grundwissen der Menschheit nicht stimmt, so ist das ganze Fundament nicht in Ordnung. Es ist klar, dass das darauf erbaute Gebäude schief steht und einstürzen muss. Es ist klar, dass dann alles andere zwangsläufig falsch verlaufen muss. Eine falsche Linie führt am Ziel vorbei. Wie lautet das Ziel, das der Mensch erreichen soll und muss? Das Ziel ist, ein Geistwesen zu werden von hohem Wissen und entwickelter Reinheit. Ihr würdet Edelseele dazu sagen.

Nun, leider ist es zunächst noch ein Traum. Ihr seid im Vergleich zu anderen Menschheiten im Universum noch sehr weit zurück und doch glaubt ihr, die führenden Geister zu sein. Ich weiß nicht, worauf ihr diese Anmaßung baut. Es kann nur die Technik sein, die euch so verblendet, denn die geistigen und wissenschaftlichen Erkenntnisse liegen weit hinter der Technik zurück. Die Materie ist euer Götzengott. Der Geist ist euch überaus unwichtig. Wenn ihr euch rechtfertigen wollt, so schaut ihr in die Vergangenheit zurück. Ihr habt den Mut, die Gegenwart zu schänden. Dafür setzt ihr die Vergangenheit unter Denkmalschutz.

Die Gesamtfunktion des Gehirns

Ich will euch die Ursachen dieser Fehlentwicklung erklären. Es handelt sich hauptsächlich um falsche Schlussfolgerungen, wie sie auch heute noch bei euch auf allen Gebieten vorkommen. Ihr trefft eure Schlussfolgerungen viel zu leichtfertig und übereilt. Außerdem habt ihr eine besondere Vorliebe für alte Vorurteile, mit denen ihr geradezu meisterhaft jongliert. Aber euch hypnotisiert die Welt der Materie so sehr, dass ihr über den Horizont der Materie nicht hinausschauen könnt.
Der Mensch besitzt eine größere Masse Hirn als er zum Denken und Regulieren benötigt. Ein Teil des Hirns, das der heutige zivilisierte Mensch besitzt, ist nach Epochen mittlerweile stillgelegt. Es hat seine entsprechenden Funktionen eingestellt, da die Technik ihm diese Funktionen abgenommen hat. Das klingt zunächst etwas unverständlich, denn wir Santiner haben trotz einer unerhörten Technik diese Spezialfunktionen des Gesamtgehirns behalten. Doch das ist der bedeutende Unterschied zwischen irdischen und außerirdischen Menschen.
Teile der Naturvölker haben die Funktionen des Gesamtgehirns noch nicht ganz eingestellt. Naturvölker, wie zum Beispiel in Neuguinea, benutzen den besagten Teil des Hirns zu übersinnlichen Funktionen. Sie verständigen sich telepathisch, ja sogar mit den abgeschiedenen Seelen der Verwandten und Freunde. Und sie nehmen auch ihre jenseitigen Feinde wahr. Sie haben einen überirdischen Sinn, den der zivilisierte Mensch nicht mehr zur Verfügung hat, weil er im Laufe der Zeit verkümmert ist.

Falsche Schlussfolgerungen zu einem Phänomen

Der zivilisierte Mensch ruht in technischer und zivilisatorischer Kultursicherheit. Er hat diese Hirnfunktionen eingestellt. Dass

die Naturvölker überall Geister sehen, mit ihnen sprechen und mit ihnen gewissermaßen zusammenleben, ist kein Wunder. Doch der zivilisierte Kulturmensch kann das nicht, bis auf äußerst seltene Ausnahmen; da ihm dieser besondere Teil des Hirns nicht mehr zur Verfügung steht. Er kann also dieses Phänomen mangels Selbsterfahrung nicht begreifen und spottet darüber. Er lehnt eine überaus wichtige Tatsache als pure Einbildung ab und hält das ganze Verhalten der Naturvölker für eine Art besonderer Theateraufführung ohne realen Hintergrund. Ihr müsst einsehen, wie töricht dieses Urteil ist. Ein stillgelegter Teil eures Gehirns versperrt euch die nötige Einsicht in ein Mysterium von gewaltigem Ausmaß. Das ist ein wirklich großer Irrtum.
Wie aber denken eure Wissenschaftler über diese Erscheinungen, die man als einen echten Naturvorgang bezeichnen muss? Sie vergleichen das geistige Wissen dieser Menschen mit ihren Lebensbedingungen und mit ihrem Lebensstandard, genau so wie wir eure geistige Entwicklung mit dem Stand eurer Technik vergleichen. Aber die Schlussfolgerung, die eure Wissenschaft daraus zieht, ist falsch.
Ihr seid der Meinung, wenn das Leben der Naturvölker so primitiv ist, so müsse auch ihr Denken entsprechend primitiv sein. Also seien die Geistererscheinungen nur eine Art Einbildung auf ganz primitiver Grundlage. Hier liegt der Fehler, der in seiner weiteren Konsequenz zu einer völlig falschen Orientierung auf allen geistigen Gebieten geführt hat.

Entscheidend ist die Fähigkeit

Nun müsste eigentlich die Häufigkeit des Phänomens entscheiden. Aber auch das ist nicht der Fall, weil die Voreingenommenheit gegenüber den Naturvölkern viel zu groß ist. Der Kulturmensch traut dem primitiven Menschen keine Objektivität in

dieser Form zu. Er fühlt sich einem Naturmenschen in Bezug auf Logik und Sachlichkeit himmelhoch überlegen. Noch überlegener fühlt sich der Wissenschaftler und Forscher. Er betrachtet das Gebaren der Naturmenschen als verrückt.
Der Geisterkult der Naturmenschen ist keine Geisteskrankheit und beruht auch nicht auf Einbildung oder Suggestion. Man bedenke, dass dieser Kult auf verschiedenen Arten ungeheure Ausmaße in der ganzen Welt hat. Es spielt dabei keine Rolle, ob die Menschen miteinander eine Verbindung hatten oder nicht. Der Kult ist im Innern von Brasilien ebenso anzutreffen wie in Afrika. Er tritt in der Südsee auf wie auch in Zentralasien. Entscheidend für den Kult ist nicht der Ort, sondern die Fähigkeit, die geistigen Bereiche zu spüren und sie zu erkennen. Die geistigen Wesenheiten sind absolut existent, sodass sie von einem medialen Menschen mit diesen Fähigkeiten wahrgenommen werden können. Der über die ganze Welt ausgedehnte Geisterkult hat seinen Ursprung nicht in der Primitivität, sondern in der Realität. Er wird nur verschieden ausgeübt. Indem sich der Kulturmensch von der Primitivität der Naturmenschen distanziert, entfernt er sich auch von der Realität ihrer übersinnlichen Begabung.
Natürlich haben primitive Menschen Wahrnehmungen der geistigen Welt, die ihrer Entwicklung entsprechen, zumal es meistens ihre Stammesangehörigen sind, die ihnen in diese natürlichen Bereiche vorausgegangen sind. Primitive Menschen werden keinen Engeln, sondern gleichartigen primitiven Seelen begegnen, die zu der gleichen Sphäre gehören. Eine auf Erden begonnene Fehde wird von beiden Seiten fortgesetzt. Das führt dazu, dass die Naturvölker von den Seelenwesen der geistigen Dimension verfolgt und belästigt, ja in Angst und Schrecken versetzt werden. Sie können kaum ausweichen. Also erfinden sie einen Kult, mit dem sie den jenseitigen Wilden einen Gefallen tun möchten, um sie zu beruhigen. Dieser Kult entspricht ganz ihren Vorstellungen. Doch die Tatsache der

Unsterblichkeit des inneren menschlichen Ichs bleibt bestehen. Diese Unsterblichkeit wird von allen Naturvölkern erfasst und absolut anerkannt. Sie bildet stets den Mittelpunkt ihres ganzen irdischen Lebens. Da diese Menschen noch ursprünglich sind, ist dieses Erkennen der Unsterblichkeit eine in der ganzen Welt vorkommende natürliche und erhalten gebliebene Gabe. Der Kult ist nur eine Folge des Erkennens.

Die weltweiten dämonischen Mächte

Sofern jedoch ein Kulturmensch mit der geistigen Dimension in Berührung kommt, wenn er zum Beispiel hellhörig wird oder einem Verstorbenen kurzzeitig begegnet, so hält man ihn für schizophren. Die akademische Wissenschaft geht sogar so weit, dass sie die Behauptung aufgestellt hat, solche Menschen spürten in sich noch eine ererbte Rückerinnerung an die Vorstufen der primitiven Menschheit. Ich sage freimütig dazu, dass nicht die medialen Menschen verrückt sind, sondern dass die Wissenschaftler diesem Phänomen völlig verständnislos begegnen. Die Schlussfolgerungen sind absolut falsch.
Selbstverständlich muss ich zugeben, dass die Naturmenschen mit der so genannten Hölle oder Tiefensphäre in Verbindung stehen. Die Primitivität zieht sich auf beiden Seiten an. Auf diesem Stern und seiner geistigen Umgebung ist die Hölle sehr groß und der Himmel nur unsagbar klein. Die Unsauberkeit unterstützt die niederen Sphären, die sich entsprechend betätigen. Wo der Schmutz dominiert, kann von Gott keine Rede sein. Doch wenn es der Erdenmenschheit mit allen ihren Rassen zu schwer fallen sollte, Gottes Existenz nachzuweisen, so wendet sie sich zuerst an die Hölle. Sie ist unvergleichlich größer und näher und lässt sich aus diesen Gründen viel leichter beweisen. Das negative Verhalten der Erdenmenschheit leistet die Gewähr für einen eindeutigen Nachweis dieser dämoni-

schen Mächte, die sich dem Kulturmenschen inspirativ nähern, ohne dass die Erdenbürger es merken. Aus diesem Grunde ist der Dämonenkult auf der ganzen Welt verbreitet, denn die geistigen Wesenheiten finden mehr Werkzeuge auf dieser Terra als sie für ihre niederen Zwecke bräuchten.

Der angepasste Kult

Die Medizinmänner der unentwickelten Naturvölker sind Okkultisten und Spiritisten. Sie kennen einige der Gesetze, welche ihnen einen Geisterverkehr ermöglichen. Das ist kein Hokuspokus, sondern es sind reale Fähigkeiten, wie etwa die des Fährtenlesens oder der Telepathie. Was der zivilisierte Mensch als Humbug ansieht, hat in diesen Fällen meistens einen sehr realen Hintergrund. Das geistige Reich nimmt die Seelen Verstorbener der unentwickelten Naturvölker so auf, wie sie wirklich sind. Durch ihre Verbundenheit mit allem Irdischen wirken sie auf die noch lebenden Menschen ein, wo und wie sie es nur können. Ihre medial-medizinischen Wunder wirken auf den Teil des Gehirns, der den Europäern nicht mehr ganz zur Verfügung steht. Doch der Europäer könnte mit gutem Willen diesen lahm gelegten Teil seines Gehirns neu aktivieren und auf diese Weise große Fortschritte machen. Dazu gehört allerdings eine Glaubensbereitschaft für das Ungewöhnliche, das sich nicht mit dem gewöhnlichen Verstand sofort erfassen lässt. Die Seele hätte dann einen besseren Apparat zur Verfügung, dessen musikalische Skala erweitert ist und ganz andere Kompositionen möglich macht.
Nun will ich keinesfalls behaupten, dass die Naturmenschen intelligenter wären als zivilisierte Menschen. Der Mangel an kulturellen Erfahrungen hält sie lange auf einer niedrigen Stufe fest. Aus diesem Grunde ist es auch keineswegs richtig, wenn sie ihre Kenntnisse über das Jenseitige in so falscher und ver-

zerrter Weise anwenden. Ihr blutdürstiges Verhalten, Ihre Teufelsbeschwörungen, ihre Trancetänze, ihr sinnloses Verlangen und ihre Rauschsucht sind Stufen, die in die real existierende Hölle hinabführen. Dennoch betone ich mit allem Nachdruck: Die Tatsache an sich bleibt bestehen. Alles entsteht aus der Wahrheit, auch wenn sie später entstellt wird. Der Europäer handelt kaum anders, nur eben seiner Kulturstufe entsprechend. Die theatralischen Aufführungen der vielen Kirchen und Sekten christlicher oder östlicher Richtung sind nicht viel anders, sondern nur den Umständen angepasst. Hinter diesen pompösen Ritualen steckt aber leider weniger jenseitige Objektivität und Wahrheit als bei den primitivsten Naturvölkern.

Die Ergebnisse der Überheblichkeit

Der Europäer rümpft die Nase, weil er irrtümlich glaubt, dass er allein im Recht sei. Er lehnt den Himmel ab und ebenso die Tiefensphären. Er reinigt mit dieser Ablehnung angeblich sein weites Gewissen und fühlt sich in diesem Irrtum erhaben über alle irdischen Zustände, die er als eine Art von fanatischem Irrsinn betrachtet. Die Wahrheit straft ihn schwer genug. Er steht vor den Todespanzern und im Hintergrund wartet der Atomtod.
Das sind die Ergebnisse einer Überheblichkeit in geistigen Belangen. Der Europäer hat versäumt, der Wahrheit wirklich auf den Grund zu gehen. Er hat die für ihn bequemste Art der Forschung gewählt, und zwar die radikale Ablehnung. Das kann nicht deutlich genug gesagt werden. Das hat nichts mit einer Förderung nach Toleranz gegenüber einem Aberglauben zu tun. Von Betrug will ich überhaupt nicht reden, denn den gibt es bei euch auf allen Gebieten, sogar in der hohen Politik, die eigentlich das Leben ermöglichen und sichern soll.

Blinder Glaube oder Logik?

Die Menschheit auf dieser Terra hat eine falsche Vorstellung von dem Begriff Glaube. Die Mehrheit der Erdbevölkerung nimmt an, dass Glaube das verlangte Vertrauen zu etwas Unbeweisbarem sei. Wer also nicht ein blindes Vertrauen entgegenbringt, der ist demnach nicht glaubensfähig. Die Folge ist, dass die meisten Gottgläubigen nicht aus dem Wissen, nicht aus absoluter Überzeugung glaubt, sondern weil man es von ihnen fordert. Diese Menschen wollen nicht abseits des Glaubens stehen, sie wollen zu den Gottsuchern gezählt werden, aber sie wissen nicht, ob ihr blinder Glaube gerechtfertigt ist oder nur eine Sehnsucht nach einer Fata Morgana darstellt. Diese Unsicherheit im religiösen Wissen führt dazu, dass sie sich selbst in keiner Weise ändern. Sie leben dahin ohne jeden Versuch, sich höher zu entwickeln. Aber sie verlassen sich im Unterbewusstsein auf die Möglichkeit, dass die Liebe Gottes, wenn er denn wirklich existiert, ihnen soweit entgegenkommt, dass ihnen alles Unrecht und ihre Unvollkommenheit verziehen wird. Das ist die tatsächliche Situation des irdischen Gottglaubens aller Richtungen, die Priester keinesfalls davon ausgenommen.

Die Staatsregierungen können sich deshalb nach keiner Religion richten. Sie wissen, dass die Religionen keine absolute Sicherheit für die Wahrheit bieten, dass sie eher noch für eine Phantasie zu halten sei. Die Wissenschaft hat die Existenz Gottes und seines Reiches auf dieser Erde noch nicht bestätigt, sondern lässt jeden Menschen darüber denken, wie und was er will. Die Wissenschaft will sich in das rein Persönliche nicht einmischen. Welch ein Zustand! Wie oberflächlich und gewissenlos wird die größte und bedeutungsvollste aller Wahrheiten behandelt! Sie ist das Fundament jeder Existenz im ganzen Universum. Also können wir zunächst nichts anderes tun, als euch mit den von uns gemachten Erfahrungen zu helfen. Wir appellieren an eure Logik. Aber wir wissen auch, wie schlecht es mit dieser Logik bestellt ist. Trotzdem muss mal ein Anfang gemacht werden, auch wenn wir nur ein Sandkörnchen zum Rollen bringen. Ihr selbst könnt jedoch eine Lawine daraus machen.

Die missbrauchte Freiheit

Wir haben nicht die Absicht, mit Sensationen aufzuwarten. Aber wir wollen euch zu einem logischen Denken vorbereiten, damit ihr eure Situation erkennt. Ihr spielt nicht nur eine abgegrenzte Rolle auf dieser Erde, sondern eine Dauerrolle im ganzen Universum, wobei jeder Mensch seinen materiellen Körper von Zeit zu Zeit auswechseln muss. In der Zwischenzeit hat er zu beweisen, was er gelernt hat.
Wir bilden uns nicht ein, euch in gewisser Hinsicht voraus zu sein. Im Gegenteil, wir fühlen uns verpflichtet, euch mit dem zu helfen, was wir genau wissen und bestätigt gefunden haben. Wir haben nicht vergessen, dass wir auch einmal eine andere Stufe innegehabt haben. Die Erfahrung hat gezeigt, dass die Erdenmenschheit nur ungern auf die Wahrheit hört, weil sie echte Kritik nicht vertragen kann. Aus freiem Entschluss wird meistens nur das Negative vorgezogen. Aus diesem Grund ist die Erdenmenschheit eher dazu geneigt, einer Diktatur zu folgen. Der Erdenmensch reagiert nur auf Zwang. Lässt man ihm die Freiheit, so geht er verantwortungslos damit um. Er missbraucht in jeder Weise seinen freien Willen, wenn er nicht gehindert wird.
Ein Teil der Erdbevölkerung verachtet die Diktatur. Diese macht Vorschriften und verlangt vom Menschen einen Gehorsam, das zu tun, was die Führung vorschreibt. Nun, das allein ist noch kein Grund, eine Diktatur zu verachten. Gott ist auch ein Diktator, wenn er seine Gesetze so geschaffen hat, dass sie

dem Menschen viel verbieten und ihn nicht ungestraft lassen, wenn er diese Gesetze missachtet!

Eine Diktatur

In einem Krieg hört jede Demokratie auf. In einem Krieg gibt es nur noch Diktatur, denn dann weiß man zuverlässig, dass man ohne diese Diktatur nicht auskommt. Was man vorher abgelehnt und verspottet, ja was man bekämpft hat, wird dann zur Notwendigkeit. Jeder Mensch hat dann zu gehorchen. Der Mord wird ihm befohlen. Das ist das Höchstmaß einer Diktatur. Die Regierung wird zum Diktator, das Volk muss gehorchen. Jede Kriegsvorbereitung und jede Aufrüstung ist eine Vorbereitung auf eine außerordentliche Diktatur. Jeder militärische oder staatliche Vorgesetzte ist ein Diktator. Die ganze Gesetzesmaschinerie ist diktatorisch. Warum dann so ein Geschrei wegen der Verletzung demokratischer Grundsätze? Es kommt nur darauf an, ob eine Diktatur positiv oder negativ ist, ob sie die Menschheit fordert oder zu Grunde richtet. Glaubt ihr zum Beispiel, dass ihr auf demokratische Weise das Rauchen bekämpfen könnt?
Eine Diktatur richtet sich niemals gegen das Ganze, sondern nur gegen gewisse Dinge und Umstände, die den Interessen einer Gruppe entgegenstehen. Eine Diktatur kann vom Menschen auch verlangen, dass er seine Meinung nicht äußern darf. Eine Diktatur kann sich jede Kritik verbieten. Eine Diktatur kann das Positive verbieten und dafür das Negative befehlen. Eine Diktatur kann vom Menschen auch verlangen, dass er an etwas glauben soll, das ihm vorgeschrieben wird. Jede unbeweisbare Theorie hat etwas Diktatorisches. Eine Diktatur kann aber auch positiv sein. Die Machtmittel sind überall gleich, ob es sich um eine Demokratie handelt oder um eine Diktatur, das spielt keine Rolle. Die Machtmittel sind zur Zeit das Militär,

die Regierungsorgane, die Wissenschaft, die Technik, die Presse sowie alle Propagandamittel wie Rundfunk, Fernsehen usw. Ihr seht, dass es nicht auf die Art der politischen Richtung ankommt, sondern auf die hauptsächliche Frage, ob diese Richtung positiv oder negativ ist.

Der Tod als Machtmittel auf Erden

Nun besitzt die Welt ein gewaltig umfangreiches Lager an Atombomben. Diese Todbringer stellen jede Freiheit in Frage. Mehr noch, sie zwingen den Menschen dazu, sich dem Tod zu beugen. Der Tod ist der wahre Herrscher auf diesem Stern. Seine Drohung ist ebenfalls eine Diktatur, ganz gleich in welchem Staat die Menschen leben. Nicht Gott, der das Leben bedeutet, erlaubt eure Existenz, sondern der Tod ist der alleinige Beherrscher eures ganzen Erdendaseins und ihr habt ihm diese Macht gegeben. In seinem drohenden Schatten müsst ihr vegetieren. So weit habt ihr es gebracht, weil ihr den primitiven Geisterglauben für reinen Irrsinn haltet, weil ihr alles Wunderbare und alles Übersinnliche als Aberglauben bezeichnet und weil ihr den Kirchenglauben für ein blindes, gutmütiges Vertrauen in etwas angeblich Unbeweisbares haltet. Letzten Endes darum, weil ihr nicht an die sofortige Weiterexistenz nach dem Tode glaubt. Der Tod ist ein Diktator von unüberbietbarem Ausmaß. Der Mensch fürchtet sich nicht vor Gott oder vor seinem göttlichen Gericht. Er fürchtet noch nicht einmal die irdischen Gesetze so sehr wie er den Tod fürchtet. Ganz gleich, ob seine Ansichten zu dieser oder jener Weltanschauung ja sagen. Der Tod sitzt ihm im Nacken und je größer diese Bedrohung ist, umso mehr beugt er sich allen Zwängen, nur um sich den Tod so gut es geht vom Leibe zu halten. Die Angst vor dem Sterben ist ein Faktum, mit dem die Machthaber schon zu allen Zeiten gerechnet und gearbeitet haben. Das Sterben ist das größte Abschreckungsmittel, mit dem man Regierungen und Völker zwingen möchte, sich unterzuordnen oder restlos zu beugen.

Das befreiende Mysterium

Dagegen ist Gottes Methode anders, um Völker zu beugen! Seine Macht wirkt sich hauptsächlich in einer anderen, aber gewaltigeren Dimension aus, von der die Erdenmenschheit kaum etwas weiß. Hätte Gott nur allein die Gläubigen auf dieser Erde zur Verfügung, wäre er der Verlierer. Das sagen sich auch die Verstandesmenschen und aus diesem Grunde halten sie es für wahrscheinlicher, dass er gar nicht existiert. Aber sie haben keine Ahnung, dass sein eigentliches Reich nicht mehr von dieser Erde ist, wie Christus, euer göttlicher Lehrer, es euch deutlich genug sagte. Würde der Mensch die Angst vor dem Tode überwinden, so würde jede derartige Drohung an Wirkung verlieren.

Ist es überhaupt möglich, diese Angst zu überwinden? Die Angst vor dem Sterben ist an sich natürlich; denn sie erhält das Leben. Der Mensch soll sich schützen und sein Leben verteidigen. Doch der Mensch soll nicht sein eigener Feind sein. Jede Kreatur weicht der Lebensgefahr aus. Aber der Mensch auf dieser Terra versteht unter dem Tode etwas, das in keiner Weise den Tatsachen entspricht. Die Belehrung in dieser Hinsicht ist mehr als mangelhaft. Kaum ein Mensch auf Erden weiß um das Mysterium des Sterbens Bescheid, nicht einmal eure Priester. Wäre der Mensch in dieser Richtung besser aufgeklärt, so hätte der Tod ein anderes Gesicht. Eine Drohung mit dem Tod würde dann auch eine ganz andere Wirkung haben als bisher. Das würde dazu führen, dass die Machtmittel der Regierungen nicht mehr so abschreckend wären.

Das menschliche Leben in der Hülle der Materie ist ein Zustand. Dieser Zustand ändert sich mit dem Tod, aber damit ist das Leben nicht ausgelöscht, sondern nur dem Körper entnommen.

Beachtet die Gesetzmäßigkeiten

Wo aber bleibt das aus dem materiellem Körper entfernte Leben, die Seele, wie ihr sagt? Ich habe euch beobachtet und festgestellt, dass ihr nach oben schaut, wenn vom Himmel oder vom Jenseits die Rede ist. Als ob der Himmel der Seelen wer weiß wo zwischen den Sternen liegt. Das ist ein Irrtum. Die Verstorbenen, die ihres Körpers ledig sind, leben jahrelang noch unter euch. Sie verlassen die Sphären der Terra nicht, noch weniger die Stätte ihres Wirkens. Durch ihre andere Frequenz ist es ihnen möglich, mitten in der Materie zu existieren, so wie ihr mitten in der Materie lebt, in der Luft, nur dass diese leichter ist als die festen Stoffe.
Gegen diese Feststellung sträubt sich euer ganzes Denken. Selbst die bedeutendsten Wissenschaftler können sich mit diesem Gedanken nicht anfreunden. Für sie muss das Unsichtbare auch auf eine Weise erfassbar und messbar sein. Das ist aber zuviel verlangt! Also meinen sie, wo nichts nachweisbar ist, könne auch entsprechend aller Erfahrung nichts sein. Über diesen Irrtum muss die Erdenmenschheit unbedingt einmal hinwegkommen, sonst gibt es eine Katastrophe von unvorstellbaren Ausmaßen. Der ewige Zweifel kann furchtbare Folgen tragen. Ihr seht, wie dringend notwendig hier eine richtige Erkenntnis ist.
Der Mensch ist mit einer Reihe von Sinnesorganen ausgestattet, die ihm mit bedeutender Reichweite alles Materielle offenbaren. Das hebt aber nicht die Tatsache auf, dass jenseits der Materie noch andere Welten existieren, die jenseits der Reich-

weite menschlicher Sinnesorgane liegen. Diese Welt kann mit organischen Sinnen nicht erfasst werden, es sei denn, dass diese geistige Welt materielle Strukturen annimmt. Doch solche Fälle sind sehr selten für den Europäer, der sich so verändert hat, dass ihm der Stoff dazu fehlt. Die Materialisation und Dematerialisation sind für euch Seltenheiten, die nicht ausreichen, die Wissenschaft restlos zu überzeugen. Dafür gibt es aber einen Ersatz, der keineswegs weniger Überzeugungskraft besitzt: die Spiritualität. Die spirituellen Vorgänge und Kontakte haben nie abgenommen. Sie sind zu jeder Zeit möglich. Doch sie haben alle ihre Gesetzmäßigkeiten, die beachtet werden müssen.

Weitere Botschaften der Santiner aus 1994 bis 2003

Die Zeit der Endzeit ist noch nicht gekommen. Sie arbeitet darauf hin, aber sie ist noch nicht da. Egal ob ihr euch dann in der festen Materie oder in einem seelisch-geistigen Dasein befindet, miterleben werdet ihr die tatsächliche Endzeit des Planeten Erde. Das ist sicher. Es wird immer auffälliger, die Menschen sehnen sich nach einer Veränderung, sie sehnen sich nach einer Hoffnung, sie sehnen sich nach Ruhe und Frieden, Harmonie, Gelassenheit, Glauben, Verständnis und Hoffnung. Meistens finden sie es in der heutigen Zeit selbst in den eigenen Familien nicht, weil diese Machtstrukturen sich schon in die kleinsten Familien festgesetzt haben. Also bleibt dem Menschen nichts anderes übrig, als sich Hoffnungspole zu setzen und diese Endzeit herbei zu sehnen, ein Ende dieser Zeit, ein Ende dieser Ära. Diejenigen, die auf einem, nennen wir es einmal, ‚merkwürdigen' esoterischen Weg sind, versuchen sich bereits im Irdischen Flügel anzulegen. Es hilft nicht. Man kann nicht in Dimensionen schweben, in die man nicht gehört und wo man als schizophren abgestempelt werden könnte. Was auch zu Recht geschieht, wenn man sich diese Flügel hier anzieht. Das heißt, wer in dieser Materie steckt, wer dieses Leben gewollt hat, der sollte es auch in einer gewissen Form von Ruhe und Harmonie und Bodenständigkeit durchwandern. Und natürlich sehnen sich dann die beflügelten Menschen danach, dass wir aus dem All geschossen kommen und die Beflügelten abholen. Und die anderen sollen wir alle krepieren und untergehen lassen, weil sie alle böse sind? Nein, das geht so nicht.
Wir können nicht in das Weltgeschehen, in das Weltkarma eingreifen. Wir können unterstützen. Wir sind eure Brüder. Wir sind eure Schwestern. Wir sind da. Wir helfen mit, so weit wir dürfen. Wir dürfen z. B. nicht in eure Technik eingreifen. Wir

dürfen euch nicht sagen, eure Flugzeuge fliegen total falsches Kerosin. Damit würden wir in die Entwicklungsgeschichte der Menschen eingreifen. Wir dürfen Begleiter sein. Wir dürfen signalisieren. Wir dürfen mit euch telepathisch in Kontakt treten. Wir dürfen Hinweise geben. Wir dürfen Entwicklungen mit Hinweisen unterstützen. Wir könnten, wenn wir den Auftrag erhielten, sofort eingreifen.
Was glaubt ihr, was an merkwürdigen Raketen bei uns ankommt? Wie viele Killersatelliten wir bereits einkassiert haben, die ‚leider' von der Flugbahn abgekommen sind? Was glaubt ihr, wie oft wir Kontakt mit Astronauten hatten, wie vielen wir uns gezeigt haben? Und trotz alledem dürfen wir nicht sichtbar auf euren Planeten kommen. Sonst hätten wir Raketen hinter uns. Sonst hätten wir nette Jets hinter uns, die uns zwar nichts antun können, die aber eine Hysterie auslösen könnten. Hierbei würden wir dann etwas zerstören, was von Gottes Hand geschaffen wurde und was wir aber nicht zerstören dürfen.
Aber wir sind präsent und wir bleiben präsent. Der, der uns sehen möchte, wird uns sehen. Der, der uns sehen kann, wird uns sehen. Der, der mit uns Kontakt haben möchte, wird diesen Kontakt haben, soweit dies im Positiven ist. Und die Menschen, die bereits hier im Irdischen ihre Flügel haben, die lassen wir fliegen. Denn sie fallen dann irgendwann schmerzhaft auf den Boden. Die Erfahrung haben wir schon immer wieder gemacht. Auch wenn wir im Moment ruhig sind und keine Kornfelder mit unseren Schiffen platt walzen, auch wenn wir nicht gerade über Brüssel in einer Formation fliegen, wir sind da! Die Aufmerksamkeit ist im Moment nicht auf uns gerichtet, aber wir tun trotzdem weiter unseren Dienst. Nur nicht sichtbar.
Ich möchte euch mit auf den Weg geben: Schaut nicht so viel nach außen, was die anderen tun. Schaut nicht nach außen, was andere können. Schaut nicht nach außen hin, was andere haben und ihr nicht. Schaut in eure Seele, was für einen Reichtum ihr

dort habt. Schaut in euren eigenen Energieantriebsmotor hinein. Ich danke für die Aufmerksamkeit. Ich danke für die Zeit, mit euren Seelen zu sprechen, nicht mit eurem Geist.

∞

Es ist für Menschen, die uns selbstverständlich in ihren Herzen tragen, nicht notwendig, dass sie uns sehen. Einige von euch tragen diesen Wunsch und fragen sich, warum habe ich noch kein Raumschiff gesehen? Es ist nicht wichtig für diese Seelen, denn sie vertrauen uns und sind mit uns im Einklang, soweit dieses möglich ist und sie dieses zulassen. Wir Santiner haben keinerlei Dinge unternommen, um als etwas Besonderes dazustehen. Und je normaler ihr mit uns umgeht, desto mehr wird unsere Gegenwart, unser Sein akzeptiert. Wenn von uns in Worten gesprochen wird, die in den Fanatismus gehen, schadet uns dieses. Wenn eine Selbstverständlichkeit in eurem Wesen, in euren Worten und in eurem Sein ist, wird dieses auch so selbstverständlich an die Menschen weiter gegeben. Je normaler wir für euch sind, desto größer ist die Hilfe für uns, weil wir aus dieser Schlichtheit und Einfachheit heraus viel ehrlicher und kraftvoller wirken können. Es hat immer noch einen Beigeschmack von Absonderlichkeit, wenn von Raumschiffen und Außerirdischen gesprochen wird.

∞

Wie sieht die Medialität der Santiner aus?

Wenn wir beobachten, mit welchen Schwierigkeiten unsere Geistfreunde hier im Irdischen mit den Medien haben, um eine gemeinsame Arbeit beginnen zu können, dann sind wir ein wenig besser dran. Für uns ist es ein wenig leichter, da die Medialität in unserem Wesen verankert ist. Für uns bedeutet Medialität zum einen, dass wir untereinander ohne Worte kommunizieren können. Zum anderen haben wir Menschen, ich sage das jetzt einmal so, um es in verständliche Form zu bringen, also Santiner, die diese Medialität in eine Form der Meisterschaft bringen möchten und dann auch können. Sie gehen mit der Medialität dann so um, dass es der Hauptbestandteil ihres Lebens ist. Sie richten ihr Leben, ihr Sein, darauf aus, ein Medium zu sein. Ein Medium, das die göttliche Energie in der Stärke transformieren kann, in der es für beide Seiten erträglich ist. Einerseits für das Medium und andererseits auch für diejenigen, die sich durch diese Energie Kraft und Inspiration holen. Wir bekommen durch dieses Medium Informationen in Form von einer telepathisch übermittelten Lichtenergie. Medialität ist auch hier im Irdischen eine Form der Berufung, wenn es denn von dem Menschen ernst gemeint und genommen wird.

Sage etwas über Fanatismus und Euphorie.
Bei euphorischen Dingen kann es durchaus sein, dass eine seelische Blindheit entsteht, d. h. der Seele werden Fähigkeiten genommen. Bei Fanatismus wird der Geist mit der Seele gedämpft und dadurch Freiraum für Negativschwingungen gegeben. Wenn ich also in eine Euphorie gehe oder in eine nichtvorhandene Demut und ziehe dieses zusammen, so werden sich die geistige Welt als auch wir Santiner uns zurückziehen, denn wir können weder mit Menschen arbeiten, die fanatisch sind noch mit Menschen, die Euphorie besitzen. Wir benötigen einen klaren Geist, verständige Seelen und göttliche Demut. Wir Santiner sind nichts Besonderes. Wir sind genauso wie ihr es seid: Helfer im göttlichen Plan. Wir kommen in Frieden mit unserem Wissen. Wir wollen helfen und euch dahin führen, die Endzeit des Planeten zu überstehen. Sei es im irdischen Bereich, sei es im geistigen Bereich, je nachdem wo sich die Seele aufhält. Wir haben den Auftrag vom großen Planer bekommen und führen ihn aus. Wir reinigen die Atmosphäre der Erde

und stehen hilfsbereit an eurer Seite. Doch in keinem Bereich sehen wir uns als etwas Besonderes.

Wie können wir den Menschen die Angst nehmen?
Indem sie ihre Angst ausleben, kundtun. Was bedeutet Angst? Ein jeglicher Mensch steckt voller Ängste. Existenzangst, Lebensangst, Angst vor dem Schlaf, Angst vor dem Tag, Angst vor Menschen, Angst vor uns Santinern, Angst vor Gott, Angst vor Jesus Christus, Angst vor sich selber. Versucht trotzdem euer irdisches Leben auf das Göttliche auszurichten. Ihr wisst gar nicht, wie wertvoll es ist, die Gnade zu besitzen, hier im Irdischen zu sein.

∞

Die Menschen gehen in vielen Bereichen der Nachahmung nach. Sie glauben, wenn sie jemandem etwas nachmachen, können sie sich diese Fähigkeiten selbst aneignen. Dies ist ein Falschdenken, ein Falschhandeln. Wenn ein Mensch etwas besonders gut kann, so ist es seine Begabung, seine Gnade. Und so ist es für jeden einzelnen wichtig, denn jeder trägt eine Begabung, eine Gnade in sich. Nur, dann kommt der Egoismus ins Spiel. Es ist dann nicht nur das Nachahmen, nein, es ist dann noch ein Besser-sein-wollen, ein Besser-machen-wollen, und dies bedeutet für den Menschen seine eigene Verurteilung. Denn wenn ich eine Begabung nur aus einem Egoismus heraus versuche zu praktizieren, so kann es nicht funktionieren, und schon gar nicht in den Plan Gottes hineingehören. Wenn also ein Mensch eine besondere Begabung hat, sei es z. B. im medialen Bereich, so hat er eben diese. So nimmt man dies an und man profitiert im Positiven davon.
Jeder einzelne, jeder Mensch, egal auf spirituellem oder nichtspirituellem Weg – hat eine Begabung in sich. Im Künstlerischen, im Musischen, wo auch immer. Allerdings sollte der

Mensch auch lernen, seine eigenen Begabungen zu ergründen, zu erforschen. Und liegen sie nicht im medialen Bereich, so ist es doch keine Minderwertigkeit, sondern dann sollte man aufgrund seiner Begabung, die man hat, auch eine gewisse Form von Zufriedenheit und göttlichem Stolz entwickeln, den Egoismus an die Seite legen und dankbar erkennen, wie wichtig man für die gesamte Menschheit und das göttliche Sein ist.

∞

Zu unserer neuen Methode, die wir entwickelt haben, möchte ich sagen, dass wir die Schwingungen um den Planeten Erde erhöht haben. Das heißt, wir haben Strahlungsgürtel in eure irdischen Bereiche gebracht, um den Menschen zu ermöglichen, an ihren göttlichen Funken zu arbeiten. Dieses geschieht immer noch und wird auch noch eine Zeit beibehalten. Diese Schwingungsgürtel treffen manche Menschen, um charakterliche Wesenszüge zu verändern, und dort, wo diese Wesenszüge nicht mehr geändert werden müssen, durchfließen sie den Körper in einer hohen Geschwindigkeit. Diese Strahlungsgürtel bleiben und werden noch weiter erhöht. Es hat nicht die Bewandtnis, die eigene Seelenschwingung anzuheben oder das Niveau der gesamten Menschheit anzuheben, sondern rein auf die Seele bezogen den göttlichen Funken zu stabilisieren.

∞

So wie ihr die Pflanzen behandelt, so leben sie. Genauso ist es mit den Menschen: So wie ihr die Menschen behandelt, so leben sie. Lebt ihr in euch, in einer Harmonie, in einer Einheit, so schließen sich andere automatisch dieser Einheit an. Sprecht ihr mit den Pflanzen, mit der Natur, so setzt ihr positive Energien frei. Seid ihr dann noch in der Lage, einen Baum zu umarmen und ihm zu sagen: ‚Wir freuen uns, dass es dich gibt.'?

Wenn ihr dieses Experiment im Winter macht, dann seht euch den Baum im kommenden Winter wieder an, verfolgt seine Entwicklung. Und dies nicht nur bei einem Baum. Wenn viele Menschen viel positive Energie für die Natur freisetzen, so schafft sie es, sich zu regenerieren und eine Evakuierung könnte sich zeitlich nach hinten verschieben. Doch da der Hauptteil der Menschen egoistisch ist, wird es schwer sein. Doch tragt immer einen Funken der Hoffnung in euch. Dies ist wichtig. Nicht resignieren. Niemals aufgeben.

∞

Ich möchte dir noch eine ziemlich schwierige Frage stellen. Sie ist von meinem achtjährigen Sohn und er fragt: ,Woher kommt Gott?' Ich kann ihm keine Antwort geben.
Gott stammt aus dem Sein des Gesamten. Aus dem Überstehen der Liebe. Aus dem kleinsten Atom. Aus der Entwicklung der Seelen. Aus dem Sein. Wenn du ihm dies erklärst, wird er es verstehen. Nur ein Funke des kleinsten Atoms reicht aus um Gott entstehen zu lassen. Und durch die allgegenwärtige Liebe, die daraus entstand, entstanden Seelen. Und aus diesen Seelen der Spaltung die Entstehung der Planeten, des Wachsens, des Lebens, der gesamten Evolution. Auch die Beseelung von Tieren, von Menschen und Pflanzen. Und alles kehrt ins Göttliche zurück. Irgendwann auf irgendeinem Weg. Wie immer der Weg auch aussehen mag.

Und wer ist für die Schöpfung verantwortlich?
Alles kann man für die Schöpfung verantwortlich machen. Selbst deine Seele kann man dafür verantwortlich machen. Und deine, deine, deine. Alle. Jeder ist aus der Liebe des göttlichen Seins entstanden. Und jeder kehrt irgendwann in diese Liebe des göttlichen Seins zurück.

Was ist wahre Demut?

Die Menschheit ist, wie ich es bereits erwähnte, in diesem Erhabensein. Einem Erhabensein, einer Besonderheit, einem Wichtigtun. Das ist nicht gut. Die göttlichen Merkmale liegen in der Demut und in der Bescheidenheit. Genauso wie es Medien gibt, die sagen, Jesus Christus würde sich durch sie melden. Es ist im Grunde eine Blasphemie, solche Behauptungen aufzustellen. Die Menschen haben nicht die Fähigkeit, den Unterschied zu sehen zwischen einem positiven Egoismus und einem negativen Egoismus.

Wo verläuft nach irdischem Ermessen die Grenze? Es ist nicht schwer. Der positive Egoismus geht immer in die göttliche Richtung, in die Bescheidenheit und in die Demut. Der negative Egoismus geht in die theatralische Aufmachung seiner selbst, seines Wichtigtuns, der Unbescheidenheit in das Gegenteil der Demut, den Hochmut. Materielle Reize in Anspruch nehmen, sie ausspielen und für sich in Anspruch nehmen. Wir warten auf die Möglichkeit, all diese negativen Belastungen umzuwandeln in positive. Die göttlichen Gesetze, sie beinhalten die Einfachheit in eurem Leben. Bescheidenheit und Demut sich selber gegenüber, seinen Mitmenschen gegenüber. Es ist das höchste Gut, wenn man dieses begriffen hat und leben kann und weiß, wie man damit umzugehen hat. Demut heißt nicht, sich beugen oder bücken. Demut heißt, seinem eigenen Kanal, seinem göttlichen, geistigen Kanal gegenüber die Möglichkeit der Entfaltung zu geben und mit sich und seinem göttlichen Funken eins zu werden. Und die Demut fordert seinen Mitmenschen in seinem Aussehen, in seiner Farbe zu respektieren.

∞

Derzeit gibt es einen Wissensdrang und eine Umstrukturierung der Denkweise bei den Menschen, ein Finden ihres neuen spirituellen Glaubens. Wie immer es auch genannt wird, sei es New

Age oder Esoterik, es beinhaltet alles ein und dasselbe. Die Suche nach Gott in sich selbst, und da kann man Gott Namen geben wie man möchte. So lange man sich auf dem positiven Weg befindet und Gott in sich leben lassen möchte und spüren möchte, so ist es ein korrekter Weg. Sektenhaftes Verhalten lehnen wir ab! Und auch den Hang dazu, sektenartige Gedanken zu haben, lehnen wir ab! Wenn man in einer Gemeinschaft arbeitet und den Weg des Göttlichen in sich, in einer Gemeinsamkeit sucht, so ist es gut.

∞

Lasst euch nicht aus eurer Mitte bringen. Auch wenn immer wieder Kriege entstehen, auch wenn die Großmächte mit ihren Unternehmungen auf ihren ureigensten Vorteil abzielen. Versucht viele positive Gedanken in euch entstehen zu lassen. Sendet diese in den Kosmos und an das geistige Reich. Lebt in Harmonie in euch! Lebt für diese Terra! Gebt ihr Energie und Kraft. So können wir im Positiven mithelfen. Wenn in den östlichen Regionen wieder Kriege entfachen, so sendet dort positive Gedanken hin. Eure Raumfahrer haben wir ebenfalls schon begrüßt. Sie haben uns gesehen, doch euch wird davon durch die NASA nichts mitgeteilt. Darum bin ich hier, um es euch direkt zu sagen. Mein Raumschiff steht 300 km über diesem Bereich hier.

∞

Die NASA ist eine der verständnisvollsten Organisationen und zustimmenden Organisationen, die es auf diesem Planeten gibt. Sie wissen um unsere Existenz. Als vor einigen Jahren ein Shuttle, eine Apollorakete explodierte, haben wir die Ursache für diese Explosion gegeben. Die NASA hat diese Erklärung als einzige anerkannt, denn sie war die richtige. Und bevor überhaupt die Presse davon berichten konnte, hatten wir dies bereits erklärt. Es existiert noch ein Dankschreiben der NASA an diesen Kreis, für diese Information. Durch die Begegnungen mit uns Santinern und die dadurch erbrachten Beweise ist gerade bei dieser Organisation eine Offenheit dafür vorhanden, und sie wissen darum.

∞

Sag bitte etwas zur Evolution.
Evolution kann nicht als einzelnes Wort erkannt werden. Evolution entsteht gepaart mit Liebe aus einem Impuls der Schwingung heraus, aus einem kleinsten Molekül. Daraus entsteht ein Universum, ein Planet Erde als einer der schönsten Entwicklungsplaneten. Dort wo Seelen geistigen Ursprungs ihre Entwicklungsstufe durchwandern, ihre eigene Evolution als Handgepäck mittragen und ihre gesamten Informationen über jegliche Inkarnationen anzapfen könnten, dort ist dann die Evolution, die Entstehung des Universums, der Planeten, nicht nur ein göttliches Geschenk, sondern ein Leben in sich, ein In-sich-geborgen-fühlen, ein Dazugehörigkeitsgefühl des gesamten Seins. Wenn der Mensch in diesem Bewusstsein leben würde, dass alles in einem einzigen Funken der Liebe, gepaart mit dem seelischen Sein, verborgen ist, dann könnte er diese Informationen über seine eigene Entstehung nachempfinden.
Jede einzelne Inkarnation, die hier auf diesem Planeten Erde durchgeführt wird, ist für die eigene seelische Entwicklung im Geistigen maßgebend. Jede Inkarnation ist ein Teil Entstehungsgeschichte der eigenen Seele, des eigenen Teils Gottes. Wenn doch jeder erkennen könnte, dass zu jedem einzelnen hier und außerhalb ein Band geknüpft ist! Ein Band der Verbundenheit mit dem kosmischen Sein und dem irdischen Leben gepaart mit der irdischen Aufgabe. Evolution ist, die eigene Entwicklung zu durchwandern, das eigene Zeugnis seiner Ent-

wicklung abzugeben, nach der Rückkehr ins geistige Reich selber zu entscheiden, wie weit habe ich die Seelenevolution für das Göttliche beeinflusst, wie weit habe ich dazu beigetragen. Aus dem eigenen Entwicklungszyklus heraus kann man dies feststellen. Jeder ist ein Teil der göttlichen Evolution, gehört zu den Steinen, zu den Wolken, zu der Luft, zu der Erde und zu anderen Planeten. Der Mensch hat jedoch in seiner bisherigen Entwicklungsstufe seinen freien Entscheidungswillen in den meisten Fällen negativ beeinflusst und hat dadurch Fehlentscheidungen getroffen. Durch diese Fehlentscheidungen kommt es zu Katastrophen auf diesem Entwicklungsplaneten, der dazu beitragen sollte, dass Seelen, deren Ursprung auf einem anderen Planeten ist, diesen Entwicklungsprozess auf diesem Planeten zu durchwandern, zu durchlaufen und bei der Rückkehr ins geistige Reich zu entscheiden, welcher Evolutionsprozess beeinflusst wurde, wie weit er beeinflusst wurde und wie weit man sich selber in diesem Evolutionsprozess integriert hat. Durch die Fehlinvestitionen des Geistesgutes, hat man Atome gespalten anstatt sie zusammenzufügen. Dadurch sind Fehlentscheidungen entstanden und dadurch wiederum wurden evolutionäre Fehlentwicklungen ausgelöst, die den gesamten kosmischen Plan verwerfen und für andere Seelen die Möglichkeit der Inkarnation erschweren, und sogar bis zum Niedergang dieses Planeten nicht mehr ermöglichen. Also wird die Evolutionsgeschichte aus dem göttlichen Plan heraus nach der Umwandlung des Planeten und der Evakuierung neu beginnen. Ist dies klar?

Ja. Das sind Worte, die sehr, sehr betroffen machen.
Trotz alledem darf nicht vergessen werden, wie wichtig jede einzelne Inkarnation gepaart mit dem Schicksal, dem Karma, für diesen Planeten ist. Man darf nur seine seelische Entwicklung, die immer maßgebend ist, die immer einen Teil des Göttlichen in sich trägt, nicht außer Acht lassen. Wenn man in sei-

nem irdischen Leben als erwachsener Geist etwas erreichen möchte, dieses Ziel aber nicht erreicht und mit den unterschiedlichsten Mitteln versucht, Schranken zu durchbrechen oder Berge zu erklimmen, die nicht zu erklimmen sind, so trifft man damit seine eigene Entscheidung für seinen eigenen Evolutionszyklus. Selbst im geistigen Reich geht die Entwicklung der Seele dann nicht weiter, sondern sie tritt ebenfalls in einen Stillstand. Und dieser Stillstand bedeutet dann sich fügen und eine Wiedergeburt auf diesem Planeten, einen neuen Rückschritt in der Evolutionsgeschichte. Die Menschheit geht momentan nicht vorwärts, sondern rückwärts. Sie versucht an den Ursprung ihrer eigenen Evolution zu kommen, um nochmals neu zu beginnen. Damit löst der Mensch, der auf diesem Planeten inkarniert ist, im Grunde die Zerstörung dieses Planeten selber aus. Wenn die Entwicklung weitergehen würde, d. h. der Geist frei wäre für neue Möglichkeiten der Inspirationen, der technischen Vervollkommnung, der Verwirklichung der Möglichkeiten, so würde dies wieder ein ins Positive ausgerichteter Vorwärtsschritt sein. Doch dazu benötigen wir einen freien Geist, eine unbedarfte reine Entwicklung und ein tiefes Wollen in der Verbindung mit dem eigenen göttlichen Selbst.

Wie kann man Evolution für sich selbst üben?
Evolution heißt Entstehen, Weitergehen, Bewegung. Immer wieder Geist und Seele in Bewegung bringen. Nicht stehen bleiben, immer gehen. Seine eigene Schrittgröße wählen. Die Schnelligkeit der Füße, der Vorwärtsbewegung in eine Geschwindigkeit bringen, die den Körper sowohl in einer gehenden, aber auch in einer ruhenden Stellung nicht stehen bleiben lässt, d. h. eine Einigkeit zwischen Geist, Körper, Seele und Gott zu sein. In diesem umfassenden Volumen steckt die Evolution, jede eigene Evolution, menschheitsbezogene Evolution, Planetenevolution.

Was hat die Inkarnation von Jesus Christus für die Evolution zu bedeuten?

Sie bedeutet das Aufzeigen der Möglichkeiten der eigenen Dreieinigkeit Geist-Körper-Seele durch Inspiration und intuitives Handeln, und zu erkennen, wie weit ein jeder ein Kind Gottes ist und welche Möglichkeiten im Leben bestehen. Es bedeutet ein Zeichen zu setzen, um die eigene seelische Evolution bei jedem einzelnen vorwärts zu treiben – für die gesamte Evolution.

Es wird im Eigentlichen verkannt. Nicht im Großen, in der Erkenntnis um die Evolution, sondern im Kleinen, in jedem einzelnen, im Gedanken. Schon in der reinen Form eines Gedanken kann ein Evolutionssprung ausgelöst werden. In Form eines Gedankengutes, alle, die es zum Ausdruck brachten. Schiller zum Beispiel, oder Steiner in seiner Form, Mutter Theresa, Kaiser Wilhelm, Napoleon, Gandhi, König Arthus. Alle haben in der Evolutionsgeschichte Sandkörner mitgestreut. Alle haben in dieser Evolution der Seelen entscheidende Rollen gespielt.

Für mich ist der göttliche Plan der Evolution maßgebend und der Plan, wie er auf Metharia entstanden ist. Der irdisch-göttliche Plan für die Evolution – woher er kam, wie er jetzt aussieht und wohin er führt ist für meinen Auftrag wichtig.

Können vermehrte Umwege zum Wachstum der Seele beitragen?

Wie weit sich dies auf die irdische Entwicklung niederschlägt, wie weit sich dies übertragen lässt, wie weit ich dieses gespeicherte Erfahrungswissen aus Vorinkarnationen zulasse, in mich aufnehme und schon aus uralten Erfahrungswerten profitieren könnte, um im jetzigen Leben diese Erfahrung nicht noch einmal machen zu müssen, kommt darauf an, wie weit der Geist, gepaart mit der seelischen Entwicklung, zugeschnürt ist. Je breitflächiger ich mich dem geistigen Reich öffne, wenn ich

aus meinem tiefsten göttlichen Gefühl heraus um Inspirationen bitte, so kann ich meinen Geist trainieren, auf eigene Erfahrungswerte zurückzugreifen. Es ist alles eine Sache der Schulung und des tiefen Wollens. Es ist möglich. Das heißt aber auch, dass wir dann immer erst noch mal durch so ein ‚irdisches Niemandsland von Unsicherheit' gehen müssen.
Das ist nur dann, wenn man eine Unsicherheit hat. Und Unsicherheit heißt Unglauben zu den eigenen Fähigkeiten und zum göttlichen Sein. Habe ich göttliches Urvertrauen, kann ich mein gesetztes ‚Ich Bin' sehen, ein Kind des Göttlichen zu sein, ein Sandkorn, ein Diamantensplitter von einem großen Diamanten, der maßgeblich ist für die Wertbeständigkeit eines Diamanten, so brauche ich diese Unsicherheiten nicht. Unsicherheit ist besetzt mit Unglaube.

Das ist aber eine Gratwanderung.
Für dich ist es eine Gratwanderung. Aber es ist alles in dir gespeichert. Wenn dein göttliches Urvertrauen, deine eigene Kompetenzstärke und dein Wissen größer werden könnte als es von dir gesetzt ist, wenn du dies wachsen lässt, so würden diese Gratwanderungen in einen wunderbaren breiten Weg übergehen und nicht am Rande eines Abgrundes vorbeiführen. Denn nur der eigene Gedanke spielt eine Rolle, wie weit ich etwas von mir, aus meiner eigenen Überzeugung heraus glaube oder aber mich von eigenen Unsicherheitsfaktoren beeinflussen lasse. Es ist natürlich wichtig, einen klaren, reinen, gesunden Egoismus zu besitzen. Dann ist kein Weg eine Gratwanderung.

∞

Um auf die Evolutionsgeschichte zurückzukommen, so ist es für diesen Planeten wichtig, ihn langsam auch an einen Ursprungsenergie-Strahl zurückzubringen, wo er einstmals gewesen ist. Die Geschichte, die Evolution, die Entwicklung auf

Metharia ist bei uns Santinern schneller vorwärts geschritten, da wir nicht in dem Sinn auf einem Läuterungsplaneten inkarniert haben, sondern auf einem reinen Wachstumsplaneten. Dadurch hatten wir im göttlichen Sinn bessere Voraussetzungen, unsere Seelen, unsere Verbindungen zum Göttlichen, zu anderen Seelen aufzubauen, uns untereinander zu schulen und die geistige Welt im Gleichstrom mit uns mit leben zu lassen. Wir hatten keine mühevolle Arbeit und haben der geistigen Welt auch nicht die Forderung gestellt, sich zu zeigen, sich zu beweisen, was hier im Irdischen wiederum der Fall ist. Dieser Planet ist von seiner Farbgebung und der Intensität der Farben der intensivste von allen und darum wird auch um diesen Planeten am meisten gekämpft. Wer auf diesem Planeten hier inkarniert, zeigt an, dass er an Kraft und Energie wachsen möchte, um der positiven Evolution seinen gebührenden Verlauf zu geben und sich der negativen Welt zu stellen, sich mit ihr auseinanderzusetzen und gegebenenfalls mit ihr den inneren, sowie äußeren Kampf anzuzeigen.

Haben denn eure Seelen und unsere Seelen den gleichen Ursprung?

Ja, aber wir haben verschiedene Entwicklungen. Es kommt darauf an, wenn ich auf einem freien Planeten inkarniere, so habe ich es leichter, da ich nicht dem Negativen ausgesetzt bin, obwohl wir in unseren Bereichen mit Nachbarplaneten ebenfalls Kriege ausführen mussten. Und sie auch ausgeführt haben. Dies war aber auch für unsere Entwicklung, für unsere Evolutionsabläufe wichtig. Wir konnten dadurch auch weiter wachsen. Da wir in unseren Bereichen auf unser Urwissen zurückgreifen können, und auch auf die Forschungsergebnisse von Atlantis, so ist unsere Möglichkeit der Technik natürlich diesem Planeten weitaus überlegen. Nur hier, auf diesem Läuterungsplaneten wachsen die Seelen langsam heran. Wir Santiner hatten, um dies ganz klar zu sagen, die besseren Voraussetzungen und den tieferen Glauben in uns. Bei uns gibt es kein Streben nach materiellem Reichtum, kein Streben nach höherer Anerkennung. Wir alle sind gleich.

Es gab also Volksstämme von anderen Planeten, die euch auf Metharia angegriffen haben?
Ja. Genauso ist es in eurer Entwicklungsgeschichte. Es wird Kriege geben, es wird immer wieder Glaubenskriege geben, es wird immer wieder Mord und Totschlag geben, solange wie dem Negativen die Möglichkeit dazu gegeben wird. Der Mensch unterschätzt oft die negative Seite. Die negative Seite kann den Menschen krank machen.

∞

Ich sage dies hier vielen anderen, die hier sitzen und auch denen, die diese Worte lesen oder hören: Es ist ein allgemeines Ziel der Menschen einem Perfektionismus nachzukommen, die eigenen Schwächen zu überspielen und zu sehen, dass man vorwärts kommt, um für sich selbst in einem guten Licht dazustehen. Das ist ein Selbstbetrug. Niemand schafft es, sich irgendwo in eine Perfektion hineinzubringen, doch er darf nicht aufhören danach zu streben. Es ist wichtig, sich selbst zu lieben, sein eigenes Licht zu lieben, Gott zu lieben. Und auch Gott und sich selbst um Verzeihung zu bitten, für jeden Fehler den man hat. Nur so kann man dann später für seine Seele im geistigen Reich etwas Gutes erreichen und Hindernisse aus seinen karmischen Verbindungen eventuell leichter auflösen. Wichtig ist, im Irdischen hier in diesen Sphären zu sein und ein Licht Gottes zu sein, nicht sich in strahlende Kleidung zu bringen, sondern seine Seele strahlend erleuchten zu lassen. Und jeden Tag ‚Ja' zum Leben zu sagen, egal welche Hindernisse oder Schwierigkeiten es gibt. Euch bleibt in dieser Inkarnation hier nichts erspart. Auch wenn man die Verbindung zum geistigen Reich oder zu uns Santinern hat, wir können euch den Lauf des Schicksals der Negativität des Planeten nicht ersparen. Ihr wolltet es lernen. Ihr wolltet hier inkarnieren, ihr wolltet diese Hindernisse selber haben, ihr wolltet selbst in die Schule des Zweifels gehen, ihr wolltet selbst ergründen und erforschen. Dann macht dies, aber haltet in eurem Bewusstsein, dass ihr ein Kind Gottes seid, ein Licht Gottes, ein positiver Anstrahlpunkt Gottes, der immer wieder dazu da ist, für andere Menschen, die noch tiefer, noch niedriger, noch mehr im Dunklen sind und noch tiefer im Schlamm stecken, einen Haltepunkt finden, aufschauen zu können und zu sagen, ich will so leuchten wie dieser oder wie diese oder wie jener. Diese Mission habt ihr euch auferlegt, werdet dieser Mission auch gerecht. Forscht nach dem jetzigen Sinn des Lebens, geht mit guten Aspekten voran, steht zu euren eigenen Schwächen, äußert aber auch eure Wünsche an euch selbst, dies ist nicht im Materiellen gemeint. Sondern sprecht mit eurer Seele, mit eurem ureigensten Licht, denn dann sprecht ihr mit Gott, anders nicht. Außer ihr sprecht ein Gebet. Geht nicht mit einem Brett vor dem Kopf durch die Welt und baut euch nicht selber Hindernisse, wo keine sind. Leben heißt leben, Leben heißt auch bewusst leben. Leben heißt den Tag bewusst beginnen, mit der Seele, mit Gott, mit Jesus Christus. Leben heißt im Bewusstsein zu haben, wir werden geführt, wir werden angeleitet, wir werden geschützt, wir haben Helfer und wann immer dieser Planet in Not gerät, werden wir Santiner für euch da sein.

∞

Du willst auf der einen Seite Schüler und Lehrer sein, doch du weißt nicht, wann bist du Lehrer und wann bist du Schüler. Die Differenzierung, die Einordnung dessen ist ganz wichtig für dich, zu lernen auch mal Schüler zu sein und Dinge einfach anzunehmen, von wem auch immer sie gesprochen werden.

Und auf der anderen Seite Lehrer zu sein, dann wenn man in sich eins ist und weiß, das habe ich gelernt, diese Schulung kann ich weitergeben, dann der Lehrer sein. Ansonsten kann es nicht funktionieren. Genauso auf der anderen Seite, sein eigener Lehrer sein, mal eine innere Strenge hervorrufen und sich selber zur Ordnung rufen, negative Gedanken hinausschicken. Als Schüler, setzen wir dies einmal gleich mit Kind – nicht jeder Schüler ist ein Kind, aber ihr seid alle Kinder Gottes genauso wie wir – also, Schüler gleich Kind, mal das Kind in sich leben lassen, mal die Seele einfach auspendeln lassen, mal ein Spiel spielen. Möglichst aber keines mit negativen Anziehungspunkten. Mal einfach nur Kind sein, das ist alles erlaubt, mal das Kind, der Schüler und mal der Lehrer zu sein, und das alles in einer Waage zu halten. Zu lernen mit dem Wind zu spielen, mal mehr, mal weniger – das ist Leben. Und natürlich darauf zu achten, sich von den negativen Gegebenheiten in diesem Umfeld hier nicht anstecken zu lassen, sondern immer wieder klar und rein in sich zu bleiben. Aber nicht überheblich, sondern bescheiden in sich.

Vielen Dank für deine Worte.
Sie galten nicht nur dir. Wir haben jetzt vielen anderen Menschen auch geholfen. Und auch das ist ein Anstoß, um anderen Menschen, anderen Seelen auf diesem Planeten zu helfen, sie in ihr eigenes Nachdenken zu bringen. Die Menschen hier auf diesem Planeten leben nur gehetzt von der Zeit. Die Zeit läuft ihnen davon, sie hetzen sich selbst, sie hetzen ihre eigenen Füße, ihren eigenen Kopf. Und sie wissen gar nicht wie ungesund dies für ihren Körper ist. Wenige Minuten an diesem irdischen Tag nur mal ein paar Gedanken an sich selbst verschwenden, sich zur Ruhe bringen, mit sich selbst im Arm liegen. Sekunden, und schon ist die innere Einstellung, die innere Uhr, der innere Sekundenzeiger anders eingestellt. Der Mensch will immer schneller laufen, weil er sich die Ziele zu hoch setzt.

Ziele in geringen Abständen setzen! Und wenn man sein Ziel dann erreicht hat, so ist das Erfolgserlebnis dann garantiert. Nächstes Ziel setzen – wieder ist ein Erfolgserlebnis garantiert. Man braucht nichts Großes, um bei den Menschen etwas zu erreichen. Im Kleinen und Bescheidenen erreicht man mehr als ein Luftschloss mit tausend leeren Räumen. Ein Kellerraum kann dann gemütlicher sein.
Am Anfang war das Wort – das Wort der Gesetzmäßigkeiten des Miteinander-Lebens, mit der Natur, mit Gott, mit Jesus Christus, mit anderen Völkern, mit sich selbst. All diese Gesetzmäßigkeiten liegen in jedem einzelnen von euch verborgen. Bei dem einen leben sie mal auf, bei den anderen bleiben sie verschlossen. Im Anfang war das Wort Gottes – mit den Auflagen, wie mit dem Planeten Erde umgegangen werden sollte und wie der Mensch leben sollte, was er vor seiner Inkarnation zu beachten hätte. Aber niemals ein Druck oder ein Befehl oder ein Zwang. Dies gibt es nicht.

Darf ich noch kurz eine Frage stellen, Ashtar Sheran? Kannst du mir sagen, wie die Pyramide, die ich über dem Haus, in dem ich wohne, manifestiert habe, aus geistiger Sicht aussieht? Und ob aus geistiger Sicht überhaupt etwas sichtbar ist?
Der Gedankenimpuls reicht aus, um eine Pyramide über ein Haus, einen Wald, ein Gefährt, ein Flugzeug zu setzen. Du brauchst dort nur deine eigene Gedankenkraft zu manifestieren und auszusprechen. Die Energie der Pyramiden ist unendlich, sie besitzt eine Verbindung zwischen dem Kosmos der Erde und den gesamten Planeten. Ihre Energie ist messbar, spürbar und in mancherlei Dingen sichtbar. Man kann mit den Pyramiden zunächst experimentieren in der Form, sie so auszurichten, dass die Energien des Planeten, die sie umgeben, angezapft werden. Wie es schon gesagt wurde, Blumen oder Essbares in eine Pyramide zu legen. Des weiteren kann man, wenn man das

Vertrauen zu diesen Experimenten hat, nicht nur die Energie dann sehen, sondern auch herausziehen.

∞

Die Pyramiden, dies ist euch bereits bekannt, werden von uns als Energiezentrum benutzt, d. h., wir lassen Energie einfließen und geben diese dann weiter in den gesamten Erdenbereich in die Umlaufbahn. Somit ist die Energie der Pyramiden spürbar, messbar, fühlbar und erkennbar. Wichtig ist im gesamten Bereich der Pyramidenarbeit die Reinheit und die Klarheit der Gedanken. Wenn ich an die Kraft dieser Pyramiden, in verkleinerter Form, in ausgerichteter Form nicht glaube und Experimente vornehme und sie mit einem dunklen Gedanken belege, so kann auch diese Energie nicht fließen. Jeder positive Strom, auch der Strom der Pyramidenenergie, muss begleitet sein von einem positiven Gedanken. Wenn ich eine Pyramide über ein Bett aufbaue und mit dem Kopf unter dieser Pyramide liege, so ist es auch dort wichtig, die positive Energie umzusetzen und sie auch im Geist und in der Seele anzunehmen. Nur eine Klarheit und eine Reinheit der Gedanken kann auch die Pyramidenenergie anziehen. Außerdem sollen diese Energien helfen, den Planeten Erde zu reinigen und zu beschützen.
Nehmt diese Energie der Pyramide und glaubt, sie auch manifestieren zu können und ihre Geschenke ins Leben mit einzubeziehen. Jeder kleinste Gedankenimpuls ist in dem Sinn maßgebend für die richtige Energie. Für uns Santiner hat diese Form der Energie eine wichtige Form des Auftankens, des Symbolsetzens der Dreieinigkeit manifestiert und die Spitze symbolisiert die Energie Gottes und seines Kosmos.

∞

Die Pyramidenkraft sich in Gedanken vorzustellen, ist eine gute Absicht. Doch wenn möglich kann es auch wichtig sein, direkt vor zum Beispiel den ägyptischen Pyramiden zustehen und sie zu fühlen. Die Gewaltigkeit dieser Energie zu erfühlen, auf den Pyramiden herumzuklettern, sich in die Winkel zu stellen, sich mit dem Himmel zu vereinen und diese Energie zu erfühlen. Auch an diesen großen Steinen zu meditieren oder sich einfach auf einen Stein zu legen. Wenn man dann heimkehrt und die Pyramide dann verkleinert baut und sie dann an ihrem Leben teilhaben lässt, so ist die Einstellung, die Erkenntnis eine weitere Entwicklungsstufe im eigenen irdischen Sein. Die Kraft und die Energie, die in diesen Pyramiden steckt, hängt wie alles in diesen Bereichen mit Energie zusammen. Mit fließender, göttlicher, kosmischer Energie. Glaube ich an Energie, habe ich Energie. Glaube ich nicht an die eigene Energie, habe ich keine Energie. Die Pyramiden sind für den Planeten Erde notwendig und wichtig. Sie sind wie andere Tempelbauten, die es auch noch hier auf diesem Planeten gibt, als Station für uns Santiner notwendig. Sie sind euer Kraftquell und auch der unsere. Die Cheops-Pyramide ist die Mutter aller Pyramiden.

∞

Meine Beobachtungen haben sich insofern bestätigt, dass die Planung, der Hinweis, euch zu den Pyramiden zu schicken genau die richtige Entscheidung war, um diese Arbeit hier fortführen zu können. Es war wichtig, die Kraft der Pyramiden zu spüren, jeder auf seine individuelle Art und Weise. Und wie jeder sie in seine eigene Seele aufgenommen hat, in sein körperliches Haus und willkommen geheißen hat. Die Erfahrungen und Empfindungen, die jeder einzelne in dieser Zeit aufgenommen hat, die Kraft der Pyramiden hautnah zu spüren, sogar in der Königskammer, die Dreieinigkeit von Geist-Körper-

Seele, die jede Seite der Pyramiden ausstrahlt, bleiben ihm bewahrt für sein ganzes Leben, für seine weitere spirituelle Entwicklung. Diese göttliche Verbundenheit nach oben in alle Himmelsrichtungen, habt ihr in eurem seelischen Bereich empfinden und nachempfinden dürfen. Die Energien zu erkennen, zu erfühlen, sei es in einer nachgebauten Pyramide, sei es in einer Pyramidenform ähnlichen Metallkörper, sei es, die Form der Tachyonenenergie zu materialisieren, ist möglich durch die Kraft der positiven Gedanken. Die Energien, die die Pyramiden auf den gesamten Planeten ausstrahlen, werden gespeist durch diese unsichtbare Energie und wieder abgestrahlt durch ihre breiten Flächen, in alle Himmelsrichtungen. Wir Santiner haben am Bau der Pyramiden mitgewirkt.

∞

Wie wirkt sich eine Sonnenfinsternis auf uns aus?
Durch eine Sonnenfinsternis wird bestimmten Regionen des Planeten Erde zyklisch das Lebenslicht genommen. Die Dunkelheit, die dann entsteht, setzt hohe negative Schwingungen frei und ermöglicht es, Menschen in dieser Abfolge der Dunkelheit negative Schwingungen zu übermitteln und dadurch zu belasten. Und die, die in diesem irdischen Bereich leben und eine negative Einstellung haben, werden in diesen Momenten mit Energien überschüttet, da dann eine Gleichwertigkeit der Schwingungen erreicht wurde. Denkt immer daran, das Negative ist nicht außerhalb dieses Planeten irgendwo im Universum, sondern es ist direkt neben euch, um euch herum. In gewissen Abständen, aber es ist existent. Ist dies Schauspiel von Licht und Schatten beendet, und einzig und allein das Licht wieder da ist, welches Kraft, Energie, Stärke und Leben bedeutet, ist es wichtig sich von diesen dunklen Momenten zu befreien.

Was heißt das?
In Gedanken die Sonne zu grüßen, das Licht zu grüßen, gedanklich, innerlich. Und das Licht in sich aufzunehmen, einfließen zu lassen. Und sich zu reinigen, dic Chakren neu zu schließen, auch gedanklich oder symbolisch. Und seiner Seele zu danken im Positiven geblieben zu sein.

∞

Bei allen Kontakten mit dem geistigen Reich und auch zu uns sind die Offenheit und die Einfachheit wichtig. Wir möchten nicht, dass große Erwartungen vorhanden sind. Wir möchten darum bitten, dass diese Inspirationen und Verbindungen als ein natürlicher Teil eures Seins betrachtet werden, denn dann seid ihr in eurer Energie. Vertraut eurem Herzen und eurem Gefühl. Wir alle sind darum bemüht, dieses zu stärken. Wir benötigen Helfer im Irdischen, und wir wissen auch, dass stets Schwierigkeiten des materiellen Seins euch davon abbringen, eure Seele so leuchten zu lassen, wie sie es möchte. Aber mit etwas mehr Vertrauen in das Göttliche und etwas weniger Gefühl und Aufmerksamkeit für das eigene Ego ist dieses möglich. Macht euch bewusst, dass neben dem irdischen Sein, das ihr auch in Freude und Einfachheit annehmen und leben sollt, euer göttliches ‚Ich bin' darauf wartet, seinen Platz einnehmen zu können. Es ist wichtig für uns, weil dann eine Energie vorhanden ist, in der wir uns mehr zu Hause fühlen.

∞

Könntest du etwas zur jetzigen Weltsituation sagen?
Nun, ich habe des öfteren auf den Zustand des Planeten hingewiesen und eure Seelen wissen, dass wir nur noch Verzögerungen erreichen können. Ich spreche nicht so gern über etwas, das dem offensichtlichen Verfall entgegen geht. Ich möchte und

ich erwarte von euch, dass ihr jeden Tag wie eine Zeit seht, die kein Ende hat. Denn die Begrenzung, die ihr euch setzt, ist sehr hinderlich. Jeder Tag ist wie eine Ewigkeit und nur ihr setzt eine bestimmte Wichtigkeit in Dinge, die heute geschehen sollen oder morgen oder gestern geschehen sind. Lebt jeden Tag und denkt nicht darüber nach, was morgen, was für euch in zehn Jahren oder in hundert Jahren geschehen kann oder wird. Jeder Tag ist ein Geschenk und voller Energie für eure Seelen. Und es ist zwar richtig das gesamte Sein dieses Erdenplaneten und des ganzen Universums in sich zu tragen, aber der wichtigste Schritt ist jeder einzelne Tag für jede einzelne Seele. Denn daraus können auch wir und eure geistigen Begleiter Kraft und Energie aufnehmen, denn wir geben nicht nur, sondern wir empfangen auch. Tragt nicht zu viel Sorge im Herzen um das, was eventuell geschehen wird. Dieses ist eine Energie, die nicht gut für eure Seelen und für die Seelen eurer Mitmenschen ist. Ihr solltet Zuversicht und Kraft vermitteln, denn ihr wisst um die Bedeutung dieser Energie. Wir wirken im Großen, um das Kleine geschehen zu lassen. Auch dieses ist nicht als eine Wertung unserer Arbeit zu betrachten, sondern es handelt sich nur um die Möglichkeiten, die uns, den Santinern, zur Verfügung stehen. Wenn jeder an seinem Platz so wirkt, wie er es sich vorgenommen hat, dann werden wir das erreichen, was im Göttlichen möglich ist. Haltet euch nicht so sehr bei den Äußerlichkeiten auf, nehmt nicht Dinge so wichtig, die für euer Sein so unwichtig sind. Wir bitten immer wieder darum, euch eurer Seele und des göttlichen Anteils bewusst zu sein. Und dieses geschieht in erster Linie, wenn ihr im irdischen Sein eine Einfachheit, eine Ehrlichkeit und ein Vertrauen vorlebt.

Es wurde festgestellt, dass Santinerseelen auf unserem Läuterungsplaneten inkarnieren können, um noch einmal eine gewisse Entwicklung mitzumachen, die ihnen vielleicht noch fehlt. Ist dieser Gedankengang falsch oder richtig?

Eine Seele, die auf Metharia lebte, und danach eine Inkarnation auf der Erde anstrebt bzw. auf sich nimmt, wird langsam darauf vorbereitet. Wer auf Metharia lebt und noch Schwächen oder Fehler hat, wird innerhalb der Santiner geschult. Er wird nicht ‚strafversetzt'. Wer als Santiner gelebt hat oder diese Inkarnation hat, wird innerhalb seiner Umgebung lernen. Es ist dann nicht möglich oder nötig, ihn diesen langen Weg gehen zu lassen. Die Santiner, die sich auf den Weg gemacht haben - es ist ein langer, langer Prozess und es ist eine langfristige Planung, die dahinter steckt - wissen um die Schwierigkeit und wissen auch, dass sie einen sehr langen Weg vor sich haben. Denn wenn sie im Irdischen waren, können sie nicht nach ihrem Übergang ins Geistige sofort nach Metharia zurückkehren. Und viele Seelen, viele Santinerseelen sind auf dem Weg zu ihrer Aufgabe vom Weg abgekommen. Dieses bedeutet dann wiederum, dass noch eine Inkarnation ansteht. Zumindest wird dieses von den Seelen dann gewünscht, weil es als eine Form der Wiedergutmachung angesehen wird. Also eine Santinerseele geht stets freiwillig auf diese Reise. Was unterwegs geschieht, liegt dann nicht im Bereich dessen, was wir aufhalten können oder dürfen. Aber auch dieser Risiken sind sich diese Seelen bewusst.

∞

Wir verfolgen den Neuaufbau der Raumstation genauestens. Von der Technik her ist es nach unserem Maßstab unterentwickelt, aber für die irdische Mission, die die Astronauten vornehmen sollen, wird es wohl ausreichen. Wir zeigen uns des öfteren an dieser Raumstation und werden dann natürlich auch von den dort Anwesenden gesehen. Natürlich wird darüber nichts berichtet, da sie zum Schweigen verurteilt sind. Des Weiteren wird jetzt - und dies wird jetzt interessant für eure nachfolgenden Generationen - nach einem Planeten gesucht, der bewohnbar gemacht werden kann, sprich der alle eure irdischen Voraussetzungen hat. Es gibt sogar schon Pläne, auf anderen Planeten unter Kuppeln zu leben, falls die Erde mit seiner gesamten Natur und Ökologie umkippt. Was ich damit sagen möchte: Den regierenden Menschen ist es bereits bewusst, dass dieser Planet zerstört wird. Also wird, um das eigene Leben, die Fortpflanzung der Menschheit zu retten, schon darüber nachgedacht, wo man sich danach niederlassen könnte, um den nächsten Planeten zu zerstören, zu besetzen oder zu benutzen. Und dies kann nicht der Sinn sein. Da ihr an die Regierungen nicht herankommt und selber keine Regierung bilden könnt, könnt ihr also nur im Kleinen wirken. Im Kleinen, welches sich über diesen Planeten ausbreiten kann und weiter in das Bewusstsein der Menschen treten kann. Nur eines muss sicher sein, wenn ihr Mithelfer für die Rettung dieses Planeten sein wollt: Seid nicht fanatisch und versucht nicht, die Menschen zu einem anderen Bewusstsein zu überreden oder zu zwingen, sondern in normalen Diskussionen mit klaren Fakten sie zu überzeugen.

Die Meere werden durch euer Öl vernichtet, die Tiere verenden, die Seuchen werden immer größer und es seid ihr, ihr Menschen, die es zulassen, die es unterstützen und egoistische Menschen gewähren lassen. Und dies ist für euch alle, für die gesamte Menschheit die Quittung eures eigenen Tuns. Wir Santiner reinigen jede Nacht eure Atmosphäre. Wir legen Energiegürtel um diesen Planeten, um der Natur zu helfen, um euch Menschen zu helfen, nicht an den Schadstoffen zu ersticken. Es gibt jetzt in der Zukunft wieder einen Kongress, wo es um die Schadstoffausstöße der einzelnen Nationen geht. Die größte Nation weigert sich, für den Umweltschutz überhaupt etwas zu tun. Das Ozonloch wird immer größer, eure Klimaveränderungen bekommt ihr mit. Ich sage euch dies, damit ihr vorbereitet seid und ihr spürt dies auch am eigenen körperlichen System.

Ich möchte euch hiermit bitten, jegliche Form von Fanatismus zu vermeiden, im Positiven zu bleiben, und Vorbild zu werden für die Menschen, die dumm auf diesem Planeten leben und sich keine Gedanken darüber machen, was in den folgenden Generationen geschehen könnte. Die Hand Gottes ist erhoben. Irgendwann wird der Tag sein, dass wir mit unseren kleinen Raumschiffen kommen werden und die Seelen mit ihrem göttlichen Funken, der strahlt, abholen werden. Jedoch, es wird kein Datum, keine Zeit dafür genannt, wann dies sein wird. Geht auch dort nicht in die Vermutung und lasst euch nicht irgendwelche Angsttheorien unterbreiten. Sämtliche Daten, die bisher genannt wurden von irgendwelchen Medien, oder die glaubten ein Medium zu sein, waren alle falsch. Erst wenn der letzte Baum umkippt, werden wir kommen, und daran könnt ihr messen, wann dies sein könnte. Was ich mit meinen Worten erreichen möchte: Bleibt in der Geduld, bleibt in der Ruhe. Packt nicht schon heute eure Koffer, was vielleicht erst später an der Zeit sein könnte.
Unterstützt positiv diesen Planeten. Helft mit, dafür Sorge zu tragen, dass eure Enkelkinder oder Kindeskinder, die nächstfolgenden Generationen auch noch diesen blauen Planeten erleben dürfen, die Wale singen hören und die Delphine springen sehen können. Das ist meine Botschaft an euch.

∞

Jede einzelne Seele hat irgendwo Schwächen, verbirgt sie, versteckt sie und versucht sie sogar vor der geistigen Welt zu verstecken, oder hat sogar den Idealismus in sich, zu glauben, wenn man Bier, Wein, Alkohol aller möglichen Arten zu sich nimmt oder raucht oder was auch immer zu sich nimmt, dass man beschützt ist. Aber dies geht auch nur bis zu einem gewissen Grad. Ihr habt von der Toleranz gesprochen. Wir Santiner haben diese Toleranz. Wir verurteilen keinen, der irgendwelche

Schwächen hat. Wir verurteilen nur den, der anderen die Schwächen aufzeigt, sie ihm vorwirft, und seine eigenen versucht im Dunkeln zu halten. Das ist auch eine Form, immer gut vor der geistigen Welt oder uns Santinern da stehen zu wollen, doch wir durchschauen dies. Wir haben eine Weitsicht, die ihr nicht erreichen könnt und das unterscheidet uns voneinander. Ich weiß, dass meine Worte sich nicht immer angenehm anhören. Ich weiß, dass ich streng bin, aber es ist notwendig. Notwendig für mich, um vor Gott zu bestehen und sagen zu können, ich habe alles versucht.

Warum zeigt ihr euch nicht?
Wir haben dies bereits mehrfach versucht. Wir haben es schon an so vielen Stellen, Orten, Plätzen versucht. Das, was wir ernten sind Abfangjäger, die uns natürlich nichts anhaben können, aber wir werden immer als Feind betrachtet. Selbst eine kurzzeitige Besetzung eines Körpers, in dem ein Santiner in einem Kongress gesprochen hat, hat nichts geholfen. Es wurden alle Fakten aufgeführt, es wurden Daten übermittelt, wann der Planet mit seinem gesamten ökologischen System umkippen wird. Es ging durch alle Zeitungen, es gab Spekulationen und Gier und Angst vor uns. Ich trenne dies zunächst noch einmal. Die Angst vor uns ist so groß, als würden wir diesen Planeten besetzen wollen. Auf der anderen Seite haben eure Regierungen, die ihr gewählt habt, so einen Hang zu Geld und Gier zur Macht, und ihr lasst dies geschehen. Und selbst wenn es wieder nur einen Herrscher geben würde, sei es ein Kaiser oder einen König, so würde dieser genau so auch in der Gier stecken. Ich möchte euch auch erklären, warum. Ihr kämpft hier auf diesem Planeten gegen etwas Unsichtbares, gegen den Zerstörer, gegen die negative Seite, und die hat die Regierungen so weit in ihrem Bewusstsein beeinflusst, dass weder wir, noch ihr, noch die positive geistige Welt die Möglichkeit haben, dagegen zu beeinflussen. Es gibt also selbst dort in der unsichtbaren Welt

ein Kampf zwischen Licht und Schatten. Genauso wie ihr hier euren Überlebenskampf gegen den Unsichtbaren habt, so haben wir unseren Kampf. Lichtschwert gegen Schattenschwert. Natürlich leuchtet das Lichtschwert stärker, doch auch das Licht kann manchmal vom Schatten verschluckt werden, und das ist die Gefahr. Da wir im göttlichen Auftrag handeln, im Auftrag von Jesus Christus und Gott, dürfen wir uns erst dann zeigen, wenn von dort die Aufforderung kommt. Wir sind mit unseren kleinen Schiffen immer in eurer Atmosphäre, ob Tag, ob Nachmittag, ob Nacht. Schaut ab und zu zu den Sternen oder zu den Wolken hinauf. Wir haben Landestationen auf diesem Planeten. Wir waren schon in Aktion und haben ganze Völker geschult, doch alles war bisher umsonst. Doch wir geben nicht auf und auch ihr dürft nicht aufgeben.

∞

Ich wünsche euch, dass ihr so viel wie möglich mitnehmt an Erkenntnissen und dass ihr sie lange in eurem Inneren, lange im Bewusstsein behaltet. Wenn ihr positive Anteile habt, lebt sie weiter aus, schaut sie euch an. Wenn ihr negative Anteile habt wie Egoismus, Fanatismus, Euphorie, so gebt sie an die geistige Welt ab, denn ihr fallt sonst irgendwann ganz tief, und dann können euch die Mitarbeiter der positiven geistigen Welt nicht mehr auffangen. Setzt euch für den Weltfrieden ein, habt aber auch dann den Frieden in eurer eigenen Gemeinschaft. Habt Frieden mit eurem Partner, habt Frieden mit euren Mitmenschen. Versucht möglichst wenig negative Energie auszustreuen oder auch zu euch zu lassen. Schützt euch vor den Menschen, die glauben, etwas ganz Besonderes zu sein. Lebt in Frieden mit euch selbst. Nur dann kann auch der Frieden über die Grenzen gehen, nur dann kann der Frieden auch in den Kosmos gehen, in die Unendlichkeit der göttlichen Liebe. Ich bedanke mich, diese Möglichkeit hier haben zu können. Ich wünsche euch Frieden in eurem Sein.

∞

Wir sind sehr beschäftigt, um diese Erde in einer einigermaßen erträglichen Form aufrecht zu erhalten. Es sind Energien zusätzlich entstanden, die uns große Schwierigkeiten bereiten, die es für uns noch komplizierter machen, eine Energie aufrecht zu erhalten, in der ihr atmen könnt, in der ihr denken könnt, in der ihr euer eigenes Sein weiterentwickeln könnt. Es ist uns ein Bedürfnis, so viele Menschen wie möglich in eurem Umfeld zu erreichen. Die ganze Erde ist in Aufruhr. Ich sage euch nichts Neues, aber es ist im Augenblick für uns fast unmöglich, noch eine gewisse Ruhe hinein zu bringen.

Inwiefern kannst du dir heute Abend Zeit nehmen, da es auf der Erde doch sehr viel Arbeit für dich gibt.
Da ich morgen früh sowieso hier in der Region bin, um Vorbereitungen zu treffen, habe ich, wie nennt ihr es, das Angenehme mit dem Nützlichen verbunden. Das heißt, ich bin momentan rund um diesen Planeten unterwegs und gehe alle Stationen von uns ab, und auf meinem Weg zur nächsten Station habe ich hier nur Zwischenhalt gemacht. Ich bin gleich wieder weg.

Wie viele Stationen gibt es und wie viele Santiner sind im Rahmen dieses Plans bei der Arbeit?
Um diese Gürtel zu legen sind insgesamt 65.000 Santiner unterwegs und es gibt 11 Stationen. Es werden also 11 Energiegürtel gelegt. Jede Station legt einen und wird von den anderen Stationen unterstützt.

∞

Es gibt im Universum immer wieder Kometen, die auch auf die Sonne einschlagen. Vielleicht habt ihr dies in der Vergangenheit mitbekommen, dass es regelrechte Sonnenenergiestürme gab. Dort sind Meteoriten eingeschlagen. Dies geschieht, weil das gesamte Universum in Bewegung ist und die Flugbahnen dieser Kometen liegen in diesen Bereichen, wo auch ein Planet sein kann. Selbst die Erde wurde schon mehrmals von Meteoriten getroffen. Es ist immer wieder mal möglich, dass metallische, energiegeladene, kleine Schrottteile auf diesen oder auf einen anderen Planeten zu steuern. Es lässt sich auch von uns nicht immer aufhalten und es lässt sich auch nicht immer verhindern. So zum Beispiel die Energieeinflüsse auf die Sonne. Dort wurden regelrechte Stürme ausgelöst, die natürlich auch dann Auswirkungen auf diesen Planeten hier haben, indem die magnetische Anziehungskraft ins Wanken gerät und der Planet sich aus seiner Urbahn lösen kann, nicht muss, kann. Sei es nur um Millimeter-Verschiebungen. Dadurch kann es bei euch z. B. zu Stromausfällen kommen. Oder, oder, oder. Es gibt immer wieder Bewegung, nicht nur auf diesem Planeten, auch auf anderen. Im Grunde genommen ist aber dieser Planet Erde weitestgehend geschützt und wird auch von uns bewacht, dass eben keine Meteoriten oder Kometen, oder was auch immer an Weltraummüll mittlerweile von den Menschen produziert wurde und wieder zur Erde zurückkommt, die Menschen irgendwie beschädigen, verletzen oder zerstören können.

∞

Wir sind immer wieder dankbar dafür, dass es Menschen gibt, die auf ihre individuelle Art und Weise ihren Weg suchen, um das Göttliche in sich und auch nach außen hin zu leben. Jeder positive Gedanke, jeder positive göttliche Funke heißt für diesen Planeten Überlebensenergie. Wie ihr wisst, sind wir Santiner immer wieder darum bemüht, diesen Planeten auf unsere

Art und Weise und so gut wie wir es können zu unterstützen, z. B. dass wir die Atmosphäre reinigen. Wir können die Ausbeutung dieses Planeten nicht aufhalten. Wir können aber der Natur und dadurch den Seelen, die auf diesem Planeten leben, das Leben erleichtern. Wie ihr wisst, schlägt der Terrorismus in einigen Ländern hohe Wogen. Wir möchten euch bitten, dass ihr ein Licht entzündet und versucht, mit positiven Gedanken diesen Terrorismus aufzuhalten. Wichtig ist dabei aber auch, darauf zu achten, den eigenen inneren familiären Terrorismus, den es auch gibt, zu analysieren und auch klein zu halten, wenn nicht gar aufzulösen. Man kann nicht erwarten, auf diesem Planeten ein absolut positiver Mensch zu sein. Es gibt immer wieder Momente des Lebens und auch Facetten, wo man ganz klar sich wehren muss. Trotz alledem wünschen wir uns, den Terrorismus im Kleinen so gering wie möglich zu halten, damit auch euer Licht nach außen strahlen kann und wir mit euch in die Schwingungsebene der Verbindung kommen können und von eurer Energie mit profitieren, um dadurch wiederum einen positiven Schwingungsgürtel um diesen Planeten legen zu können. Wir dürfen nicht eingreifen und Kriege verhindern, die von Menschenhand geschürt werden. Wir versuchen allerdings im Weltraum unliebsame Satelliten, die kein gutes Material in sich tragen, einzukassieren, wie ihr es im irdischen nennt, und sie unschädlich zu machen und sie dann euch wiederzugeben. Das was im Moment im Weltraum gebaut wird, die Raumstation, nimmt Dimensionen an, die uns nicht gefällt. Sie wird immer größer. Der Mensch versucht bereits, sich auch dort einen Standort, ein Königreich zu errichten, wo sich dann später, wenn der Planet Erde kippt, die hohen, honorigen Wirtschaftsmanager und Politiker aufhalten können.

∞

Gott zum Gruß. Die Welt verbrennt. Ist euch dies schon aufgefallen?
Und die Welt ertrinkt. Ist euch dies auch aufgefallen?
Wie lange glaubt ihr, hat die Natur noch Vertrauen zum Menschen?

∞

Sollten diese Dinge veröffentlicht werden?
Ja, aber wir haben erkannt, wie schwierig es ist, überhaupt etwas zu veröffentlichen.

∞

Jeder Gedanke ist eine Schwingung. Jedes negative ausgesprochene Wort hat für den Energiehaushalt dieses Planeten die Form einer Bombe, um es für euch bildlich darzustellen. Die Menschen können die Schwingungen und ihre Gedanken nicht messen, nicht fühlen und können nicht erkennen, was für ein Schwingungsfeld sie durch diese Negativgedanken oder Worte entwickeln und wie sich dies dann natürlich auf andere Menschen ausbreiten kann. Es kann auch dort zu einem negativen Schwingungsfeld kommen, wo dann keinerlei Möglichkeit einer positiven Energie mehr gegeben ist. Gerade die Form der Gedanken und der Gefühlsschwingungen ist das, was den Menschen in seinem irdischen Umfeld am Leben hält, wenn es im Positiven ist. Denkt ein Mensch ständig negativ und ist hasserfüllt oder ist neidvoll, so wird er sich in aller kürzester Zeit eine Krankheit damit eingefangen haben. Denn gerade auch negative Gedanken ziehen negative Energien an und wandeln dann logischerweise positive um. Auch ein Naturgesetz.

∞

Die Weihnachtsbotschaft Ashtar Sherans vom 13. 12. 2003:
Wir wünschen euch den Frieden in euren Herzen. Wir wünschen euch den Frieden auf diesem Planeten. Wir wünschen euch den Frieden im Universum. Wir wünschen euch den Frieden mit euren eigenen Seelen. Wir wünschen euch den Frieden mit euren Partnern. Wir wünschen euch den Frieden mit eurer Familie. Wir wünschen euch den Frieden mit euren Nachbarn. Wir wünschen euch den Frieden mit der geistigen Welt. Wir wünschen euch den Frieden in euch.
Weihnachten ist im Irdischen das Fest der Liebe, der Besinnung, der Andacht, der Treue, der Geborgenheit, des Vertrauens, des Zueinander-Gehörens. Doch in vielen, vielen Bereichen ist dieses nur eine Scheinheiligkeit, die wir leider so sehen. Oberflächlich ist eine Liebe da, aber im Grunde genommen geht es nur um die Macht oder um das Potential, den anderen Menschen besiegen oder beherrschen zu können.
Die negative Welt ist nicht weit von euch entfernt. Sie ist, genauso wie das Positive, um euch herum. Wir wünschen euch den Gleichklang der Gedanken und der Seelen untereinander. Wir wünschen euch den Gleichklang der Harmonie, so wie die Töne in einem wunderbaren Violinkonzert. Wir wünschen euch die Weitsicht zu erkennen, was eure irdische Aufgabe ist: mitzuhelfen diesen Planeten mit Licht, Liebe, Geborgenheit und Vertrauen zu unterstützen. Unser göttlicher Auftrag besteht darin, die Atmosphäre zu reinigen. Und dieses machen wir immer wieder aufs Neue, tagtäglich. Wir beschweren uns nicht und wir beklagen uns nicht, und wir möchten euch diese Aufgabe im Irdischen mit übermitteln: Reinigt eure Gedanken, reinigt eure Seelen von dem, was euch an Negativem umgeben könnte. Lasst es nicht zu, von irgendeinem Dämon beherrscht zu werden, und sei es nur durch Gedankenimpulse. Zeigt die Liebe, eure Seelen dem Nächsten, denn nur dann kann er erkennen, dass auch das Licht Gottes in euch leuchtet.

Auf dieser Ebene des Lichterglanzes Gottes wünschen wir euch eine gesegnete Weihnacht, eine friedvolle Zeit. Und selbst wenn ihr sehen werdet, dass in Israel, im Iran, im Irak, in Afghanistan es wieder zu Unruhen und zu Zwischenfällen kommt, und es wird dort dazu kommen, so versucht dennoch in euren Gedanken eine Reinheit zu bewahren. Je mehr ihr euch darüber ärgert, zündet auf der anderen Seite aus diesen Negativgedanken ein Licht an. Nur so könnt ihr versuchen, in euren eigenen Bereichen ein Gleichgewicht zu halten. Ich kann nur eines wiederholen: Der Frieden auf Erden beginnt in den eigenen Familien.
Gott zum Gruß und Friede über alle Grenzen.

Das Interplanetarische Gesetz Gottes

Die Santiner waren die Übermittler des Interplanetarischen Gesetzes Gottes an Moses. Dieses ursprüngliche Interplanetarische Gesetz besteht aus sieben Hauptgeboten und sieben Forderungen. Es beweist durch die tiefe Liebe zu Gott und seiner Schöpfung, die darin zum Ausdruck kommt, wie sehr wir unseren außerirdischen Freunden vertrauen dürfen. Leider wurden diese heiligen Zeilen durch menschliche Einflussnahme verfälscht und in die biblische, unvollkommene Form der zehn Gebote gebracht. Über den medialen Kontakt wurde uns Menschen das Gesetz wiedergegeben.

Die sieben Hauptgebote

1. Am Anfang war eine raumlose Kraft. Es war der Logos, die höchste Intelligenz. Du bist nicht fähig, diese Kraft und Intelligenz durch irgendein Gleichnis verständlich zu machen. Du darfst darüber keine eigenen Betrachtungen anstellen, sondern erkenne mittels deines eigenen Verstandes und Gefühls diese Intelligenz als deinen Schöpfer an. Alles andere Denken in dieser Richtung ist von Übel.

2. Du darfst nicht gegen die Gesetze der Natur handeln und leben, denn du schädigst nicht nur dich und deine Seele, sondern viele deiner Nachkommen, denen dann in keiner Weise mehr zu helfen ist, wenn du die intelligente Schöpfung Gottes geschädigt hast. Du trägst die volle Verantwortung für jedes Leid auf dieser Erde.

3. Du darfst deinen Schöpfer weder verspotten noch verfolgen, selbst wenn du ihn mit deinem eigenen, unentwickelten Denken nicht verstehen oder erfassen kannst, denn du bist nicht mehr sondern weniger als Gott. Darum beschmutze seinen Namen nicht und bringe ihn nicht in Verbindung mit deinem eigenen Denken. Kritisiere nicht den Logos, denn er ist unfehlbar auf Grund seiner unendlichen Erfahrung und unermesslichen Kraft.

4. Sei unermüdlich tätig, sowohl im Denken als auch im Handeln. Doch wisse, dass der Gedanke die größte Kraft und das höchste Erbe Gottes darstellt. Dein Gedanke ist unermesslich in seiner Auswirkung, jenseitig und diesseitig. Denke mit aller Ehrfurcht an deinen Schöpfer, sowohl in der Zeugung deiner Nachkommen als auch im Gestalten aller Dinge, und schaffe jede Sache nur zum Guten und niemals zur Unehre Gottes und deiner selbst. Achte den uner-

müdlichen Fleiß des Schöpfers und achte die Arbeit deiner Mitmenschen, die der Schöpfung zur Ehre Gottes im Schweiße dienen.

5. Mache keinen Unterschied zwischen arm und reich, noch einen Unterschied zwischen jung und alt oder zwischen einer Farbe. Ehre die Erfahrungen und achte das Leid. Höre auf den Rat deiner Eltern, sofern sie an Gott, den Schöpfer, glauben. Ohne diesen Glauben kannst du vielleicht reich, aber niemals glücklich, zufrieden, noch weniger selig werden.

6. Dein Schöpfer wünscht, dass du das Leben in aller Welt als seine Kraft achtest. Du hast kein Recht, über das Leben eines Mitmenschen zu bestimmen. Bekämpfe die gegensätzliche Schöpfung und das Leben zerstörende Leben. Töte kein Tier zu deinem Vergnügen, sondern nur zur Erhaltung und Sicherung deines eigenen Lebens.

7. Schädige keinen Mitmenschen, weder an Leib oder Seele, noch im Ansehen oder an seinen selbst erarbeiteten Gütern. Schädige ihn nicht an seiner Entwicklung, weder in seiner Liebe noch in seiner Freiheit, sondern hilf ihm alle Zeit in allen diesen Dingen, ohne auf Dank zu warten. Leiste deinen Beitrag zur Wahrheit und zur Erhaltung aller Einrichtungen, die dein Leben, deine Gesundheit und deine geistige und seelische Entwicklung fördern.

Die sieben Forderungen

1. Zeuge nicht aus deiner Lust, sondern aus der freiwilligen Opferbereitschaft, einer begnadigten Seele zu einer besseren Einsicht und Selbsterkenntnis zu verhelfen und für sie so lange zu sorgen, bis sie die Selbstständigkeit im Denken und Handeln erlangt hat.

2. Achte deine Lebensgefährtin als die verantwortliche Trägerin des göttlichen Willens, des göttlichen Lebens, und als die Wegbereiterin der planvollen Zukunft. Ihr Versagen bedeutet die Vernichtung in langsamer, aber unvermeidlicher Folge.

3. Teile nicht die Schätze dieser Erde auf, denn sie sind allen Kreaturen, vor allem aber allen Menschen ohne irgendeinen äußerlichen Unterschied gegeben. Der Stern Erde ist ein Geschenk Gottes an die gesamte Menschheit, die auf diesem Stern lebt und je leben wird.

4. Beneide keinen Mitmenschen, noch eine Gruppe oder ein Volk, noch eine Rasse, noch ein Land, in dem Menschen für sich leben. Denn du kannst nicht mit aller Bestimmtheit wissen, ob du jene nicht wegen eines Irrtums beneidest, der noch nicht erkannt worden ist.

5. Wende keine Gewalt an, auch wenn du glaubst, der Stärkere oder der Angegriffene zu sein. Denn jede Gewalt ist eine Herausforderung unheimlicher Kräfte, die nicht nur deinen Gegner, sondern auch dich selbst vernichten, und die Zukunft deiner Nachkommen erschweren oder unmöglich machen.

6. Bediene dich in allen Schwierigkeiten des Logos und wende dich ab von den Ratschlägen deiner Berater und Feinde, die gleicherweise auf deinen Untergang warten.

7. Traue deinen Sinnen nicht, denn nur deine Seele ist fähig, die allerletzte Entscheidung zu treffen – und dabei hilft dir Gott und sonst nichts.

Das Vaterunser im Urtext

Unser Vater, der du bist im Himmel,
geheiligt werde dein Name,
deine Geisterwelt komme zu uns,
dein Wille geschehe im Jenseits und im Diesseits.
Gib uns heute das Brot für den folgenden Tag.
Vergib uns unsere Sünden,
mehr als wir denen vergeben, die sich gegen uns versündigt haben,
und lass uns nicht los von deiner Hand, damit wir nicht der Versuchung zum Opfer fallen,
sondern befreie uns von dem Bösen.

Amen.

Ein Dankgebet

Lieber Vater im Himmel,
wir danken dir von ganzem Herzen für all deine Liebe, Gnade und Barmherzigkeit.
Wir danken dir für unser Leben und für unsere Existenz.
Wir danken dir für alles Gute und Schöne in diesem Leben und in anderen Leben,
und für deine wunderbare Schöpfung im ganzen Universum.
Wir danken dir für unsere Führung, für unseren Schutz und für unsere Belehrung,
und für deine allumfassende, wunderbare Liebe.

Amen.

Die zwei Gesetze der Santiner

- Den Mitmenschen gegenüber Hilfsbereitschaft leben.
- Die eigene Seele auf das geistige Reich ausrichten.

Nachwort

In den letzten Jahren tauchen vermehrt gefälschte Botschaften von Ashtar Sheran und anderen Santinern auf. So viele, dass man meinen könnte, sie hätten nichts anderes zu tun, als sich bei unzähligen Menschen medial zu melden. Was ist davon zu halten, da Sie doch den Ausführungen dieses Buches entnehmen konnten, dass sie im Gegenteil eine Vielzahl weitere, aufwändige Arbeiten erledigen. Was hat es damit auf sich? Die Erklärung dafür ist: Foppgeister geben sich als Santiner aus und sprechen in blumigen Worten von der Endzeit und Evakuierung der Erde und anderen spektakulären Dingen. Was diese Aussagen aber vermissen lassen, ist der aufklärende Geist der Santiner und die Eindringlichkeit ihrer Worte. Die Santiner geben keine Botschaft an uns Menschen weiter, ohne an unsere Moral und an unser Gewissen zu appellieren. Sie geben keine Botschaft heraus, ohne uns Menschen in geistiger und ethischer Hinsicht zu belehren. Immer in schlichten, sachlichen Worten und immer mit einer liebevollen, aber deutlichen Ermahnung.

Warum aber gibt es ausgerechnet so viele Fälschungen, die unter dem Namen hoher Wesen wie Jesus Christus, Erzengeln oder Santinern verfasst werden? Hierin besteht die Falle, welche die Foppgeister den Menschen stellen. Sie zielen darauf ab, die Anfälligkeit des menschlichen Egos für ihre negativen Zwecke auszunutzen. Sie setzen darauf, dass durch die Verwendung ‚großer' Namen, mit denen sie sich schmücken, die Menschen sich geehrt fühlen, sich als auserwählt betrachten, sich als etwas Besonderes vorkommen. Sie wollen erreichen, dass das Medium alle gerade bei medialer Arbeit gebotene Demut vergisst und in seinem Hochmut für die Verbreitung der übermittelten Falschaussagen sorgt.

Dabei kann man bei Durchgaben, die angeblich von Jesus Christus, Erzengeln oder gar Gott selbst übermittelt worden sein sollen, genau daran schon erkennen, dass es sich in Wirklichkeit nur um irreführende Aussagen negativer Geister handeln kann, denn die Geistwesen der höchsten göttlichen Sphäre haben ganz andere Aufgaben im geistigen Reich zu erfüllen. Uns Erdenmenschen über die göttlichen Gesetze aufzuklären, dafür sind Lichtboten zuständig und eben Ashtar Sheran im Rahmen der speziellen Mission der Santiner.
Achten Sie also genau auf den Inhalt der Botschaften – so wie es schon in der Bibel steht: „An ihren Früchten sollt ihr sie erkennen.“ (Matth., Kap. 7, Verse 16 und 20)

Der Herausgeber

Bitte beachten Sie auch
die folgenden Seiten
zum Thema

‚Santiner'

Ein weiteres Werk des Santiners Ashtar Sheran

Friede über alle Grenzen!
Herausgeber: Martin Fieber u. a.
14 Broschüren, ca. 500 Seiten – ISBN 3-935422-00-8

Ashtar Sheran, die Führungspersönlichkeit der Santiner, nimmt in diesen Broschüren Stellung zu den Gegebenheiten auf unserem Planeten. Ob Religion, Wissenschaft oder Politik – in allen Bereichen wird aufgezeigt, wie hilflos wir unseren Problemen gegenüberstehen. Ashtar Sheran gibt uns Hilfestellung, unsere Schwierigkeiten zu meistern. Hierfür ist eine konsequente Umkehr erforderlich. Die Worte machen Mut und haben die Kraft zu verändern.

Ergänzt werden diese Botschaften von diversen, ebenfalls medial übermittelten Zeichnungen, die das Aussehen Ashtar Sherans und anderer Santiner sowie ihrer Raumstationen zeigen.

Übermittelt wurden die Botschaften und Zeichnungen im Medialen Friedenskreis Berlin.

„Statt einer einzigen wahren Religionsgemeinschaft gibt es auf eurer Erde mehr als zweihundert. Jede davon ist fanatisch gegen die andere und glaubt, der Wahrheit letzte Schlussfolgerung zu besitzen. Doch der Weisheit allerletzte Schlussfolgerung ist: Ihr habt von Gott und seiner Schöpfung überhaupt keine rechte Ahnung. Was euch an Wahrheit aus außerirdischer Quelle gegeben worden ist, wurde größtenteils vernichtet. Was davon übrig geblieben ist, wurde gefälscht oder arg entstellt. Kein Volk der Terra soll sich einbilden, besser zu sein als das andere. Gut und Böse sind auf alle Völker, auf alle Staaten verteilt. Keine Rasse hat Anspruch auf besondere Anerkennung."

Unsere nächste Neuerscheinung

Die Mission der Santiner
Hermann Ilg
ca. 240 Seiten – ISBN 3-935422-58-X
Dieses Buch umfasst folgende vier Broschüren, die einige Zeit vergriffen waren:

- In kosmischen Bahnen denken
- Wenn die Not am größten …
- Am Ende der Zeit
- Die Gedankenbrücke

„In kosmischen Bahnen denken“ ist ein Vortrag, der 1979 gehalten wurde. Acht Auflagen gab es von dieser Broschüre bisher und der Inhalt ist aktueller denn je. Diverse Mitteilungen von Santinern ergänzen dieses wichtige Werk.

„Wenn die Not am größten …“ enthält viele Botschaften von Santinern über die kritische Weltlage am Übergang zum Wassermannzeitalter, die an Wahrheitsgehalt auch nach zwanzig Jahren nicht ein Körnchen verloren haben. Man könnte meinen, diese Durchgaben seien speziell für unsere heutige Zeit vorgesehen gewesen.

In „Am Ende der Zeit“ geht es um gesammelte Gegenwartsfragen mit Erklärungen der geistigen Welt und der Santiner.

In „Die Gedankenbrücke“ beschreibt ein Freund von Hermann Ilg seine Erlebnisse nach seinem Heimgang ins geistige Reich, zu denen auch mehrere Kontakte mit Santinern gehören.

Zusätzlich enthält das Buch eine Botschaft von Hermann Ilg selbst aus dem Jahre 2004, die er uns über ein ihm schon aus irdischen Zeiten bekanntes Medium übermittelt hat.

Unsere nächste Neuerscheinung

Das kleine Buch vom Schutz der Seele
Herausgeber: Martin Fieber
ca. 70 Seiten – ISBN 3-935422-44-X

Warum sollte man sich schützen?
Warum ist es gerade während der Vollmondzeit sinnvoll?
Wie wirken sich Ängste auf unser Befinden aus?
Was sind Schwingungen?
Wie wirken Gebete?

In diesem Büchlein erklärt die geistige Welt uns die Hintergründe, warum die Seele geschützt werden sollte.

Für die praktische Anwendung werden mit vielen Abbildungen einige Schutzübungen dargestellt, die helfen sollen, in die eigene Mitte zu kommen und sich von Energien abzugrenzen, die der eigenen Seele nicht gut tun.

Themen wie negative geistige Welt, Chakren, Aura, Meditation und Aufgabe unseres Schutzpatrons vervollständigen dieses so wichtige Werk.

Das kleine Buch vom Schutz der Seele ist eine große Hilfe für unser tägliches Leben.

Alle lieferbaren Bücher von Hermann Ilg

Die Santiner sind auch das Hauptthema der Bücher von Hermann Ilg.

Die Bauten der Außerirdischen in Ägypten (4. Auflage)
Hermann Ilg – H. P. Schaffer
160 Seiten mit 70 Fotografien – ISBN 3-935422-59-8
Dieses Buch beinhaltet eine Fülle von Beweisen für die Beteiligung einer außerirdischen Menschheit an der Errichtung der großartigsten Bauwerke dieses Planeten. Durch die inspirative Hilfe von Geistwesen und Santinern gelingt es Hermann Ilg mit überzeugend einfacher Logik und anhand von Fotografien, uns dieses spannende Thema näher zu bringen. Es wird lebhaft beschrieben, wie es seinerzeit gelingen konnte, innerhalb kürzester Zeit diese gewaltigen Steine in absoluter Perfektion aufeinander zu türmen. In leicht verständlichen Worten werden Sinn und Zweck der Pyramiden und anderer Bauten erklärt. Zusätzlich erhält der Leser Informationen über die Besiedelungsgeschichte der Erde und Erfahrungsberichte von Menschen, die sich im Innern der Pyramiden aufgehalten haben.

E.T. in ancient Egypt
124 Seiten – ISBN 3-935422-57-1
ist die englischsprachige Version von ‚Die Bauten der Außerirdischen in Ägypten'

Leben in universeller Schau
128 Seiten – ISBN 3-935422-51-2
Dieses Buch behandelt das Leben der Santiner auf ihrem Heimatplaneten. Die Klimaverhältnisse, politische Strukturen, Freizeitgestaltung und viele andere interessante Details über ihr gesellschaftliches Leben werden sehr anschaulich beschrieben.

Aus dem Wissen eines neuen Zeitalters
108 Seiten – ISBN 3-935422-52-0
Das Wissen, das uns hier von den Santinern vermittelt wird, hilft uns dabei, die Weiten des Weltraums als überbrückbar anzuerkennen. Es wird das Leben auf anderen Planeten beschrieben, die Möglichkeiten der außerirdischen Technik erklärt und Stellungnahmen zu verschiedenen Prophezeiungen abgegeben. Ein spannendes Buch über die Vielfalt des Universums.

Bewusstsein und Weltbild
24 Seiten – ISBN 3-935422-56-3
Das Büchlein macht die Grenzen deutlich, die uns von einem umfassenderen Weltbild abschneiden. Es wird aufgezeigt, wo die Ansätze für eine gesunde Bewusstseinserweiterung liegen, welche von unseren Wissenschaftlern und Philosophen bereits erkannt und welche übersehen werden.

Kümmert sich eine außerirdische Menschheit um uns?
48 Seiten – ISBN 3-935422-50-4
Diese Schrift hat einen Vortrag als Ursprung, der erstmals im Jahre 1968 gehalten wurde. Es hat bis heute nichts von seiner Aktualität verloren.

Strömende Stille
76 Seiten – ISBN 3-935422-55-5
Dieser Band beinhaltet Gedichte von kosmischem Charakter, ebenfalls von der geistigen Welt uns Menschen gegeben. Wunderschöne Verse, die Herz und Seele berühren. Ein Buch, das auch als Geschenk sehr gut geeignet ist.

Die Blaue Reihe

Diese Buchreihe dokumentiert die Ergebnisse der spirituellen Forschungsarbeit des Medialen Friedenskreises Berlin.
Herausgeber jeweils: Martin Fieber u. a.

Band 1: Jesus Christus
80 Seiten – ISBN 3-935422-01-6
War Jesus Christus die Inkarnation Gottes? Was hat er bis zu seinem 28. Lebensjahr gemacht? Ist er für die Menschheit gestorben und hat alle Sünden auf sich genommen? In diesem Buch finden Sie Wahrheiten und Antworten auf die vielen Fragen zu der größten Seele, die je auf diesem Planeten inkarnierte. Es wird deutlich, dass Jesus Christus für die geistige Welt kein Gott sondern eine Seele ist wie alle anderen Menschen auch.

Band 2: Das Sterben
160 Seiten - ISBN 3-935422-02-4
Was geschieht im Augenblick des Todes? Was geschieht bei Unfällen, Explosionen oder Selbstmord mit der Seele? Wie wirkt sich die Trauer der Hinterbliebenen auf das Befinden der ‚Verstorbenen' aus? Das Tabuthema der Menschen wird hier an der Wurzel gepackt. Die große Bedrohung wird durch dieses Buch in ein vertrautes Wissen umgewandelt. Das Weiterexistieren der Seele nach dem körperlichen Tod wird erläutert und nachgewiesen. Ein Muss für jeden, der wissen möchte, was ihn nach dem Tod erwartet.

Band 3: Die Stimme Gottes
64 Seiten – ISBN 3-935422-03-2
Ein provokanter Titel für ein Buch, in dem ein hohes Geistwesen stellvertretend für die göttlichen Sphären spricht. Es wird aufgezeigt, wie die Geschehnisse auf diesem Planeten von ei-

ner höheren Warte aus gesehen werden. Gesellschaft, Politik, Wissenschaft und Kirche werden in einer für jedermann verständlichen Weise unter die Lupe genommen, die Probleme beim Namen genannt und Lösungsvorschläge gemacht. Hier wird Klartext geredet!

Band 4: Die mediale Arbeit
176 Seiten – ISBN 3-935422-04-0
Was ist Medialität? Welche Voraussetzungen müssen für mediale Arbeit erfüllt sein? Welche Gefahren gibt es im Verkehr mit der Geisterwelt Gottes? Im Dialog mit der geistigen Welt werden die wichtigen Grundbedingungen und Gesetzmäßigkeiten benannt, die für positive mediale Arbeit unerlässlich sind. Es wird deutlich auf die Gefahren des Spiritismus hingewiesen und aufgezeigt, wie gute und schlechte Medien und mediale Kontakte unterschieden werden können. Dieses Buch klärt auf und warnt vor Leichtsinnigkeit.

Band 5: Der Schöpfer - Der Widersacher
160 Seiten - ISBN 3-935422-05-9
Wer oder was ist der Schöpfer? Warum lässt Gott so viel Leid zu? Gibt es einen Widersacher? Die geistige Welt hat hier den Versuch unternommen, in uns verständlichen Worten die Existenz Gottes und seine grandiose Schöpfung zu beschreiben. Ebenso kommt die Tragik der Geschehnisse um Luzifer, den Widersacher, deutlich zum Ausdruck. In diesem Buch finden Sie Erklärungen zu einem Bereich unseres Glaubens, den die Kirche uns verschweigt.

Band 6: Die Seele - Der Schutzpatron
128 Seiten – ISBN 3-935422-06-7
Was ist die Seele? Wie funktioniert das Zusammenspiel von Seele, Geist und Körper? Hat jeder Mensch einen persönlichen Schutzpatron, und wie macht er sich bemerkbar?

Der positiven geistigen Welt gelingt es wieder einmal, uns ein Thema nahe zu bringen, das von Wissenschaft und Psychologie ebenso abgelehnt wird, wie es die kirchlichen Institutionen mit der Reinkarnation tun. Beides, Seele und Reinkarnation, gehören unmittelbar zusammen.

Band 7: Krankheit, Heilung und Gesundheit
176 Seiten - ISBN 3-935422-07-5
Welche Hauptursachen gibt es für Krebs? Worauf sollte man bei der Ernährung achten? Gibt es eine geistige Heilung und wie funktioniert sie? Welche Folgen hat der Genuss von Alkohol und Nikotin für Seele, Geist und Körper? In diesem Buch hilft uns die geistige Welt dabei, Ursachen für viele Krankheiten zu erkennen. Außerdem werden Maßnahmen zur ganzheitlichen Heilung bzw. Gesunderhaltung beschrieben. Weitere Schwerpunkte des Buches sind Gebet, Ernährung, Drogen und Karma.

Gedanken für den Weltfrieden
176 Seiten – ISBN 3-935422-49-0
In diesem Buch ist Gedankengut der geistigen Welt gesammelt, das jeden, der den Frieden liebt, ansprechen wird. Die einfachen, brillanten Gleichnisse und Beschreibungen sind an Aktualität nicht zu überbieten. Jede einzelne Seite enthält einen in sich geschlossenen, mehr oder weniger langen Hinweis darauf, warum die derzeitigen Machtstrukturen auf unserem Planeten nicht geeignet sind, den Weltfrieden zu realisieren. Gleichermaßen wird dem Leser verständlich, dass ein Beitrag jedes einzelnen in seinem persönlichen Bereich wichtig ist, um die Missstände zu durchbrechen.

Ein Kunstdruck besonderer Qualität

Das Desiderata
35 x 50 cm – ISBN 3-935422-45-8
„Gehe ruhig und gelassen durch Lärm und Hast …“. So beginnt das berühmte Desiderata, das in der alten St. Pauls Kirche von Baltimore in Stein gemeißelt ist. Diese auf edelstem Papier vervielfältigte Handarbeit mit großen roten Lettern und schwarz gehaltenen Kleinbuchstaben ist ein ideales Geschenk. Sie erhalten diesen 35 cm breiten und 50 cm hohen Kunstdruck nur über unseren Verlag.

Ein Stück Frieden für Ihr Zuhause

Poster Machu Picchu
63 x 45 cm – ISBN 3-935422-46-6
Dieses Poster ist ein Motiv aus nachstehendem Buch. Schon allein beim Anschauen des Bildes werden Sie einen Hauch des Friedens erleben, den dieser wundervolle Ort ausstrahlt.

Bücher von Martin Fieber

Machu Picchu – Die Stadt des Friedens
192 Seiten, 125 farbige Abbildungen – ISBN 3-935422-48-2
Machu Picchu ist nicht nur die beliebteste Touristenattraktion Perus sondern ganz Südamerikas. Und doch ist Machu Picchu immer noch eines der größten Geheimnisse der Welt. Das Buch ist eine spannende Reise zu diesem magischen Ort in den Wolken, in die Vergangenheit Perus, in die Geschichte unseres Planeten und zur eigenen Seele.
Wie es schon bei den ägyptischen Pyramiden war, gibt es auch bei der berühmten Inkastadt keinen Zweifel, dass die Bauweise der Fundamente der dortigen Gebäude außerirdischen Ursprungs ist.

Steh' endlich auf!
128 Seiten – ISBN 3-935422-47-4
Dieser lehrreiche Erfahrungsbericht beschreibt die Abgründe einer spirituellen Abhängigkeit bis ins kleinste Detail: von den anfänglichen euphorischen Gefühlen, über die Hölle der seelischen Schmerzen, bis zurück in die Freiheit des normalen Lebens.
Ergänzt wird der Bericht durch einen Leitfaden, welcher hilft, den Weg zu finden durch den Jahrmarkt der heutigen Esoterik und den Dschungel der dazugehörigen Seminarangebote.
Spannend, ehrlich und wahrhaftig geschrieben. Dieses Aufklärungswerk könnte Leben retten.

Welches ist der sicherste Weg zur Wahrheit?
Der sicherste Weg beginnt im eigenen Herzen. Gott kann für diese Aufgabe keine Feiglinge gebrauchen. Er braucht geistige Revolutionäre, die für ihn um die Wahrheit mit dem ganzen Einsatz von Seele und Leben kämpfen.

Wie lautet die bedeutendste Kernfrage,
die von der Menschheit gestellt werden könnte?
Gibt es einen Gott oder nicht?
Gibt es ein geistiges Weiterleben oder nicht?